U0928058

谨以此书
献给近代海战场上
抗击帝国主义侵略的
中华民族英烈！

中国近代海战场纪实

铁关镇海

阎受鹏　水东流　著

學苑出版社

图书在版编目(CIP)数据

铁关镇海:镇海篇/阎受鹏,水东流著.—2版.—北京:学苑出版社,2007.7

(中国近代海战场纪实)

ISBN 978-7-5077-1814-0

Ⅰ.铁… Ⅱ.①阎…②水… Ⅲ.浙江抗英战役—史料 Ⅳ.K253.06

中国版本图书馆 CIP 数据核字(2007)第096766号

责任编辑:韩继忠
责任校对:袁大威
封面设计:艾博堂文化
出版发行:学苑出版社
社 址:北京市丰台区南方庄2号院1号楼 100079
网 址:www.book001.com
电子信箱:xueyuanyg@sina.com
xueyuan@public.bta.net.cn
销售电话:010-67674055、67675512、67678944
印 刷 厂:固安生强印制有限公司
开本尺寸:850×1168 32开本
印 张:8.875
字 数:200千字
版 次:2001年4月北京第1版第1次印刷
印 次:2007年7月北京第2版第1次印刷
印 数:3001-5000册
定 价:20.00元

目　录

中国的崛起将从海上开始

“海殇则国衰，海强则国兴”。

这是中华民族千百年来的伟大梦想和屈辱体验熔铸成的心声。

中国是一个海洋大国，拥有18000公里的海岸线，海洋国土面积达300万平方公里，约占我国陆地面积的三分之一，居世界第四位，大陆架面积居世界第五，200海里专属经济区面积为世界第卜。

如果说中国近代史是一部屈辱史，倒不如说是一部近代海患史，外敌对中国的入侵，绝大部分都是从海上开始的。当时中国积贫积弱，有海无防，西方列强用炮火一次次轰开中国的大门。

孟子说：生于忧患，死于安乐。

国歌的作者田汉说：没有危机的民族，是无望而无救的民族——这种危机感，就是植根于我们民族思维深层的忧患意识。

看完12集电视片《大国崛起》让我产生一个强烈的念头：今天的中国已不是昨天的中国。既然昨天的屈辱是从海上开始的，那么，今天的崛起必然要从海上开始，我坚信只要有全中国人的支持，“太阳一定会重新从东方升起”！

8年前，学苑出版社策划这套丛书，就显现出了他们具有较强的前瞻性，表现出一种很强的政治意识、大局意识、忧患意识和责任意识。他们用8年来的社会效益和经济效益，再次印证了一个道理：登高才能望远，详察才能洞悉。如今，出版社再次修订重印这套丛书，目的是想让更多的人知道：虽然书中讲述的是中华民族苦难的昨天，但它所昭示的是我们的今天和明天；让我们走进中国近代海战场，与历史对话，聆听古炮与沉舰的诉说，回味林则徐、关天培、陈化成和邓世昌的警世之言。

21世纪是海洋世纪，海洋的战略地位日益凸显。据权威部门公布的数据，全球200多个百万以上人口的大城市，3/4集中在沿海地带；全球70%的工业资本和80%的人口，也集中在距海岸200公里以内的沿海地区。海洋已经成为人类克服人口膨胀、资源枯竭、环境恶化，实现可持续发展的重要宝库；维护海洋权益，保障海上通道安全，利用海洋大开发的历史契机挺进海洋、经略海洋，已成为越来越多国家的共识。与此同时，世界经济的重心正在向海洋转移，随着海洋新资源的发现与开发，海洋上争岛夺礁、抢占资源，是引发海洋争斗和局部战争的重要原因。

古罗马政治家西塞罗说过："谁能控制海洋，谁就能控制世界。"海权论的创始人马汉也提出："所有帝国的兴衰，其决定因素，都在于是否拥有强大的海权，能否控制海洋。"

纵观历史上世界大国的崛起，都可以说与经略海洋息息相关，葡萄牙、西班牙、荷兰、英国和美国等，无一不是"发轫于海洋"，并最终成为具有强大海洋控制能力的国家。据报道，美国把"控制全球16条海上战略通道"作为海军战略的重要内容，并不断加强在这些地区的军事存在。日本自卫队也明确提出，要保卫海上"千里生命线"。印度海军则提出了"远海歼敌"的作战思想，以实现"印度洋控制战略"。

而我国呢，虽说是大国，但在世界大国中却是唯一没有实现统一的国家。特别是海洋问题上，还有许多麻烦。

——在东海，台湾问题久悬未决，陈水扁在台独道路上越走越远；我国固有领土钓鱼岛被日本非法占领；东海大陆架是我国陆地的自然延伸，因此，面积77万平方公里的海区中应归我管辖的为54万平方公里，但日本却提出中日两国是共架国，要求按中间线划分海域。按日本的无理要求，日本与我国有16万平方公里的争议海域。

——在南海，我国海洋权益受到的侵犯更加严重。从权威部门的数字看，大约有150万平方公里的海洋国土处于“争议”中，特别是当我亲眼目睹南沙还有一些岛礁在别人掌控之中时，不免生发愤慨。

——还有，我国海上能源命脉的安全，海外利益的保护，第一岛链、第二岛链的围堵等等问题。可以说，国人现在最关心的是海洋，是海军，是安全，因为海洋和海军关系着中华民族的未来。

正因为如此，去年12月28日，胡锦涛总书记在接见海军第十次党代会代表时指出，我国是一个海洋大国，海军在捍卫国家主权和安全、维护我国海洋权益中地位重要，使命光荣。他强调，要努力锻造一支与履行新世纪新阶段我军历史使命要求相适应的强大的人民海军。

全国人大代表、海军司令员吴胜利在十届全国人大五次会议就《政府工作报告》举行分组讨论时强调，国家应从战略全局的高度，研究制定我国海洋安全战略，用以指导我海洋方向的战略行动，有效维护我国海洋权益、海洋资源和海上战略通道的安全。也有专家学者认为，无论是推进经济发展还是维护国家安全，我国在海洋空间都拥有巨大的战略利益。如果中国没有一支强大的舰队存在于世界海洋上，我国海洋上“海域被侵、海岛被占、资源被掠”的局面难以改变，我国海上“石油生命线”安全难以保卫，一旦国外发生自然灾害或社会动荡，海外财产与人员安全无法保障，也无力承担一个海洋大国应负的国际海洋安全义务。

在全球经济一体化的今天，中华民族要实现伟大复兴，紧追世界科技进步的浪潮，无论是引进来，还是走出去，都已经与海洋无法割断。站在国家总体战略的高度上认识海洋战略问题，树立新的海洋国土观、海洋利益观、海洋防卫观，是全中国人的当务之急；如何走好、走活这一盘经略海洋的大棋，是全中国人义不容辞的历史责任。

这，也许就是学苑出版社重新修订出版这套丛书的目的所在。

2007 年 6 月 16 日

其中的两艘躲进石浦，另外三艘则向镇海关开来。

它们的后面，是疯狂撵追的法国舰队，活像一条条闻到血腥味的鲨鱼。追得最紧的，是被誉为“海上猛虎”的法国远东舰队司令孤拔坐驾的旗舰“巴雅”号。

1. 御前会议，声音来自帘后

光绪十年（1884 年）10 月 26 日，黎明时分，北京紫禁城养心殿东暖阁，烛光通明，肃穆一片，只有蟋蟀还在阁外墙角“嚯嚯”鸣叫。

14 岁的光绪皇帝一言不发，缓步走向御座。他的步履是如此沉重，似乎负荷着千斤重担。他早已不是那个啼哭着被糊里糊涂地抱进紫禁城的毛头孩子了。整整十年的以“熟谙帝王天子之道”为主旨的宫廷教育熏陶，整整十年端坐朝堂，学理朝政的积累，早熟的少年天子已经有了自己的思想和性格。他面对那些父兄辈授业师傅、大学士翁同龢等一批政坛元老，忧心忡忡地感叹：“边防不靖，疆臣因循，国用空虚，海防粉饰，不可以对祖宗。”声辞凄楚令闻者无不耸然动容。

光绪十分聪明，他的心灵深处有“自强、御侮”的烙印，抱着振兴国家的希望，如饥似渴地读书，指望在圣贤经典中找到医国的良方。他把古代经典、汉学经说统统搜罗出来，放在懋勤殿的御案上，一有工夫便埋头钻研。在读《昭明文选》时，见首页有乾隆的肖像，视如珍宝，时刻带在身边，决心像他祖宗那样有所作为。然而他的头上有一个权欲极强、手段毒辣的“亲爸爸”——慈禧太后，而他身边又无枭雄重臣，因而，他上述的一切努力，都做奈何叹了。他绝不可能像乾隆那样放开手脚，施展胸中抱负，不可能成为雄视四方的中兴帝王，他只能是一个充满幻想和憧憬、多思多虑的孩子。

此刻，光绪皇帝端坐在朝西的御榻上。他的面容像先祖咸丰、同治帝一样，清癯瘦削，只是神色尤为戚然，殊无少年人的风发意气。他的身后垂着八扇黄幔，幔后坐着东西两宫皇太后。东宫慈安太后在南，西宫慈禧太后在北。御榻前的空地上，按照官爵尊卑先后，肃立着御前大臣、内阁大学士、六部、九卿、科道等朝廷中枢要员。

这是一次干系重大的御前会议，可以说事关国脉维系，也可以说直接关系到御座是否能够稳固。

但作为坐在御榻上的主人，光绪皇帝仍然没有多说话，就像在此以前的所有次召见一样。他只是说了一句：

“开始吧。”

声音是如此之轻，以致有些大臣认为皇上并未出声，只是动了动嘴皮。其实在他们看来，出不出声，都是无关紧要的。未出声，是一股气；出声了，是一缕音，实实在在的内容是不会从皇上嘴里说出的。因为皇上还年少，尚未亲政哩。现在的皇上只不过是一具木偶而已，他的身上被牵着一条线，线头就落在坐于他身后黄幔里面的妇人的手里。这是一双苍白、干瘪却又很修长的手。就在这双手上，蓄着一对中国历史上最有名的，也是样子最可怕的长指甲。

这是慈禧太后的玉手！

这双带着钢刀一样指甲的手，加上她那瘦峻的削骨长脸，紧抿着的越来越薄的嘴唇，构成了一个让光绪一看就会不自觉地战领班亲贵、军机首座、总署（总理各国事务衙门）主管，用现在的话来说，是国务院总理又兼国防、外交二长了。权倾朝野，受到一些人的弹劾，是情理中的事，以前慈禧也并不怎样在意。但自去年以来，慈禧却忽然从谏如流起来。到了今年的3月13日，终于颁下懿旨，训斥他“地位越高，荣宠越甚，因此因循也越增，不思进取，谬执成见”，宣言“我朝家法峻严，绝不容有扰乱朝政的权臣存在，否则会有碍将来皇上亲政”，所以，“开去其一切差事，让他回家养病去吧。”不但将奕䜣本人的权力捋了个干干净净，还将他关系网中几个重要的扣结如军机处大学士宝鋆、协办大学士李鸿藻、兵部尚书景廉等一并打扫清理了。奕䜣自咸丰战事中孤身留京与洋夷谈判取得“成功”一举扬名后，一直是朝中的外交专家，这次中法战启，又是由他主导军事与和谈两条线的。而今战事蒙阴，法夷跋扈，因此撤其职治其罪，本也理所当然。但朝臣们细玩慈禧懿旨，却发现根本没有涉及那方面内容。由此可见，老佛爷的突发杀性，主要是因“安内”的需要了。朝政走势未明，大臣们自是谨慎行事。

由于上述原因，所以在这次御前会议上，尽管慈禧一再垂询，大臣们还是支支吾吾，既拿不出什么善策，又不肯积极发言。

这使慈禧非常失望。她的左边眉梢子高高挑起，右边嘴唇越来越向右拉。这是典型的慈禧生气的表情。说明老佛爷不但失望、生气，简直是要发火了。这些饱食终日的废物！朝廷为他们提供了这么好的物质条件，仅俸禄一项，除了发给月银、月米外，还要每月赐给数以千计的养廉银。平时献起策来倒也是滔滔不绝，似乎满朝都是人才，而今大敌当前，竟无一人可用了！

“都退下，回去好好商议，切实复奏！”

然而两天过去了，并无一纸飞到御案。反而是出使日本的大臣徐承祖倒提了一条建议："着东南疆吏设法接济台湾。"这个建议属于隔靴搔痒，无关紧要，慈禧病急乱投医还是批准了。但仅有这么一条是解决不了问题的，慈禧不再等候"善策"报来，她要亲自处置了。先是发布上谕，补授了刘铭传的福建巡抚职（原为领巡抚衔），仍驻台湾督办军务，安定了这个台澎战役中方主要指挥者的心，让他继续卖命。

正当她准备继续宣谕时，同年的11月1日，一条后来证明事关重大的"善策"呈到了慈禧的案桌上。它是以电报的形式发来的，上奏的是督办福建军务的钦差大臣左宗棠。左宗棠的建议用一句话来概括，那就是——

"南洋、北洋派船组成联合舰队，驰援台湾。"

慈禧如获至宝。因为这条建议不但是到目前为止直接清楚为解决台澎危机而奏上的善策，而且还是由左宗棠提出的。干吏左宗棠朝野闻名，他献的计策肯定是切实可用的，于是她立即准奏，以皇上的名义发出电旨：

> 南洋派兵轮五艘，北洋派兵轮四五艘，在上海汇齐；杨岳斌统带八营，由汉口搭轮船赴沪，即统领各兵轮赴闽，先至厦门，探明法船情形，绕至鹿港等处登陆，相机援剿。

2. 启碇前夕，北洋人散了伙

电报以最快的速度发出去了。

敌舰火炮的轰击，必须改进，至少各舰的要害位置，如舵楼等，一定要用两寸厚钢板遮蔽之。另外，“南琛”、“南瑞”二舰还要加铁柱6根，否则船架不固。相比于小弟南洋舰队而言，北洋水师是老资格的大哥了，因此式百龄的意见就带有专家里手的味道，曾国荃没理由不照办。于是，他一面电商李鸿章，要求借用北洋水师暂存于上海某银行的8门哈乞开斯炮；一面督促部下给各舰上铁柱焊钢板，忙得团团转。

时间就在这种忙碌中飞快地过去，舰队南下援台的启锚之日也是一而再再而三地被推迟了。

然而就在这种推迟中，一件大事爆发了。

事发于中国的另一个藩属国，北地的朝鲜。日本政府见大清忙于南方中法间的战事，策动朝鲜亲日派，于12月4日发动政变，并遣兵将朝鲜国王李熙软禁于景佑宫。北洋大臣李鸿章得报，自然不能坐视。为集中力量，急电式百龄立即率“超勇”、“扬威”回北洋。然而正当二舰要动身的时候，朝廷的命令到了。朝廷不改原旨，仍令它们南下。但是式百龄认为南下绝对是自寻死路，敌我力量如此悬殊，马祖澳如何可能平安通过？他宁可冒抗旨之罪，也不敢拿自己的性命来冒险。将在外，君命有所不受，况且还有腰板铁硬的上司李鸿章辅相顶着呢，因此“万里长城”式百龄来了一个脚底心抹油，随“超勇”、“扬威”溜回北洋去了。

直到这时候，两江总督曾国荃才仿佛有点明白，原来以前式百龄的种种建议，都是为了拖延时间。就算没有朝鲜事变发生，式百龄也会寻找其他借口缩回北洋的。其实他自己又何尝不是这样希望的呢？但朝廷催命之令一道道发来，自己可没有抗旨的理由了，好在不需要他自己亲披矢石，有险也是部下去冒，于是他下令，由南洋5舰单独组成援台舰队，择日出发。

3.“捉迷藏”游戏

选择了一个在如今看来也是大吉大利的日子，1月18日，南洋援台舰队终于启碇南下了。当然，时间已经跨入到了光绪11年（1885年）。

舰队司令为统带提督衔总兵吴安康。曾国荃知道这并非是最佳人选，他的奏报任命中曾有这样的话：

> 臣以用人之际，只求无亏大节，不忍吹毛求疵，是以奏派该人统率五舰。

由此可见，曾国荃对他尚有不满意之处。那么他有什么瑕疵呢？原来这吴安康是“疵”于生活作风问题，此人平时淡漠军纪，散漫得很。最糟糕的是，马上就要率队出征了，他居然还“在沪游宴”。碰巧河南布政使孙凤翔到沪办案，捎带着将此事查实了。好在这位孙大人是个认真而又正直、重大局的人，他在上报总署的电文中，一面如实反映，一面亦为他做了辩护：

> 若以五船纵横海上，所向无敌，不但吴安康非其所能，即遍求各营亦难其选。盖自创造轮船以来，至本年夏季，闽中乃有战事，此前十数年，海上未曾开仗，故无身经海战之人。吴安康于军务海洋尚有阅历，曾国荃弃其小疵，奏派援

难道他遣师南下，也是为了装装样子，表演给朝廷看的吗？那倒也不完全是。主要的原因是由于曾国荃已经得到了确切的敌情情报。如果吴安康一味的鼓浪直进，他反而要电令其龟缩了。因为前面有法国舰队正虎视眈眈地候着他们。这次援台军事行动，保密方面做得极差。舰队刚刚离开上海基地，欧洲各家大报就已经有消息了。法国远东舰队司令孤拔马上有了反应。这个因马尾一战彻底毁灭大清朝的福建水师而震惊欧亚的海军将领，认为现在又有了立功扬名的机会。他视一口吞掉南洋5舰如同囊中取物。他在台湾早早做好了进餐的准备。但是南洋5舰忽然好似胶水胶着了一样，在离台湾还有一定距离的温州湾水面上，粘来粘去，再也不肯南移一寸了。这使孤拔一筹莫展，最后急不可耐地决定主动北上迎敌。

2月3日，他将继续封锁台湾的任务交给副手利士比海军少将，亲自率领“巴雅”号、“侦察”号、“答拉克”号、“梭尼”号4舰到马祖澳，并令“凯旋”号和“尼埃利”号前来会合。3天后，“杜居士路因”号也报到了。这样，北上迎击我南洋5舰的是由7艘法国主力舰组成的强大舰队。

因此，南洋5舰的作战任务从此刻起就有了性质上的变化。它们不再是援台，以希冀求得缓解澎台之危，而是要想方设法去避开敌舰，保全自己了。

吴安康率领舰队在茫茫大海上与孤拔玩起了“捉迷藏”。在开始阶段，他的藏匿战术取得了很大的成功。法国远东舰队是2月7日正午起碇，向北进行搜索的。当天晚间时分，他们到达了三沙湾，8日泊沙埕港，9日抵温州湾。一连三天，连南洋舰队的影子都没有看到。似乎突然间，这支大清水师钻天入地了。

孤拔不肯罢休，继续向北搜索。这倒不是出于其好战性格，而是由于他明白消灭这支南洋水师在整个战略上的意义。这次对华战争，孤拔打得并不十分顺手。虽然一举灭了福建水师，但在此之前攻基隆受挫，在此之后攻淡水港更是遭到了惨败。他们自己都承认，淡水之败“使全舰队的人为之丧气”，以后“大家的谈话总不能脱开这么令人伤心的话题”。他们后来之所以要采取封锁台湾海峡的战术，除了占据一块地盘，以便与清廷谈判时可以进行讹诈外，另一个重要的原因，就是为了不让失败的消息外传。这次如果能够聚歼南洋5舰，不但可以进一步巩固封锁，也大大有利于重树官兵的自信。所以孤拔要不辞辛劳亲自率队寻战了。

他们竟然搜索到了属于老对手英国人势力范围的舟山海面。这是开始于10日拂晓以后的事情。他们在星罗棋布的舟山千余座岛屿之间，整整搜寻了一天半，仍一无所获。而“杜居士路因”号舰长却报告说，他们船上的储煤将要告罄。孤拔厌烦地挥挥手，让他们返回台湾。而他自己是不回去的。

孤拔在作战地图上看到了“上海”一地，心有所动。南洋水师会不会缩回老窝了呢？因此他下令剩下的6舰向上海进发。但是他还有些犹豫，因为法国政府并没有授意他在上海方面开辟新战场。事实上，他从报上得知，去年10月上旬，他们的外交大臣裴礼还曾公开发表过“法国绝不滋扰上海”的谈话。虽然这也许是说给在上海有很大商业经营的其他欧洲国家听的，并非是为了顾及中国政府。但孤拔觉得还是应该谨慎些为好。要先摸准情报。于是在11日上午10时许，他下令停止北进，舰队暂泊大戢山岛。他利用该岛上的电台，与上海方面的法国机构进行了联系。

结果，孤拔意外地得到了几天来苦苦搜寻的那个答案：

——南洋5舰在三门湾海域。

他与它们擦肩而过了！

4. 煮熟的鸭子飞走了

与此同时，中方也截获了孤拔利用大戢山电台与上海方面的来往电报。当天夜里，苏淞太道邵友濂向曾国荃密电报告说：

六法轮近泊大戢山，或云欲截我船，或云来寄电报，明日往石浦寻找我兵船等语。探法船在大戢山，要机房寄法京电，约两时之久，我船必受其害。法轮带鱼雷船，尤可虑。

曾国荃接到报告后，心急如焚。一面将敌情向吴安康通报，一面急告总理衙门。但还未等总署发来指示电，曾国荃又接到了报告，一颗心更加悬了起来。

原来孤拔也懂得兵贵神速，他早已转头南下，日夜兼程，直扑三门湾去了！

13 日清晨 5 时半，孤拔舰抵三门湾外的檀头村。历时 13 天之久的海上"捉迷藏"游戏从此就要结束了。果然，并没费多大劲，处于舰队先锋位置的"侦察"号就有了喜报：

——南边发现五艘战船。

终于逮着了！

孤拔的嘴角逸出了惬意的微笑。这是狮子看见猎物时的微笑。他立即让信号兵发出了如下旗语：

——预做攻击海上敌舰的准备!

一个半小时后,它们距南洋5舰大约只有10海里了。

孤拔的旗舰上升起了红色小旗,这是“以最快的速度追上敌人”的命令。各舰立即在桅上挂起三色旗,表示执行。于是,6条法舰上的巨大烟囱骤然间浓烟滚滚,它们像红了眼的豺狗,向近在面前的猎物全速扑去。

直到这个时候,南洋5舰才发现,灾难真的来临了。

吴安康叹了句“是祸躲不过”。他知道硬拼是傻子才会做的事。他采取了务实的态度。所以他的命令是:各自逃命吧!

于是南洋援台舰队顷刻间就分成了两半。马力强大的“南琛”、“南瑞”和“开济”3艘巡洋舰全力向南避逃。而“澄庆”号通讯舰和“驭远”号木制帆舰由于脚力不济,无法跟上,只得向东驰去。它们的目的地是距离最近的象山石浦湾。那里港道弯曲,海涂较浅,说不定能据此而躲过一劫。

孤拔令旗一挥,也将法舰分成了两股。他让“凯旋”号、“梭尼”号和“答拉克”号去追击“澄庆”、“驭远”,自率战斗力较强的“巴雅”、“侦察”、“尼埃利”3舰去对付另3艘南洋军舰。

一场追逐战!虽然从数量上来看,是三对三,同是巡洋舰对巡洋舰,南洋水师并未处于怎样的劣势,然而吴安康意识到“走为上”,应战非良策,所以还是一味地南逃。这样,敌我双方的较量体现出来的形式,就显得相当特别。不是斗智斗力,而是斗脚力,看谁的速度快,这简直像是一场海上“田径”比赛了。

这样,吴安康的吃亏则是明摆的事情。“南琛”、“南瑞”轮的马力只有2800匹,“开济”号更小,只有2400匹。而敌舰呢,

“巴雅”和“侦察”号两艘铁甲巡洋舰都达到了4000匹，“尼埃利”号巡洋舰虽然差些，只有2460匹，但也已接近我方的主力舰船了。所以在这场追逐战展开后不久，双方的距离一点点地拉近了。

孤拔眼看猎物就要到手，按捺不住满腹得意。他甚至已经思考起“把它们打沉呢，还是迫使它们投降呢”这样的问题来。但是，似乎有点不对头。南洋3舰的形状怎么慢慢的模糊起来了？是它们在加速脱离吗？不可能的，它们早就开足马力了，已无速可加！那么，是自己船减速了？更不可能，没有我孤拔的命令，谁敢擅自减速！且慢，这白乎乎的东西是什么？

是雾。原来是海上忽然起了大雾！

雾越漫越稠，数米之外，不能辨物。真真是天无绝人之路，南洋三舰有救了。孤拔们沮丧地站在甲板上，眼睁睁地看着煮熟的鸭子消失于浓雾中。

“在这种情况下，追赶是不可能了。”中华史学会主编的《中法战争（资料汇编）》（第三册）向我们提供了一个当时在场的名叫罗亚尔的法国军官的自述，“无论如何是要停止（追击），开到碇泊处，只好埋怨运气。在目前情况下只能以那两艘不能逃脱的战舰为满足了。”

于是，孤拔把打击的重点，集中到了目前躲避在石浦湾的“澄庆”、“驭远”身上。他下令调转船头，直驰石浦。

现在他将6艘法舰又重新捏成了一个拳头。

5. 孤拔们都说：奇怪

下面将详细叙述接下来的两天内发生在石浦湾内的事情。这种叙述不会是闲笔，它是完全有必要的。因为我记录了“澄庆”、“驭远”2舰的命运。这种命运对“南琛”、“南瑞”、“开济”3舰的生存保全提供了一个最好的借鉴。而这3舰的存在，对本书所记述的主故事“中法镇海之战”，显得是那么的意味深长。

这次叙述视角将放在孤拔这一边，因为他们是追击者，是掌握主动的一方。首先，我们看到的是作为一个战术家的孤拔精细的一面。这种精细首先体现在，他采取的第一个行动，不是立即进攻，而是先布置好一个包围圈。石浦湾的出口主要在东、北、南三处水门，孤拔以“巴雅”、“侦察”、“尼埃利”、“凯旋”四舰截堵东北二门，以“梭尼”号虎视南面水道。“所有的出口，就这样地看守起来，所有各小岛间的海汊都由我们占据；此后这两艘中国舰的捕掳已是确定的了。”罗亚尔在笔记中的记录语言是这样的轻松。他们直觉已胜券在握。

整个包围圈在13日夜间完成。14日早晨，前去侦察的汽艇带回了好消息，南洋2舰停泊在南辉山和石浦厅之间狭小的海面上。但是孤拔仍然没有进攻。他把他的副官赖威尔上尉叫到跟前，交给这个优秀的水道工程师一项任务：探测水道。他要根据水道的深浅情况，来决定明天进攻的航路。

果然，赖威尔提供的水道情报有点出乎意料。航道太浅了，战舰无法进入。于是孤拔马上改变了战法，决定派鱼雷艇袭击。

但是这将意味着冒险。罗亚尔的回忆录告诉我们，孤拔他们早就知道南洋舰队各舰的火力配备情况。这“澄庆”和“驭远”舰虽是通讯舰和木制帆舰，但还是有一定战斗力的。“驭远”帆舰拥有克虏伯12厘米口径的大炮12尊，15厘米口径的大炮8尊，21厘米口径的巨炮1尊；“澄庆”通讯舰则配有16厘米口径大炮1尊，12厘米口径大炮6尊。这些火力自不能和“巴雅”号等巡洋舰上的火力相抗衡，不过用来轰击巴掌一样大的鱼雷汽艇，那是绰绰有余了。

必须用偷袭的方法！

于是孤拔将进攻的时间选择在14日的夜里。不好好利用夜幕的掩护将是愚蠢的。时间在焦急的等候中慢慢地消逝，黑暗终于来临了。攻击队员都已各就各位，他们只等着司令官的一声令下。但是孤拔没有动。他在聆听一种噼噼啪啪的声音。这是鞭炮的声音。他记起来了，今天是中国的除夕之时。中国人在放关门炮。他不明白为什么大战来临，中国人居然还有心情来燃放辞旧迎新的鞭炮；但是他明白，这鞭炮声有助于他的行动，这种声音会掩盖住汽艇开进时发出的声响。

真是上帝之赐！孤拔把进攻时间确定在半夜11时半。他知道这个时刻天最黑，他也知道这是新旧时序交替之际，中国人放的鞭炮声最响。整个偷袭分为两步走。先由“巴雅”号副舰长戈尔敦上尉乘二号艇打头。他们将艇身涂成了黑色，又熄掉包括信号灯在内的所有灯光，摸黑驶进港内，潜伏起来。二十来分钟后，由水雷官杜波克上尉指挥的一号艇也溜进了内港。这时已交子时，石浦湾内鞭炮声果然响得起劲，没有人发现敌人已经到了面前。

不过，天色实在是太黑了。法国人虽然潜入了内港，但还是整整费了三个多小时才找到了一个猎物——“驭远”号帆舰。由戈尔敦的二号艇来实施攻击。他们几乎如同陆地上的匍匐前进一样，一寸一寸地向“驭远”号摸去。在相距约200米处，戈尔敦亲自发射。挂于小艇左右舷处的两枚鱼雷顿时呼啸而出，以惊人的速度掠水而去。

击中了！

传来了水雷猛烈的爆炸声，随即水面上涌起强烈的冲击波。二号鱼雷艇如同风中的叶子一般剧烈地飘荡，又一下子撞在了“驭远”舰的船尾处。未等戈尔敦们回过神来，“驭远”轮上齐射的枪炮不但打坏了艇上的机器，而且还使一名士兵丢了性命。另一艘鱼雷艇于惊慌失措中，竟然搁浅了。

孤拔派出“梭尼”号救回了这两艘鱼雷艇。这时候戈尔敦上尉才明白，他这次行动有些失手了。虽然击中了“驭远”号，但未中要害，仅仅伤及对方的尾部。天已经大亮。偷袭引发的弥漫硝烟，已经再也无法让正月初一的石浦湾平静了。孤拔下令做好一切战斗准备。他估计大战马上就会打响。

果然前方传来了两声巨大的爆炸声，只是这爆炸声有点奇怪，不像是舰炮所发，也不同于岸炮。正当他感到迷惑不解时，副官赖威尔来报告说，他发现“驭远”号帆舰不知怎的，船身忽然直立起来；而另一艘稍小的通讯舰“澄庆”号，船体倾倒，看来这两船马上就要沉没了。

原来是“驭远”、“澄庆”2舰放水自沉了！

这使孤拔们感到迷惑不解，他们都用“奇怪”一词来表达。其实，不光是对手，就是自己这一方，上至朝廷，下至有关的各级军政要员和一线将士，对此事的理解和解释也很不一致。为什么要自沉自杀？是什么原因使这2舰不能保全？有多种原因，多种说法。我们将在后面的叙述中予以揭示。但有一点是可以先加以说明的，那就是对另外3舰而言，“驭远”、“澄庆”2舰并不是白白牺牲的。

6. 前面，就是镇海口

孤拔毕竟算是胜利了，并且还是大胜利。因为付出与所得相差是如此的悬殊。“单单死了一个人和用了两捆棉火药，就击毁了一艘帆舰和一艘通讯舰。”参战者之一的罗亚尔就是这样写的。所以孤拔显得非常兴奋。他太需要用胜利来重树因淡水惨败而受挫的“法兰西英雄”的自信心了。由于兴奋，也由于需要，孤拔同时又变得十分慷慨。在第二天，也就是2月16日，他给所有参战官兵分了双份的口粮。

然后他下令起碇。他让“凯旋”号、“梭尼”号和“尼埃利”号返回基隆，自己则带着“巴雅”号、“侦察”号以及“答拉克”号来到了马祖澳。他的命令很清楚，不是回来休息，只是进行物资补充。围歼南洋5舰的战斗还没结束，仍有3艘主力巡洋舰处于漏网状态。

那天一场大雾救了那3艘巡洋舰的命，它们溜走了。但是孤拔相信，那肯定是暂时的。如同一句中国俗语所说，避得过初一，逃不过十五，它们迟早要落入强大的法兰西远东舰队的嘴中。待各舰补充完毕，他即下令再次北上。虽然出发的名义是遵循政府的命令去封锁长江口以禁止南粮北运，但在心底里，孤拔认为自己是为寻找南洋3舰而去的。他后来的行动暴露了他的这一想法。

他慢慢地行进，采用拉网的形式，让各舰拉开一定的距离分头搜索。并调动手中所有的侦察手段，其中还包括散布于沿海各地的法国传教士，来寻找那躲藏起来的3艘中国军舰。他的努力很快就得到了回报。2 月 26 日，他们三三两两地到达了曾给他们带来好运的大戢山洋面一带。这次，鸿运再次照头，一条高质量的情报于这天送到了他的旗舰“巴雅”号的指挥台上：那 3 艘消失了近半个月的中国战舰不知怎么回事，又突然出现在浙江东部的海面上，正朝上海基地方向退去。

孤拔大喜，一分钟都不敢耽搁地率领“巴雅”号和离他最近的“凯旋”号、“尼埃利”号、“答拉克”号直扑浙江东部海域。但是，他们遗憾地迟了一步，对手又突然不见了！

孤拔打开地图，判断对手可能的藏身之处。正在这时，他又得到了报告。原来这 3 艘南洋军舰，缩进了具有宁波门户之称的镇海口内。

宁波！

镇海！

对手肯定将镇海作为救命窝了。

他毫不犹豫地扑向镇海口。他们于 28 日，2 月份的最后一天，到达了镇海口外一个名叫七里屿的地方。孤拔的判断没有错。他们到达的时间，正是南洋 3 舰退回镇海的第二天。

孤拔下令进攻了，时间是次日，即 3 月 1 日。

中法战争镇海之役就是在这种情况下打响的。3 月 1 日，农历正月十五，是中国人非常重视的元宵节。孤拔两次进攻浙江，两次都碰上大节：春节和元宵。他就这样首先以这种方式，伤害着中国人祈求吉祥如意的心。当然，这被他忽视了，就像他忽视了这次镇海之役的对手指挥官是谁，是哪些人一样。

等他意识到这是个错误时，他已经身负重伤，奄奄一息……

此日大贤

他，实在上不了台面，因为他的身份是幕僚。从这个极具古代中国特色的称呼中可以看出，他的最高学位是秀才，所以不能以正途入仕，不能在官场里正式出现，只能躲在幕后，为东家贡献他的智慧。这不是垂帘听政，而是幕后献政，两者间有天壤之别。

然而他又是如此的不安分。身无半职，心忧天下。他写下了一篇篇文章，呈朝廷，送显宦。他论海防，论洋务，议罢内政说外交。慧眼洞世云，肝胆撼天地。

这是一个缺乏舞台的舞者，一条没有深渊的蛟龙，一只无处可以呼啸的猛虎！

现在，他终于有了宁波镇海！

他从幕后走到幕前来了！

他的名字叫做薛福成，字叔耘，号庸庵。

7. 庸庵先生，可喜可贺

一年前，光绪九年（1883年），也是新春时节，正月初十，一道由朝廷发出的命令，出燕赵，越齐鲁，直抵北洋大臣李鸿章的天津幕府。最先过目的是李鸿章本人。他先是微微一怔，接着连连说“可喜可贺，可喜可贺”，吩咐下人说：“快请庸庵先生。”

庸庵先生进来了。步履从容，精义内蕴。庸庵是他的号。本名福成，字叔耘，姓薛。薛福成这年46岁，已经微微有些发福。特别是头部，看起来比别人大了许多，真真是天庭饱满，地角方圆，一副菩萨样。但掩唇的黑须和炯炯的目光，又常常能使他不怒自威，自具渊停岳峙的风采。

他的身份是李鸿章幕僚。

“恭喜你了，庸庵先生。”李鸿章说。

“不知喜从何来，傅相？”

“喏，喜在这儿。”李鸿章有点夸张地扬了扬手中的朝廷命令，“从现在起，庸庵先生，你不再是我的幕僚，我也不是你的东家了。我们都成了一殿之臣。”

朝廷的任命书上说：

——实授薛福成宁绍台兵备道护理浙海关监督。

薛福成轻轻地啊了一声。李鸿章注视着他又惊又喜的样子，哈哈大笑道：

“这实在是由于先生德才超众的缘故，我看无须惊奇。”

薛福成知道他的话意所指。按大清朝的官吏任命制度，他薛福成是永远都当不了有实权的大官的。大清以科举取士，要想进入宦途，进士以上的资格是必需的。而他薛福成自20岁那年考中秀才后，却再也没能更进一步。刺股悬梁了六七年，仍是心酸一片。无奈，他走上了做师爷之路，一干就是二十多年。虽然出入的是曾国藩、李鸿章这样的大幕府，还一度挂过直隶州候补知州的虚衔，但不变的是师爷身，永远是没有实际职衔的谋士角色。不料今天咸鱼翻身老母鸡变鸭，从此与东家可以同为一殿之臣了，他能不惊喜吗？——慢！根据朝律，除了科举外，还有一条辅助性的取仕之途，那就是“举荐法”。难道本人这次鸿运高照，是出自东家的举荐吗，就像上次他举荐自己为直隶州候补知州一样？

薛福成一躬到地。“傅相栽培之恩，叔耘不知如何报答。”

李鸿章大度地摆摆手。“哦，不不，我可不敢掠人之美。我已经说过了嘛，这是你才德超众所致。来人哪，吩咐厨房好好弄几个菜，我要与庸庵先生，不，与薛道台放怀喝几杯。”

酒席是丰盛的。北洋的海水完全不同于南洋，它出产的海鲜带有特别的花纹，这是一顿美丽的晚餐。

李鸿章首先端起了杯子。

“先生在我幕府多年，不但为我撰写了大量重要奏稿、书牍，还出谋划策，多次协助我解决棘手事件。来，我敬先生一杯。”

“这，这，叔耘如何敢当。”薛福成陪着一饮而尽。

“这第二杯酒，我可是表示祝福的。”李鸿章的表情渐渐严肃起来，“先生此番出山，赴任宁绍台道，责任重大啊。法夷挑起战端，朝廷已表露应战之势，我看战场就不会限于区区越南一隅，肯定要向我大清本土延伸。法夷和英夷一样，以海战见长，我大清的沿海各处，又要遭受劫难了。宁波地处浙东，扼南北水运的要道，道光、咸丰时洋夷两次启衅，浙东都是主战场。这次啊……我知道，先生是目前我大清朝一名优秀的外交家，对外交涉很有一套。但我还是要提醒一句，先生可要走好啊。”

见东家如此关照，薛福成很是感激。“傅相的教导，叔耘记下了。”

“啊，啊，那好，那好。当然，对于如何应付这次法夷的挑衅，我和先生的看法，至今还是不全一致吧？”李鸿章忽然微笑着又补了一句。

这倒使薛福成觉得不知如何应答才好了。岂止是“不全一致”？简直是有点“针锋相对”。总观李鸿章的意见，可以用“避战求和”四字来概括。法国人刚开始在越南的南部动手，李鸿章就提出了“中越非宗藩关系论”。他说：

“按照西方的有关国际法，所谓藩邦属国，必须驻有宗主国派出的总督。而我们中国对越南的政事、外交诸务历来不问不闻，只是每年接受他们的一点朝贡而已，关系淡漠得很。”所以在他看来，两者构不成宗藩关系。

而法越间的关系呢？他说：

“西方有公法，以两国间所订立的条约为重。本年（1883年）7月，越南和法国就签订了法越新约。虽然有些被逼胁的成分，但越南既然是一个独立国家，他们的国君没有反对，其他国家的人自也不能说三道四。我们中国又有什么必要和理由去否定这份条约呢？”

从这种观点出发，李鸿章对朝廷中一些人主张援助越南，自是觉得没必要了。他说：

“越南贫弱，需要法国的帮助，有条约在，中国人再去插一手，是不妥当的。……既然我们无法深入越境夺占膏腴，那么它边境上那些荒山贫瘠之地，失去就让它失去吧，无关紧要的。”

他还警告说，“如果被越南拖进去，我们与法国人的争端，开于俄顷。请各位权衡一下轻重吧。”

而凡这些，薛福成的看法都是相反的。

“不听我的话，现在怎么样？和法国人在越南真的干起来了。战火马上就要烧到我们本土，烧到你我的身上了。”李鸿章说。

他是以感叹的口气说的。但薛福成还是从中听出了一些站在旁边看好戏，甚或是幸灾乐祸的味道。他笑了笑。他不想在今天和李傅相再就这个问题展开争论。他对着李鸿章举起了酒杯。

“叔耘恭敬傅相一杯！”

8. 少年壮志

薛福成准备先回趟家。家在江苏无锡，数千里之外呢。游幕生涯的艰辛之一，就是无法带家眷，就是长年累月地与亲人分离。妻陈氏，体弱多病，不知近来康健无恙否？子翼运、长文他们，不知课业进步如何？不在旁边亲自督导，薛福成总是放心不下。

归心如箭。他本来想走水路，先乘船到上海，这样能快捷许多。但李鸿章坚决反对。他认为目今的水路已经很不安全，法夷的舰船随时都有可能北上游弋。以目前北洋和南洋水师的实力，尚不足以承当起保卫领海的任务。所以他劝薛福成宁可慢些，也以走陆路为上。薛福成听了深受感动，“叔耘不知如何报答傅相的眷顾之情。”

李鸿章摆摆手，道：“哎，话不能这么说。我眷顾你，不仅是眷顾一个帮了我许多大忙的幕僚，我实际上是在眷顾一个朝廷的栋梁之才啊。实话说吧，庸庵先生，我还真舍不得你走呢。因为，我已得到了消息，就在这几天，朝廷准备派我就在天津这里和法国人进行谈判呢。”

“谈判?!”还没有一较高下，如何来进行谈判?

“是的，谈判，希望能搞成一个协议之类的东西。你是外交专家，本来是可以助我一臂之力的。”

“这个……傅相是否已有方略在胸了?”

“什么方略?一点想法而已。”李鸿章矜持地摇摇头，“我看，越南是保不住了。如果能够在条约上将法国人限制在大清国境之外，我也算对得起朝廷和天下的百姓了吧。”

“……”

李鸿章忽然叹息道，“就算我做到了这一步，肯定也会有人骂我是国贼的。骂就让他们骂吧。只是法国人恐怕不会就此满足。庸庵先生啊，如果真的到了这一步，那就要有劳你们这一线官兵来精忠报国了。让我们在这两条线上共同努力吧。”

薛福成长揖到底，以最后的幕僚身份，向东家行了一个最后的告别汉礼。明日一旦官袍加身，这种汉礼就必须让位给大清的跪礼了。

三驾马车就等在院外。马蹄纷飞，带着薛福成出天津，越河北，过山东，趋江苏。数千里的距离在一个来月时间的消逝中一节节地缩短。待他终于踏上故乡熟悉而又陌生的泥土时，已是柳丝依依的仲春时节了。

无锡县扬名乡宾雁里的薛家，是个远近闻名的望族，世代官宦。薛福成的曾祖世深公、祖父锦堂公和父亲薛湘，三代出任直隶通永道，死后皆封为光禄大夫；曾祖母、祖母和母亲都被诰封为一品太夫人。他的同胞兄弟，或者是现任府尹、知县，或者是候补的知府、知县。连他的岳父大人，也是一个候补州官呢。

这次薛福成带着“宁绍台兵备道护理浙海关监督”的实授头衔回到了家里，一家人的高兴劲儿，自是不用提了。最高兴的当属他的妻子和孩子们。薛福成二十多年来，一直是幕僚身份，使他的家眷们时时觉得说话中气不足，走路腰板不硬。现在他们的一家之主成了实打实的大官，并且还是个军事方面的大官，于是个个扬眉吐气。妻子陈氏的病情立即大为好转。她快手快脚的忙这忙那，眼角眉梢都是笑，长年苍白的脸庞像新娘子一样，片片桃红。

薛福成在家里不像是主人，简直成了贵客了。亲人的深情厚意温暖得他有些忸怩和不自在，同时也使他不便提起目前的时局，更不便提起他此任上可能会遭受的重大战争风险。他一面督查儿子们的课业，一面时时注视着局势的发展。但无锡老家毕竟不是李鸿章幕府，消息来源极少。这使他忧心如焚。他想早日离家赴任，但见妻依儿偎的昵情，又不忍开口。因为回家毕竟才几天，而依照朝制，像他这种上任前的事假，一般是可以长达三四个月的。

正在这时，浙江巡抚刘秉璋以三百里快马的速度，给他送来了一纸公函。告诉他，朝廷于 3 月 24 日发来了旨电，饬令他立即赴京送部引见。

直到这个时候，薛福成才最终明白了，正将戴到自己头上的这顶官帽的分量有多重。不是任何一个像他这样的中高级官员，上任前都需要赴京送部引见的。只有去要地任要职的人（尽管品秩可能并不是很高），朝廷才会把他们召到京城，当面训示吩咐。也直到这个时候，他方有些相信，李鸿章所说的“是你德才所致”可能不是虚褒。是自己的《治平六策》、《海防密议十条》、《筹洋刍议》等文章发生影响了吗？是自己在北洋大臣幕府中提出的抵抗日、俄侵略，拒绝新签不平等条约的主张，给朝廷留下印象了吗？还是因为这次中法争夺越南事起，朝廷和战不定，自己一口气连续撰写《与法兰西立约通商保护越南议》、《援越南议（上、中、下）》等奏章，明确提出了自己的主张，受到了朝廷的重视？

不管是哪一种原因促使，此番进京都让薛福成陡生豪情。学成惊天艺，卖与帝王家。能为皇上效忠，为国家出力，为黎民百姓解忧，不正是自己一生的志向吗？致力经世实学，以“备国家一日之用”！少年壮言，今犹在耳！

9. 醇亲王的微笑

光绪十年（1884 年）4 月，薛福成抵达北京。这时，朝廷刚刚于上月中旬发生过一场政治上的地震。权倾一时的恭亲王奕䜣，在总署、军机处和内务府的一切本、兼职，被慈禧的一道懿旨，捋了个干干净净，回家养病去了。薛福成屈指算了算，自己和恭亲王差不多是同时回的家。

现在接班掌权的是礼亲王世铎。这让薛福成吃了一惊。因为在李鸿章幕里时，有一次曾听僚友偶然说起，这礼亲王被朝臣们暗地里称为“盲叟”，是个“一物不知”的糊涂虫。在国事艰难的重要时节，老佛爷为什么会选择他来执掌军机处？难道就因为是由于他的无能和听话？由此看来，尽管皇上已经到了马上可以亲政的年龄，老佛爷还是不想引退。

他向军机处报到。紫禁城中一个小院落里的一排平房，框架横窄纵浅，军机处所在的地方，并不像它的名称和威权那么显赫。礼亲王世铎，他的主要助手额勒和布、阎敬铭、张之万和孙毓汶都在。然而，在与军机大臣们的交谈中，薛福成有一个感觉，似乎把他召到京城来的，并不是军机处。

果然，礼亲王发话了，让他去见醇亲王奕谖。

醇亲王？

原来礼亲王世铎的糊涂，慈禧也是知道的，而军机大事却不能糊涂。于是，在任命各军机大臣的第二天，慈禧又下了个懿旨，“军机处遇有紧要事件，着会同醇亲王奕谖商量办理。”人人都知道，进入军机处的任何事情都不会是小事。所以，这个军机处新班子里的实际首领，应是醇亲王。

醇亲王是光绪皇帝的生身父亲，对慈禧忠心耿耿。这让薛福成更清楚了，今日之朝廷，仍是谁家之天下。

弄明白这一点是很重要的。看清了真正坐在权力的塔尖上的人物是谁，就可以在行事时有所遵循了。

从现有的资料来看，薛福成对1884年前后的慈禧和慈安两宫皇太后的垂帘听政，并不反感。在情感上，他比较倾向于慈安太后。他曾写过一部《慈安太后圣德》。前引的“东宫见大臣，讷讷如无语者”，就出自本书。而对慈禧，他钦佩她的精明能干。太平天国事件的最后彻底解决，毕竟完成于她执掌朝柄之后。而这次中法事起后，她重新调整了总署和军机处，特别是罢免了主和派领袖恭亲王的一切重要职务，虽然是出于巩固权力的需要，但在薛福成看来，多多少少也反映出慈禧对法战争的强硬态度。

那么自己这次的被破格启用，也许就是这种态度在人事上的具体体现？

醇亲王在一个十分精致的院子里接见他。亲王很像一个慈祥的老者，没摆架子，话也不多，甚至还有些枯燥。他像背书一样，说了去年以来，朝廷发向沿海的几道旨令，如去年3月11日发出的“法反复无常当严申儆备”令；6月20日发出的“着将沿海防务实力筹办”令；11月20日发出的“着各省海口备御先事切实筹办”令。薛福成听懂了，自己对慈禧对法态度的分析没有错。尽管朝廷还没放弃通过谈判来换取和平的努力，但早已立足于打。因为当今皇上马上就要亲政（或者说慈禧需要为自己继续听政提供政绩），对外的腰板太软是不行的。

“奴才这次前去宁波，”（在满族统治者面前，只能是自称奴才了），“一定凛遵圣意，进一步加强海防。夷丑胆敢来犯，定叫他有来无回。奴才早就……”

“你的态度，圣上和太后，都是知道的。”醇亲王微笑着说，“你奏送的《海防密议十条》，我们都看了。见识不凡啊。”

薛福成连忙跪下，“亲王如此谬赞，奴才实在汗颜。”

醇亲王摆摆手，表示不是谬赞。然后手掌顺势落下，轻轻拍打着案沿，沉吟片刻后说：“以坚船利炮，与洋夷们在海上一决雌雄，短时间内，我们是做不到了。但我们有海防。我们要依托海岸，让他们无法近岸。”

“喳！”

“你去宁波，也须以此为要。”

“喳！”

“具体事项，浙江巡抚刘秉璋会交代的。你离京后，马上去杭州。”

“喳！”

“刘秉璋刘大人，对你倒是很欣赏的呢。”醇亲王微笑着又补了一句。

刘秉璋刘大人？

薛福成顿时感到了一种终逢知己般的欣慰。

10. 海边防务，就拜托了

又是一路风尘。薛福成于这年的 7 月初走进了浙江巡抚的衙门。

听到下人禀报，刘秉璋倒履相迎。这一对未来的镇海之役的实际指挥者，相见于西湖侧畔一间南宋旧都韵味十足的厅房里。

仲夏时节。蝉鸣于无踪处，柳丝乱荫，窗外幽静一片。刘秉璋把着薛福成的手臂久久不放，言辞十分诚恳：

“久闻先生大名，今日得以相见，幸何如之。”

“抚帅过奖了，卑职……”

刘秉璋摇头打断了薛福成的谦虚，“你我意气相投，这些场面话就免了吧。”

他让薛福成坐下，自己在厅上来回缓步，以助语势。“我曾仔细拜读过先生的《海防密议十条》等大作。从先生的高论来看，先生在战和之争问题上，是有自己与众不同的看法的，对吧？能否说来听听？”

“是。抚帅有令，卑职就妄议了。”薛福成已经看出，刘秉璋有当面考察的味道，所以他说得十分坦率，“最近几年来，外侮环逼，议者或偏于主战，或偏于主和，依卑职愚见，这两种意见都是不全面的。如果一意主战，就会兵连祸结，致成不了之局，而且中国武备未精，未可为孤注一掷；如果一意主和，则被对方视为可欺，肆意要求，无所底止。一个洋夷国得到满足了，其他夷丑就会群起效尤，这样，我中国就永无宁日，也无法立足于世界之林了。”

“高论！那么，依先生之见呢？”

“以和为体，以作可战之势为用！”

“高！两手准备，两方面努力，的确是高见。不过，仔细琢磨先生的话意，我认为先生更多的，还是倾向于战的吧？”

“是的，抚帅明察。卑职认为，问题到了最后，还是要靠战来解决。纵观两次洋夷侮逼事件的结果，可见此辈的本性，实乃贪得无厌。动辄要求，予以满足而不知感恩，商之以情而不予响应，绳之以条约而不加以遵守。因此，和是暂时的，战是必然的。”

刘秉璋听了频频颔首。“先生之言，正合愚意。那么这次对越南战事，先生的看法是……”

“卑职认为，依情而论，越南依附中国千数百年，断不能置之不理；以理言之，中国出师援越，越南君臣受到鼓舞，不致骤立受亏之约，若中越联军并肩抵抗，法人兵少势孤，必有所顾忌。假令坐视法人吞并全越，法人就会认为中国畏惧，那么我们的滇粤边陲，必难确保久安。”

刘秉璋目光顿时炯炯起来。“先生的见解，似乎与李中堂的观点，有所不同。”

“是的。”薛福成抬起了头，没有回避这个问题，“卑职虽是李傅相的幕属，但事关国家安危，卑职不敢轻易应和。”

“好！不过可惜啊可惜。”刘秉璋击案赞而复叹，“假令先生的主张能蒙见重，时势何至于此！——先生在路上颠簸多日，可知目前形势又有了大变化？”

薛福成猛然站起，“难道法人向我们本土进攻了？”

“这倒暂时还没有，不过我看也差不多了。因为李中堂与法人在天津的谈判，虽草签了个协定，却没能约束住法人。”

李鸿章是清廷里著名的洋务专家，虽然当时主要负责对俄、对日的外交，但由于北京的恭亲王倒了，无人比他更熟悉洋务，所以这次对法交涉，正如在薛福成离开北洋幕府时他所告知的，朝廷仍派他在天津接待法使商谈议和大略。

5月10日，李鸿章在天津与法国方面的使臣福禄诺，在谈判桌边坐了下来。交锋并不激烈，简直可以说是非常顺利。双方仅会谈了一天，11日，《中法会议简明条款》（又称《李福协定》）就产生了。条件是法国方面提出的，共有五款，主要为：清政府承认法国与越南签订的条约；法国不索赔款，中国同意在中越边境开埠通商；声明调回在越的中国军队。李鸿章觉得这些与自己本来的主张非常一致，就以朝廷全权大使的身份，签字同意了。

协议草签了，双方都感满意，至少表面上是这样。李鸿章奏报朝廷说："适山西、北宁（皆为越南地名）失陷，法焰大张，越南臣民望风降顺，事势已无可为，和局几不能保。""今约内载明，不复索赔，尚属恭顺得体。"字里行间可见自得之色。而法国总理茹费理则通过表扬对手李鸿章来表明对协议的态度。他打电报给中方说："我快乐地体验了这位中国的政治家是用和我们自己相同的观点去考虑两国的利益的。"

不过这种你亲我爱的"蜜月"期很快就结束了。后来的事实证明，尽管李鸿章一心一意，法国人却是在做戏试探，另有所图。条约中有一条约定，三个月后双方再各派全权代表，照以上条款，制定细则。然而仅仅过了一个月，也就是说，未等协议正式签订，法国人就马上胁迫越南，搞了个第二次《越法顺化条约》，最终确立了对越南的殖民统治，从而达到了他们远征亚洲的主要目的之一。

然后他们集中力量，与中国正式叫板了。

于是就有"观音桥事件"的爆发。

依《中法会议简明条款》的规定，中国军队撤出越南的期限为：桂军6月6日前；滇军6月26日前。然而就在期限内，6月23日，大批法军突然开到了谅山附近的北黎（中方称之为观音桥）地区，声称前来接防，要求清军立即退出。清军据理力争，法军竟然开枪打死了清军代表，并开炮轰击清军阵地。

事件发生后，法国新任驻华公使巴德诺立即向清朝政府发出照会，要求赔偿兵费二亿五千万法郎（约合白银三千八百万两）。

法国人的真面目终于暴露了。

“他们怎么会不要赔偿呢？起初弄了这一条，是为了诱使李中堂签字。他们达到目的了。越南既已到手，现在自然要提赔款了。”刘秉璋说。

这话隐隐有批评李鸿章的味道，薛福成不便接腔。一者李是自己的老上司，有提携栽培之恩；二者嘛，他也了解李刘的关系。他们俩是老乡，都是安徽人，又都是以镇压太平军和捻军起的家。可以说，刘秉璋是李鸿章集团中的重要骨干。记得去年年初，刘秉璋赴任浙江巡抚，经过天津时，还特地去拜见了李鸿章（附带补一句，三四年后，李刘两家甚至有了姻亲关系，刘秉璋的两个女儿先后都嫁给李鸿章的长子李经方，成了他的元配和继室）。如此关系，刘秉璋就算对李鸿章有所批评，也不可能怀有恶意吧。

于是，薛福成只是拱了拱手，继续聆听刘秉璋对局势的分析介绍。

“总署因此对李中堂很不满意，已经另外派人与法交涉。这个人就是两江总督曾国荃曾九帅。”

薛福成知道，这曾国荃为湘系集团领袖人物，是李鸿章的主要政敌。

“不知是否有了结果?”

刘秉璋摇摇头。“法夷态度强硬，威胁说如果不同意赔偿，就要占领我大清沿海的一两个海口作为赔款的抵押。事关割土，曾九帅未得圣谕，自是不便擅夺。”

“占领我大清海口？如此说来，战端必开了?”

刘秉璋神色凝重。“我看必是如此。所以薛道台此番前去宁波，”他忽然对薛福成改了称呼，“我有两条相托。”

薛福成立即站起。“抚帅钧命，卑职无不凛遵。”

“第一，你首务之急，是要做好镇海方面迎战的一切准备!”

“喳!”

“第二，这第二嘛，是要你做好镇海前方各将领间的协调工作。”

“协调?”

“是的。现在镇海方面的作战部队主要来自淮、湘两系，我已得到报告，他们间的关系不是很融洽。大敌当前，我们万万不能自乱阵脚。为了便于你行事，我加封你一项头衔：宁防营务处。这样，你算是我派出的一个代表，直接向我负责。”

“抚帅，我……”

“庸庵先生，”刘秉璋又换了一种称呼，显得亲昵又尊重。“你的担子很重啊，让我们一起上为圣上、太后分忧，下为黎民百姓保平安吧。宁波镇海方面的防务，就拜托先生了。”

“喳!”

因之他们不约而同地都流露了一种程度不同的轻蔑的神情，这是武将对在他们心目中是外行的文官上司惯有的神情，只是出于官场礼节，在他这个上司召集的会议上，没有公开表露罢了。

看来仅以言辞上的笼络是不行的。薛福成迅速调整了策略。他慢条斯理地整了整官帽，似乎是在向他们暗示他的四品道台的职衔，虽然在座武将中有人官居四品之上，但朝廷在官员品秩上扬武压文，而在职权上又以文领武，四品文官完全可以领导三品武官。所以他的暗示是有道理的，实际上也有效果，有些武将悄悄地将轻慢的神情收敛了许多。薛福成立即发现了这一点，满意地笑笑。然后他威严地向后一招手。一个后生子，他的门生兼随从，从议事堂一角的边门里，碎步而出。他的手里捧着一卷纸状的东西，从他躬身而捧、肃然而呈的姿态来看，这卷东西非同一般。

“这是浙江巡抚刘秉璋刘抚帅的檄令，请各位过目。”

薛福成亲自将卷纸缓缓打开，引目四顾，右手掌前摊，做了一个“请”的手势。

檄令写着：“即委薛福成主宁防营务处。综理营务，尽护诸军。……传宣号令，筹议大计，悉交营务处。凡战守机宜无巨细，一概统领之。”

军令如山！与会者看了檄令，顿时个个竦然端坐。但表情上的差别还是有的。湘系军官是诚惶诚恐，而淮系一派的，则暗暗自笑。两派人都认为是碰到了对手或是同道。刘抚帅是淮系的，他如此器重薛道台，不正说明薛道台也是淮系人物吗？

薛福成自然立即敏锐地察觉到了这一点。他不能让他们有这种误解。所以他说：

“本道一生庸庸，游幕为业，但时有贵人提携相助。其中对本官有大恩者为两人。一个是李鸿章李傅相。本官在傅相幕下多年，蒙受教诲良多。另一个呢？则是曾国藩曾帅了。本官科举之途多有坎坷，不得已，出门游幕。未曾想，天佑我也，未几，居然蒙曾帅召之幕下。所以说，曾帅是本官的引路恩师，对本官恩深如海。”

这一席话，赢得了所有与会军官的好感。幕僚之出身，并不光彩，在官场上当属忌讳话题，薛道台却能和盘托出，足见其胸怀之坦荡，而行武人都是最敬佩坦荡之人的；另外，薛道台的恩主原来一为李相，一为曾帅，他们各是淮、湘两系的首领人物，如此说来，薛道台是个不在“派”的人，值得信赖、亲近。只是朝廷、刘抚帅委其以镇守宁绍、实际指挥镇海前线各军的重任，不知其武略方面所识多少？

试探首先由欧阳利见进行。

欧阳利见（1824－1895）字赓堂，号健飞，鉴非。湖南祁阳人。咸丰四年（1854 年）入曾国藩湘军水师，后随李鸿章。光绪七年（1881 年）授浙江提督，次年 9 月 2 日（农历七月二十日）抵宁波接印视事。他是一位富有经验的高级将领，并能深入第一线，认真筹划防务，往往能较早地向有关方面提出建议。

欧阳和见试探有三方面的因素。一者他是浙江提督，为在座的军官中职位最高的，有资格首先发言和试探；二者是他觉得，他与薛福成的经历有相近之处，都是先随曾国藩，后跟李鸿章。当然，他是坚定的湘派骨干，但这种相似的经历，毕竟能让人产生一种亲近感；其三，也许也是最主要的因素是，他这段时间来，一直觉得气不顺。这股逆气是由炮台守备吴杰引起的。欧阳利见有个防御思想，用现代话来作简单解释，就是“诱敌深入”，他认为最主要的是要建立纵深防御体系，沿海一线的防御不是关键性的。为此，他主张将镇海招宝山上的威远炮台拆迁到对面金鸡山后连绵群山的隐蔽处。但这个吴杰吴大佬依仗自己是淮系的，有巡抚刘秉璋撑腰，便不遵军令，竭力反对。而他这个一省提督、镇海前线的最高指挥官，却对之无可奈何。

现在薛道台来了。虽然他是刘秉璋的代表，但从他刚才的表白来看，其人是想以公正的中间派面目行事的。这就好了，说不定能引为同道。所以，欧阳利见的试探有一箭双雕的意图，既想探探道台的军事才能，又想测测他的办事的真正立场。

他选择了“防御思想”这个角度，进行试探：

“道宪见重于曾、李两大帅，这次更得朝廷提擢，复又为刘抚帅所倚重，实在可钦可佩。卑职能在道宪麾下效力，幸何如之。甘为犬马，万死不辞。只是以全浙大局论之，定海为浙省藩篱，镇海即浙东门户，更为南北海道咽喉，属重中之重的要地，不知道宪可已筹得守防良策?”

薛福成看着这个比自己年长十多岁的老将军，心里充满了好感。他听过刘秉璋的介绍，知道他舍弃舒适的提督衙门，一头扎进条件艰苦的镇海前哨，已是整整两年多了。他不但将甬江两岸的防御情况，仔仔细细地摸了个透，还用二十几天的时间，乘船察看了定海、温州及台州等处的海防情况。这是一个勤勉称职的军人，又是在浙江的湘系部队首领，职品上，也比自己高一点，可不能轻慢了。

因此，薛福成站起来应答，以示尊重。

“本道长年在幕，无有统兵征战之历，提台是军界前辈，正是本道十分要仰仗的。既蒙提台垂询，本道不敢不答。本道虽非行伍，对海防却有关注。早年有‘筹海防、练水师’之议；入李傅相幕后，又不揣浅陋，向朝廷献过《海防密议十条》。当然，这些也许是书生之论，不能入提台这样军中老将之法眼的。浙东地势，正如提台所言，是门户、咽喉之形，又是道光、咸丰两次战事的主要战场，这次，据刘抚帅他们分析，它极有可能，又要烽烟弥漫了。

“如何防御呢？据本道所知，目前有两种意见。一种为全面防御法，主张东保定海水路，南防象山、奉化之线，北守余姚、慈溪通道，呈众星拱月之势，方能保宁波、镇海无事；第二种，这第二种嘛……”

薛福成忽然停了一停，亲切地看着欧阳利见，见他注意力高度集中了，方微笑着接下去道：

“第二种为纵深防御法。这种意见认为，洋夷长在水战而怯于陆争，我方不若精练陆师，择险设防，引彼深入……”

听到这儿，军官们忽然都笑了。其中欧阳利见笑得最为放怀。他们都明白，这第二种意见正是他们提督的防御主张。而欧阳提督见薛道台对自己的主张如此熟悉，当然感到高兴和得意。

“那么，道宪的高见呢？”

虽然高兴得放怀，欧阳利见还是没有放弃自己的试探初衷。

薛福成哈哈大笑。“健翁啊，”他像刘秉璋一样，改起称呼来。欧阳利见号健飞，健翁是他的尊称，同时又是一种昵称。一声“健翁”，两人间的距离就近了许多了。果然，欧阳利见听他如此称呼，眼里霎时添了亮色。

“你这不是故意挤逼我嘛。这方面你可是我老师，你经过了二十多天的巡察，才慎重提出了自己的防御之策。庸庵我初来乍到，还没去过一趟镇海，哪里还有什么防御高见？”

欧阳提督见他连这方面情况也知道，不由得大为感动，认为这位薛道台不但为人坦荡诚挚，办事也十分细致踏实。还要试探什么呢？这是一个真正办事的人！所以他以十分恭敬的态度，向薛福成拱了拱手：

“健飞恭候道宪来镇海视事。”

他没有以薛福成的字号还称。因为从这天起，他这个浙江提督，已自觉地接受宁绍台道宁防营务处薛福成为自己的上级。这对一个老资格的将军来说，可不是一件容易的事。

当然也有反复……

第二章

雄关当时

水，从四明山的千万条溪坑的泉眼里、几百万棵树木的根须里，涌出来，渗出来，又经数百次的辗转交汇后，终成澎湃之势。

它有了自己的名字，叫甬江。

甬江灵动之极。它的腰肢柔软得像条棉线，在宁鄞平原上娇娇地扭动。每一扭就是一个湾。十八湾后它要出海了，如同女人长大了要出嫁。

平原是万分依恋。但它拉留的手法却有点儿小家子气。它在出海口忽然收束了自己的胸怀，夹紧了臂膀使之变得十分狭窄。

于是，这里的甬江有了另外一个名字：大浃江。

大浃江的北岸耸起了一座峰；它的南岸拱起了一座山。两山夹一水。山水共同铸成了一座巍巍雄关！

雄关有它自己响当当的名字：镇海。

大浃江江水滔滔，镇海关烽烟弥漫。多少年来，这块土地让人泪坠，也让人沸腾。强盗来过，土匪来过，官兵来过，民军来过；英雄来过，狗熊来过，顶天立地者来过，断了脊梁者来过。

今天，君也莅临了！

今天，强盗又临门了！

一出紧锣密鼓的战争剧又要在这里上演。

镇海，将再次成为双方血肉拼搏的战场，成为英雄施展身手的舞台。

12. 雄关之魂

举目仰望大浃江畔的招宝山，山巅的威远城高耸碧霄，仿佛与蓝天白云相摩，一股刚烈之气凛然冲击着人们的心头。

素有“东海雄关”之称的镇海，地处我国海岸中段，长江三角洲的东南部，它北临杭州湾、吴淞口，南连闽粤，东濒东海，为南北转运、补给和海外交通之要冲，战略地位极其重要。

镇海很早就成为沿海防御守备之重镇，捍卫着我国东南半壁山河。

雄关民风强悍。数百年来，镇海老百姓为了保家卫国，同外国侵略者进行了英勇顽强的战斗，多少仁人志士投死报国，赴义灭身，用生命和热血捍卫了这片美丽的土地，演出了多少惊心动魄的壮剧。

早在486年（南齐武帝永明四年），大浃江畔，旌旗如林，刀枪耀日，驻守重兵，称浃口戍。唐代又设望海镇。至909年，即五代时期，改为静海镇。同年，静海镇升为望海县。尔后，又改名为定海县，至康熙二十六年（1688年），才钦命为镇海。

宋高宗建炎年间，镇海县内有水陆管界寨、海内寨、白峰寨等三寨防备设施，每寨驻军120人。1132年（宋绍兴二年），置沿海制置司，先后增派水军至4000多人，由统制、统领等率领驻镇海，防扼海道，分编22队，分隶于三姑、岑港、沥港、海内、白峰5寨。1304年（元成宗大德八年）设千户所，有蒙古军300人守镇海，以防倭船的骚扰。

明朝时，倭寇侵扰浙江，镇海首当其冲，受到的灾难最深重。16世纪中期，即明嘉靖年间，倭寇侵犯镇海县城达7次之多，其侵扰活动遍及大浃江南面的穿山、郭巨、梅山、崇邱及江北的王家团、金家岙、邱家洋、龙山等地。

日益严重的倭患，给镇海人民带来深重的灾难，也激起了镇海人民的强烈反抗。他们采用各种形式，英勇地参加抗倭保家斗争，那些英雄人物震撼人心的故事至今还流传在民间。

嘉靖三十三年（1554年）夏，数百名倭贼提刀挽弓，气势汹汹地窜犯金家岙、王家团。杀人放火，无恶不作。村中青年染布匠杨一见乡亲遭受荼害，义愤填膺地说："我们能坐视家乡受倭贼蹂躏么?"他手持一柄雪亮的长矛，大义凛然地对乡亲们说："有勇气杀贼的跟我来!"一呼之际，10多名青年便手提渔叉龙刀，跟随杨一在海滩上与一队倭寇展开激战，转眼间，七八名倭盗便死猪般被刺倒在地上，领队的贼首见势不妙，急忙鸣角求援，附近的倭贼纷纷聚集拢来，拼死反扑，鲜血染得海滩一片红。诸青年力竭而溃，杨一却坚持奋战，又杀死倭贼数名。终因众寡悬殊，杨一也被倭贼刺死。倭贼兽性大发，竟将杨一解尸剜肠分挂在四处。金家岙乡民为表彰杨一坚贞不屈的反抗精神，在家乡立祠纪念。

明军将领胡宗宪、戚继光等抗倭功绩簿上渗透着镇海人民的鲜血，闪耀着镇海人民的智慧。

一次，倭寇侵犯镇海，明军一位指挥官向足智多谋的乡民李唐请教拒敌计策。李唐说："海滨要害之处，可用木头联制巨筏，穿以铁钉，沉于水底。在护城河外掘坑藏火器，令守城士兵偃旗息鼓而待，出其不意，定能大败倭贼。”不久，倭船乘风而至，果然碰上铁钉，无法解脱。倭寇被迫登岸，光着脚板行走。时值酷暑，热气逼人，抬头看城上，却鸦雀无声，倭寇疑惧万分，慌忙逃窜而去。总制胡宗宪为嘉奖其才能，授予官职，李唐婉言拒绝：“小民偶然言中，其实是大家功劳。”

倭贼逃入巢穴金塘，勾结汉奸，收罗亡命之徒，负隅顽抗，骚扰海疆。

金塘离镇海仅几十里，不铲除贼巢，则镇海无法安宁。因金塘岛地形曲折，剿倭明军很难迅速登岸。双方火炮横发，杀声震天，久久无法攻克。倭贼头头气焰十分嚣张，嘲笑明军：“那些蠢猪想攻进金塘是白日做梦，休想拔老子一根汗毛！”

倭贼的话传到镇海乡民任文华的耳朵里，他不禁勃然大怒，奋然参加捣毁倭巢的战斗。

任文华是渔民后代，海边生，浪里长，从小就在波涛里翻跟斗。他潜入海底二十多米深处铲淡菜，捡海螺，如履平地，来去自如。那次，他神不知鬼不觉地进入倭寇水寨，潜伏三天三夜，偷偷地将一艘艘倭船的船底凿穿。明军指挥官又派二名熟悉金塘路径的王姓士兵，配合任文华行动。两名士兵从外海进入金塘后，沿山路昼伏夜行，翻山越岭，四更抵达贼营。此时，倭贼尚在睡梦之中，两士兵即在贼营点火，于是火药喷发，烟焰蔽天，营寨全部被烧。明军冒着烈火进剿。倭贼仓皇中抢船突围而逃，船只因底部漏进水，纷纷下沉，落水死者难以计数。余党逃进山谷隐藏，全被明军捕获。此役取得了捣毁金塘倭巢的重大胜利。浙江总制为嘉奖任文华的功绩，先授予官职，后赏赐金帛，但都被他谢绝：“打鱼人散漫惯了，大海大洋任我跑，做不了官，也不要那么多钱物，还是捕鱼捉虾过日子自在逍遥！”

抗倭寇保家乡的斗争中，镇海县几乎乡乡村村都有不怕抛头颅、洒热血的英雄义士。

黑水党，银刀枪，刀杀洋鬼子，枪刺赃官和奸商；

小鱼船，鱼满舱，满舱的鱼儿献黑党，献给黑党充军粮。

身穿纽扣密排的紧靠黑衣，在镇海口外黑水洋神出鬼没的黑水党，是中国近代史上最早一支反对英国侵略的渔民武装组织。

1842 年初，黑水党与抗英民众在镇海一带贴出《众义民公启》，揭露英军在宁波、镇海、定海三城“烧房屋，掠银钱，奸淫妇女，强夺牲畜”的罪行。指出：期望“官兵前来征剿，不如我们大家公议，各自为主。或一人而聚数十人，或一人而聚数百人，以至数千人，或数万人，愈多愈好；或用暗计，或用明攻，总要把红毛夷人消灭，不在浙江滋闹，我等方能享太平之福。此系义举，但求安静，不要图功，务须合力同心，定期起事”。

《公启》贴出后，黑水党头头徐保精选出技击出众的 70 余人，分成四队，每人随身带一把短剑，潜入镇海、宁波城郊，分居各乡村，与农民同吃同住。白天扮做雇农，掺杂田间，侦探侵略军岗哨和军情动态，夜则集队袭击，摧毁英军岗哨，称为“杀哨”。英军岗哨累遭杀毁，吓得侵略者心惊肉跳，被迫龟缩在据点里。

黑水党的一些逾墙如飞的义勇，还趁夜深入侵略军的营房，夺取武器、弹药，或斩杀、擒获侵略军及其走狗。英军宁波巡捕总头、汉奸头子应日昌，就是被黑水党从宁波城里生擒出城的。

黑水党在镇海斗争，弄得侵略者恐惶日甚。1841 年 12 月 5 日，英军驻镇海头目威·力记发布的所谓“晓示”，暴露了侵略者的心态：“本总兵不虑其战阵，而虑其暗杀也。”他公开承认：“明枪易躲，暗箭难防。”同时恫吓抗英民众：凡参加斗争的人，“察出一律正法。”

人民是吓不倒的！

面对侵略者咬牙切齿的威胁，镇海人民的抗英活动并没有停止，而是发动规模更大的斗争。

王师真与黑水党兄弟火烧英舰的故事，至今还传为街巷里弄的美谈。

王师真，又名师贞，镇海人，从小喜欢骑马射箭，勇侠仗义，为人豪爽。镇海陷落后，他对英军的残暴行径十分痛恨，团结一批爱国乡亲与敌人进行殊死拼斗。

岸上，仿佛幽灵缠身，洋鬼子连连被杀被擒，真正吓怕了，下了一道令，命士兵们晚上一律回到停靠在招宝山下税关道头一带的几艘军舰上过夜。王师真便与黑水党弟兄秘密地到镇海东门外港口观察敌情，筹划偷袭英舰之策。

1842 年 4 月 5 日深夜，天空漆黑如墨，大地静悄悄一片，只有甬江湍急的潮流不时发出拍岸的涛声。

此时，王师贞与乡亲们带着演试灵便的“密造藏药发火机关”，在夜雾掩护下，搭 12 只火药船，分做 6 排，悄悄地前进。四更光景，火药船队由僻港撑至镇海税关道头。

凌晨，万籁俱寂，空气仿佛凝成了固体。

“行动！”王师贞目不转睛地盯着英舰，见时机已到，发出攻击令。

乡勇们立即将头排药船用大绳从水底系定，趁退潮之际，赶紧对英船发火。顷刻间，停泊在税关道头英船后尾冒起熊熊烈焰，响声震海，火光烛天。船上英军从睡梦中惊醒，吓得呼天喊地，鸡飞狗跳，来不及解下舢板，纷纷跳入海中，泅水逃命。

邻近英船闻声，急忙放下大小舢板前来扑救，一面捞人，一面搜索黑水党弟兄。

王师真等立即乘着顺风，拉起帆篷，后队 5 排药船如蚁群般一拥而上，英军见前后左右都是中国船只，惊慌万分，打炮拦阻已来不及，只有拼命放枪，谁料这些船上没有人，不放枪还好，一放枪正好打燃了满载的火药火弹，条条船都成了火龙，喷发出冲天烈焰，硫黄药弹上下飞腾，火借风势，一下子把参加援救的英军连人带船裹进了火海，直烧得他们焦头烂额，喊爹哭娘，陈尸江面。

周围舰上英军遥见如此声势，急忙搜寻攻击目标，开放枪炮。

埋伏在附近的乡勇，也投入战斗，发火开枪，作为疑兵应援。英军不知虚实，但见四处火焰腾空，又闻枪声，恐有无数清兵进攻，于是盲目地向四周开炮，又向江面乱击。东方露出了鱼肚白，王师真与乡亲们早已安全撤离，英军的枪炮声还响个不停，好似为王师真与黑水党兄弟们送行，炸得江边泥涂上和四处水田里的几条泥鳅飞上天了。

遭到这一次火攻，英军感到镇海人民不可惹，弄得他们天天提心吊胆，草木皆兵，英舰不敢紧靠招宝山停泊，水兵也不敢肆意登岸骚扰老百姓了。

外国侵略者在镇海这片土地上犯下了罄竹难书的罪行，也磨砺了镇海人民抗御外侮的意志和毅力。

镇海人民用血肉和精神砌筑起一道抗击外寇的长城，谱写出一部壮怀激烈的海防史。

镇海，是一块英雄的土地；镇海，是一座光荣的古城。

眼前，又见烽烟起浙东，镇海又面临着一次严峻的考验，雄关昂首将唱出一曲惊天动地的战歌，海防史将揭开辉煌的新篇章。

13. 招宝招“宝”

紫黑色的案桌上，放着两则来电。

一则是情况快报。上面说，法国驻京代理公使谢满禄于7月12日，向大清朝发出了最后通牒：中国立即从越南北圻撤军，赔偿兵费3.2亿法郎，限7天内答复。第二天，也就是13日，孤拔舰队向台湾海峡开进。据报，他们是想拿下一两个埠口，如福州和基隆，作为对大清进行外交讹诈的砝码。

12日，13日，薛福成一算，这正是自己到达宁波的第二、三天呢。看来法夷真的是追着屁股来了。

第二则是朝廷16日发出的电谕：

> ……法国公使逗留上海不日即来京议约。并据各处电报，孤拔有集兵他驶占据中国地方为质，索赔兵费之说。无理要求万难迁就。海疆防务吃紧，着沿海各省将军、督抚、统兵大臣等密饬各军严阵以待，一面广为侦探。倘有法军前来，按兵不动，我亦静以待之；如果侵犯我营，或登岸肆扰，务须并力迎击，并设法断其接济，期于有战必胜。如有退缩不前者，立即军前正法。

一望而知，这则电谕完全是针对法国人的动态而发的。

法夷想据地为质索取赔偿的伎俩，月初就听刘抚帅谈起过，现在看来它已成了法国政府的正式战略。而朝廷的这则电谕表明，圣上和太后的对法态度，也已是十分的明朗。

隆隆战鼓，已清晰可闻。

薛福成必须立即行动。

他要到第一线中的第一线去。

7月19日一大早，他离开了宁波府，出北门转东，向镇海关进发。

他是骑马去的。他的骑术颇为糟糕。这从他蹬鞍的第一个动作中就已经反映出来了。他拉拉蹬蹬地努力了三次，才翻上了马背。他自我解嘲说是身子太胖了，行动不便。但随从和护兵们都已看出，道台的骑术可不敢恭维。这种骑术无法保证他的安全。因此他们建议他坐轿子去。这使薛福成发了一通火。

“我是宁防营务处，尽护三军的武官，怎能坐轿去?!”

那么坐船去怎么样？顺流而下，非常方便。但薛福成还是坚决地拒绝了。

他是怕被镇海的官兵们看“扁”了。

好在甬镇驿道由于地处平原，十分坦荡；而胯下的这匹棕红色母马，也性情温和，没捣什么乱。一路无惊。只是太慢了，整整费了两个来时辰，才到了镇海城前。

万一战争打响，自己远在宁波，如何能在第一时间内掌握战况？如何可以及时地调度诸军指挥战事？

这使薛福成产生了一个后来证明意义重大的想法：在宁波和镇海间铺设一条专用的电报线路。

欧阳利见率各主要将佐迎候于城门下。他们见道台骑马而来，均露出一种遇到同道般的兴奋。

薛福成在三十米外下了马，趋步上前，与他们以礼相见。这种多礼的态度又使这些经常受文官们气的武官们，体验到了一种平等的温暖。但更让他们吃惊和感动的事还在后面：薛道台居然一一叫出了几天前出席了宁波会议的各位将军的名字，还有官衔！

“道宪如此挂恤下属，真令我等感动。”欧阳利见说。

其他军官们都连连点头。

薛福成的脸色随即变得十分庄重，诚恳地道：“提军门何出此言？诸位身处险地，肩负大任，为国之卫士，民之所倚，人人见而敬之，就算受薛某跪地一拜，也非为过啊。”

“好！”欧阳利见击掌而赞，“薛道宪真乃诚诚君子，如此，我等也不滞于虚礼了。保疆安民，军伍天职，在道宪帅旗下，我等万死不辞。道宪，请入城。”

镇海是一座小城，街道也窄，但看起来十分整洁美丽。地面无杂物，两侧绿树成荫。百姓来来往往，蝉声应和着商贾的叫卖声。热闹中洋溢着太平，太平中书写着祥和温馨。

薛福成没有进镇海城衙，也没有进提督军门，他没有稍事休息，而是直接上了海防重地招宝山。

此山在镇海城的东面，三面环水，形状像是一只伸出的拳头。

它并不高，海拔甚至都不及百米。地势也不峻，除了面海的东南首，它的西边，也就是临接城区的一面，可以说是相当平缓的，任何体弱的人拾级登临，都不会感到疲劳。这应该是浙东比比皆是的丘陵中的一座。如果是在别处，它只不过是一堆牛走羊漫的土石而已。

但是，它是在镇海！

这样，它的身份就不再是土丘，而是构成雄关的重要，或者说是主要的一翼了。

当然，它取得这种资历的历史并不长，从明朝中后期算起，才区区三百多年。

在此以前，中国所有的关隘，都在西边，在南边，在北边，在中间的腹地，也就是说，都在远离海边的地方。它的东部海边是没有关隘的。设关设隘是为了防敌，而海边有什么敌人呢？海水浩淼，只有鱼虾。

偶尔也有外人，确切地说，是洋人，从海里来。宁波就接待了许多。但这些洋人不是敌人，他们是商人。长相虽然稀奇古怪，但带来的物品倒很漂亮。他们的贸易促进了宁波的繁华，增加了国家的收入。他们带来的不是枪炮，而是财宝，所以没有人拒绝他们。

由于镇海是他们去宁波的必经之路。站在镇海口处的这座土丘上，可以远远看见他们商船的到来，于是，它有了一个极具商业气味的名字：

——招宝山。

以这种世俗气十足的字眼为它命名，当然是希望它为世界闻名的通商口岸宁波，招来更多的财宝。

但是从军事的角度来说，招宝山仍然只是一座土丘，并没有成为雄关。

从明朝的嘉靖年间开始，才发生了变化。源源前来的洋人中，除了经商的，竟然还有来抢劫的。这些日本国来的外来强盗后来被国人称为倭寇。

从此以后，许多敌人，最凶残、最贪婪、最可怕的敌人，都从海上来了。一批批强盗乘船向镇海扑来，向宁波扑来。招宝山招来了另一种“宝”！他们不再带来财富，而是带来了害人的毒品和杀人的枪炮，这些人来自非常遥远的国度。

有敌就要御，要御须筑关。镇海就这样从地理上的口子，变成了军事上的关隘。

14. 历史是一位最好的先生

薛福成熟悉镇海的这段历史。作为一个胸有大志的忧国忧民者，他很早就关注这块多难之地了；这次亲来镇海之前，他花了一天两夜，阅读各种方志材料，进一步加以研究和了解。

他估计，现在驻防镇海的将军们也了解这些历史。它们中最惊心动魄，最壮烈凄凉的几段，就发生在本朝，仅仅过去了三四十年，连硝烟都未散尽。作为职业军人，他们不可能不知道。

因此薛福成准备在这次镇海之行中，除了考察形要，与将军们研究筹定海防大计外，还要对他们提提这些历史。或者说，这两项本来就是同一件事。因为在他看来，历史绝不意味着消逝和过去，历史就是现在，它为现在提供着镜子。温故方能知新，研究镇海昨天的海防，就是为了镇海今天海防大略的制定。

未做稍稍的休息，薛福成一行开始上山。他们是从山的西北麓方向上去的。这其实也是上山的唯一路径。路面不阔，用石板铺砌，体现出鲜明的浙东特色。石板朝天的一面，被人踩得十分光滑。薛福成不相信这是让驻守部队踏出来的。果然，欧阳利见告诉他，多少年来，这招宝山一直是镇海最有名的风景区，游客很多；山上还有一座东岳宫，也吸引了许多善男信女。现在因形势紧张，游客和进香的自然绝迹了。

薛福成听了眉首微蹙，叹道：

“强盗们就是不让百姓过得安逸。”

行到半山腰，抬头望，山顶上巍巍一围灰墙，雉堞错综，堞内炮口隐约可见。薛福成大为兴奋，问：

“这就是大名鼎鼎的威远炮台吗?”

“是的，噢，不是。禀道宪，这是威远城，但不是威远炮台。”

应声而答的不是提督欧阳利见，而是宁镇营务处杜冠英。

杜冠英，字芝生，号徵三，安徽太平县人。光绪三年(1877年）署玉环厅同知。同年，受浙抚委任至镇海负责建造炮台。光绪九年九月（1883年10月)，被浙抚刘秉璋委为宁镇营务处。

杜冠英这一应声而答在礼节上稍稍有些僭越的味道。薛福成略一思索，便马上明白了。想起来了，这威远炮台能有今天的规模，实在是这杜冠英的功劳。

因此薛福成扶着他的手臂，说了一句非常动情的话：

“杜丞真是立了一大功啊。我在杭州向刘抚帅辞行时，抚帅专门提起杜丞建造威远炮台的事。抚帅感到非常满意。”

杜冠英顿时显得十分激动。1877年，时任玉环厅同知的他，受当时的浙抚杨昌浚委派至镇海，负责建造炮台。他深知责任重大，也意识到机会的重要。他没有读过多少书，像许多安徽同乡一样，他是靠军功一点一点被提拔起来的。但都是一些无品的官衔，并且还是“补用”之类；出任同知靠的是“捐升”。是抚帅给了他这个实廾的机会。只要他干好，前程就十分灿烂了。果然，过了五六年，他就被新上任的浙抚刘秉璋任命为宁镇营务处。

因此杜冠英并不认为，自己的提升是因为像有些人背后所嘀咕的那样，靠的是什么与浙抚同为安徽人（即淮系）的关系。他一直想找个机会说说这件事。现在，这个机会由薛福成提供给他了。

“只是这威远城和杜丞造的威远炮台，是两个所在吗?”

“是的，这威远城是卑职修的；而威远炮台是卑职奉抚帅檄令新建的，它在招宝山的东面临海的最突出处。容卑职前行一步。”

杜冠英躬身带路，一气走到威远炮台前面才停下来。薛福成这才发现，这威远炮台的城墙与众不同。砖不像砖，泥不像泥，更不像是条石，却又坚硬如钢；颜色也灰中带褐，褐里裹紫，显得非常特别。不由得发问：

“杜丞，这墙，你可是如何捣鼓出来的啊?”

好了，机会来了。杜冠英整了整衣冠，认认真真地作起了汇报。

“薛道宪，欧阳提台，请恕卑职狂妄，卑职想从头禀报。”

“请吧。”薛福成已经有点猜到了他的心思，但他认为让其这样做，有利于提高其积极性，况且自品成功，也是人之常情，因此予以鼓励。

“是。首先卑职不敢掠美，卑职造这种墙与威远城有关。那威远城，本是早就有的。它的建造者，乃是前朝抗倭名将、都督卢镗卢大人。当时，镇海是倭寇骚扰的重灾区。大批倭寇经金塘水道，直扑镇海。卢大人意识到，如果一旦他们攻占了招宝山，居高临下，那镇海城就会不攻自破，便立即着手在山顶筑城。经全体军民三个多月的艰苦努力，一座堡垒终于出现了。它周长有200来丈，高约2丈，厚1丈，场上设雉堞164个，辟有东西两门，城内建造兵舍40余间，各紧要处配置火铳火器、强弓弩箭、滚石擂木等。在当时来说，这威远城可说是浙东地区最坚固、最具实力的堡垒了。”

“你了解得十分详细，”薛福成赞许道。

“不敢，道宪过奖了。卑职为了建造威远炮台，对它做过一番调查。”

“你刚才说，威远城是你重修的，难道说这威远城曾遭毁灭过?”

“是的。三十多年前，英国人进攻舟山、镇海，这威远城毁于他们的炮火。”

“哼！英夷!”欧阳利见手按剑柄，一脸怒色。作为职业军人，三十多年前那场战争造成的屈辱，至今仍烙在心头。

“这种失败，再也不可能出现第二次了!”薛福成激昂地说。

“对，至少是在镇海这块地面上!”杜冠英也昂起了头，“卑职奉抚帅之命修建威远炮台，心想这炮台控浃江之口，为整个镇海关的重中之重，可不能再让洋夷的大炮轰塌了。而要经得住猛轰，第一道屏障，也就是围墙，如果仍像以前一样，仅以泥砖石条砌之，那是不行的。卑职经过多次试验，终于发明一种混合型建筑材料，我们叫它为三合土。喏，这就是我们建成的三合土炮台屏墙。”

“三合土？说来听听。”薛福成很感好奇。

杜冠英作了详细的介绍。所谓三合土即是黄泥、石灰和糯米饭。筑造时，将它们按3：2：1的比例搅拌，然后夯实之；接着再铺第二层，再夯实之……这种三合土不光坚硬如钢，还富有弹性，可让一般性的开花弹和实心弹无处着力。

薛福成听得兴致勃勃，撩步进了威远炮台。发现这三合土墙厚达六七丈，里面还砌有一层石墙，真可谓固若金汤。城内置有大炮8尊，按“皇图永固一统万年”字号排列。这些大炮都威力巨大。其中最大的一尊，口径达21厘米，是德国博洪厂制造的后膛螺丝（即来福线）钢炮。其炮弹之重，也异乎寻常，为240磅，射程远至8里，竟然还可以洞穿铁甲。此炮在当时是名副其实的“巨无霸”。其次为英国产40磅瓦瓦斯后膛炮3尊，80磅瓦瓦斯前膛炮2尊，另两门是土炮。

"好，好!"薛福成边看边不住地点头，表示赞赏，"有发明开创意义的三合土，再加上可成规模、威力巨大的先进炮群，如此水平的炮台，在浙东，也许还可以说是在整个中国，都难有其匹的了。"

众皆点头相和：

"提军门，你说呢?"

薛福成忽然发现提督欧阳利见有些闷闷不乐，一时不明所以，又怕冷落了他，就打了个招呼。

欧阳利见的确是有些不快，原因就在这些大炮。按照他的防御思想，这些大炮，特别是那尊最大的德产后膛炮，不应放在这个位置。为此，他已经和杜冠英，还有炮台守备吴杰，发生过多次争论。但现在道台大人初次到镇，不便马上向他说明，因此他轻轻抚摸着钢炮，平静地对薛福成说：

"好炮，真是好炮啊。"

答非所问。薛福成敏感地感到，这里面也许有什么问题。只是此刻他看不出来，他更没有料到，这个问题发展到后来，竟会闹到兵戈相见的地步。

于是，他按照自己的需要，继续控制着谈话的方向。他对杜冠英说：

"杜丞劳苦功高啊，把一座炮台建造成现在这个水平，实在不简单。只是镇海关既然为宁波门户、浙东咽喉，守御任务非常艰巨，光凭一座威远炮台可能还远远不够，不知杜丞……"

杜冠英嘿嘿地乐了，薛福成又说着了他的痒处。他挺了挺胸，正要开口，炮台守备吴杰却已抢了话头：

"禀薛道宪，杜丞杜大人自建造成这威远炮台后，俊名顿时远扬。当时的浙江巡抚杨昌浚杨抚帅，继任的谭钟麟谭抚帅，现在的刘抚帅，对杜大人都是嘉勉有加，并令杜大人继续建造其他炮台。现在这招宝山上除了威远炮台，还有定远、安远炮台；薛道宪请看泱江对岸，那是金鸡山。山前有靖远炮台，山后东南方向的海边，有镇远炮台。这些炮台，都是我们杜丞杜大人一手建造的。”

这吴杰有点像法国的拿破仑，生性爱炮。操炮就要有炮台。杜冠英在镇海建了那么多高质量的炮台，自是让他这个顶着炮台守备头衔的“炮兵司令”心里乐开了花。况且他们还都是安徽老乡呢，同属淮系一派。因此无论因公因私，他都引杜冠英为同道。现在为他在新上司面前说唱几句赞歌，也没有什么可以费解的了。

这时，欧阳利见说话了：

“中国水师力弱，还不足以与洋夷在水上争雄。故而中国的海防，实际上就是岸防。而炮台则为岸防之基。杜丞栉风沐雨，披星戴月，历时七载，为镇海关献上了五座第一流的炮台，三合土防御墙更是创造。这如同平添数千雄兵，大大增强了防御力量。本督奉旨把守镇海，能得杜丞这样的人才协助，实在是太好了。”

这番话在杜、吴听来有些突然，但见其表情庄重，语辞诚恳，显然不是反讽，因此都觉得十分欣然，双双抱拳向他拱了几拱。

薛福成更是感到高兴。依刘秉璋刘抚帅的钧令，他这宁防营务处的主要任务之一，就是协调在镇海各军的关系。所谓关系，说白了，就是湘、淮两系的明争暗斗。现在镇海的湘系方面的首领人物欧阳利见能如此赞扬淮系的杜冠英，不管其出发点如何，真是难得的了。因此，薛福成立即站了起来，也向他拱了拱手，然后转过身来，对大家道：

“欧阳提台是我军中俊杰，于水师、陆战均有实际体验，深受曾国藩曾大帅和李鸿章李傅相的赏识。身为一省之督，提台他却离开杭州，长期驻守这弹丸险地，不辞辛劳，一次次亲履各要隘查勘，细心筹度海防大计。刘抚帅在向我面授机宜时，曾特地吩咐，要我有事多向提门请教。提军门，今后就有劳于你了。”

欧阳利见忙退后一步：

“道宪你要折杀健飞我了。道宪受命于危难之机，乃镇海方面实际上的最高统帅。健飞愿紧随道宪麾下，一切以道宪马首是瞻！”

薛福成笑了。他很满意欧阳利见的这个服从表态。这种服从也许有拉自己做抗衡淮系势力之砝码的权术因素在内。但对薛福成而言，这个表态有助于自己威信的进一步确立。

“提军门胸怀坦荡，令我好生敬佩。那就让我们风雨共济，为皇上太后，为黎民百姓，共保这一方土地的平安吧！”

一行人下了招宝山。薛福成的意思是再到各处走走。看看今又温温古，他要为自己制定镇海防御大计做全面的调查。他们是从北面下的山。北面为后海塘所在。镇海三面临海，易受台风、海潮侵袭。据镇海旧志，仅南宋淳熙年间至大清中后叶，七百来年，因受风潮造成的人畜大批死亡、田禾颗粒无收的特大灾害，就达二十多次。所以各届镇海县令和驻军首脑，都把建造海塘当做头等大事来抓。这后海塘就是他们政绩的体现。薛福成在阅读地方志中，已经对它有了大致的了解。知道它早在千年之前的唐朝，就已经存在；到了南宋的淳熙年间，进行了大修，改泥塘为石塘；至明洪武年间，再次大修；本朝乾隆年间又一次进行了根本性的大修，他认为有必要提提这些大修，因为这符合他的“温故知新”的意图——

清雍正二年（1724 年），镇海海面突发海啸，塘外护塘滩泥被冲刷殆尽，潮锋直逼塘脚，大段塘体毁塌；乾隆三年（1738

年）、四年两次风潮，又塌了好多。虽经修补，但塘体基本已被掏空。终于到了乾隆十二年（1747 年）的农历七月十四，飓风大作，城塘并溃。县令王梦弼身历险境，灾后具状上报，恳求拨专款修塘。此年，朝廷同意拨款修建，令王梦弼督工。王梦弼认为这后海塘屡建屡毁，屡毁屡建，原因就在以前都是治标不治本。这次他要来个标本皆治，希冀来个一劳永逸。

王梦弼走的是广泛调查、博采众议之路，最后决定在险要地段新建夹层石塘。这是总结了旧石塘单层薄土难以抵御大风潮的教训，又吸取了著名的浙江海宁鱼鳞石塘的成功经验，而做出的一种具有创见意义的筑塘方法。具体的做法大概是这样的：用长方条石横埋七道龙骨，通塘贯成如带；中间六路大石板，再夯填以土。龙骨、石板所有连结之处，各凿槽榫镶嵌。石板和石板之间的下面，还加衬另一块石板，骑缝贴砌。塘外夯以一排排石桩，塘口再扣立回浪石，上下砌成一片，不使缝水抽空填土。整个形状，顶尖脚阔，像个三角。结果，它比“用铁锔扣榫，用糯米灰浆靠砌”的海宁石塘还要牢固，至今仍然完好无损地卧在我们的脚下。

薛福成最后以下面一番话，结束了他的历史重温：

“镇海是多难之地，倭寇骚之，英国人侵之，现在法国人又虎视眈眈，正如同一次次风潮的袭击。县令王梦弼从历朝的治塘教训中找出了方法，终于毕其功于一役，至今还让百姓受益。我们身为镇海卫士，为什么不能找出一个好方法，狠揍法国人，让其他强盗再也不敢觊觎镇海的一草一木?!”

这席话令他身边的武将们血脉贲张。将军无求求浩歌，直摅血性写文章。练兵千日，就是为了等待这一时半刻。中国军人可不是任人欺侮的孬种！

“薛道宪，你就放心吧，我们这些人，可也不是泥捏的！”

“好！我要的就是这种话，我们要让法国人看看我们镇海雄关的姿势！”

意气风发！他们顾不上休息，又来到了泱江边上，这里曾是当年戚继光智造泥艋船，痛斩倭寇的地方。倭寇以海为家，在滩涂上行走如飞。而清官军惯于骑马冲杀和岸上搏击，一入滩中，战袍盔甲，长枪重刀，摇摇歪歪，如踩高跷，毫无战斗力。戚继光深入民间，从渔民捕捉弹涂鱼的实践中受到启发，设计制造出一种新颖的作战兵船——泥艋船。这种船长五尺，宽一尺，前翘后平，中间竖一门框样的木柄，使用时双手扶柄，一腿跪于船上，另一腿用力后蹬。产生的推力，再加上在泥涂上滑行形成的惯力，可使它带着人在滩涂上来去自如。戚继光又锦上添花，在船头装上小铜炮和发火机关，船柄上挂弓，船后翼搭箭。所以后来的泥艋船成了一种威力奇大的武器，倭寇闻之而丧胆。

泱江正在涨潮，水与岸平，没有了当年的一切痕迹，似乎这里从未发生过什么戚继光、泥艋船和倭寇的故事。时间使往事与现实产生了剥离。这就形成了历史。历史是看不见、摸不着的，它要靠心灵去体验。此刻站在泱江边上的薛福成和他的同事们，正是这样做的。他们用心灵去接近先贤戚继光。他们从他身上体验到了许多许多……

但慢慢的，一行人的心情越来越沉重了，因为他们这时已经来到了城里学宫前的流芳池畔。这里书写着一段屈辱，一段悲壮和无奈：三十多年前，大清钦差大臣裕谦在与英国人的交手中失败，殉职与此。在这场对英战争中，在镇海这块地面上，虽然晃动着林则徐风尘仆仆的影子，虽然挺立着葛云飞等风骨铮铮的硬汉，但结局却是惨重的：一天之内，实际上是十来个小时，镇海雄关便落英人之手。大清守兵或阵亡，或自尽，或撤退，或脱逃。三四十年的时间并不长，简直如同在昨天。薛福成等肃立在这口小池塘边，耳畔仍然清晰可闻当年的杀喊声，甚至还听得见裕谦投身入池刹那间那一下令人感怀不已的扑通声。这些声音如雷撼心，使得薛福成们一个个都成了肃穆庄严的雕塑。

这其中以欧阳利见的表情最为复杂。因为在那场战事中，也有一个浙江提督。这个提督最后却是以“临阵脱逃”的罪名，被朝廷斩于北京菜市口的。虽然这里面并不能排除朝廷有找替罪羊以谢天下的嫌疑，但未等战事结束，这个余步云提督便置陷入绝地的钦差于不顾，率军远退宁波，毕竟也是事实。将军应该阵上亡，未接上司命令，擅自脱离阵地而逃生，任何理由都盖不住这行动中所包含的“胆小”二字。这哪像武将作为？欧阳利见深以这个前任为耻！

薛福成马上捕捉到了欧阳提督表情的变化。于是他手拍护池栏杆，高声而道：

“前人说，前事不忘，后事之师。那场战争，我们虽然失败了，但我们并非一无所获，我们获得了教训和经验。譬如，如何进行海防？直截了当地说，如何保卫镇海？那场战争给我们提供了最好的借鉴。对此，欧阳提台已经有了比较成熟的考虑，是吧？”

“是的，我有了一些想法，正要向道宪禀报呢。”

“好极了，我也正要向提台请教。”薛福成诚恳地朝欧阳利见抱抱拳，接着转向大家，“各位大人，我知道大家都是血性男儿，对上次的失败心有不甘。英夷，一时半载的，我们可能没有机会再次和他们交手了。但现在是法国人来了。英人法人，都是洋夷强盗。这次我们要给他们准备得充充分分的，他们再也不可能捡到什么便宜了！”

回答他的，是哗啦啦一片刀剑碰击声！

15. 筹防筹防

战云一天天地更加密布了。

7月24日，南洋大臣、两江总督曾国荃由驻地江宁启程去上海，取代李鸿章与法国全权代表巴德诺进行谈判。在28日至30日为期三天的会谈中，巴德诺坚持索赔2亿法郎，而曾国荃则进行了艰苦的还价交涉。他开出的单子是50万两白银，并且用的还是抚恤金的名义。

不过朝廷仍然认为，曾国荃实乃胆大妄为，擅自做主，给的价太大了，虽“系为和局速成起见，然于事无补，徒贻笑柄。……中国大臣轻易出口允许，实属不知大体”。因此在曾国荃开出单子的第三天，即8月1日，传旨予以“申饬”。同时还旨告沿海各省“大臣、将军、督抚等不得因有调处之说，稍涉疏懈；仍当振刷精神，懔遵叠次谕旨，极力筹备，坚持必战之心，勿存游移之见”。

这份重申“坚持必战勿存游移”的旨电，薛福成也收到了。当然，法国人巴德诺没有收到。不过他从谈判对手态度的变化中已经有所察觉。于是在8月2日，巴德诺照会曾国荃，称既然中国不肯如数照赔，昨日的限期已过，以后法国将任意行动了。

这是赤裸裸的战争恫吓。为了进一步加大恫吓的效果，法国政府命孤拔率领的远东舰队采取某种程度的军事行动。孤拔选择了进攻基隆。其理由有三：第一，该地可以作为强制取得台北的“担保品”。第二，可以得到该地已经机械化开采的优质煤以供舰队之用。第三，基隆地处台湾，而台湾又孤悬海外，中国政府鞭长莫及；别的西方国家也未予以觊觎，没有国际因素的纠葛。

攻击由海军少将、远东舰队副司令利士比来指挥实施。8月4日，利比士率四艘军舰，把基隆口子粗粗一封，未发一炮，就向基隆守军投递了劝降书。此举暴露了利比士的愚蠢无知，因为他至少犯了三个错误：一、他不知道中国军人早就烂熟兵法上的有三五倍兵力方可围之，十倍兵力才能让人投降的道理，而现在他手头却只有区区四艘军舰，四五百登陆队员，对方的兵力却是上万！二、他不了解大清朝对逃跑、投降的军人，特别是对主将，有非常严厉的惩罚规定，就算他是王公宗族，也照罚照斩不误。因此除了迫不得已和糊涂虫，是没人肯降的。三、既然没有数倍的兵力加以威慑，又没有将对手打得产生怯意，却要求对方投降，希望净捡便宜，这不是心虚的表现吗？他是将自己一方真实的心态给暴露了。这反过来又增加了守军的勇气。

因此他的进攻落得了个惨败，就毫无奇怪了。百来具法兰西军人的尸体横躺在基隆城下和煤矿前面。法国议会感到脸面无存，决定扩大侵华战争，特地增拨了3800万法郎的战争费用，并授权政府“可以使用各种必要方法”来迫使中国屈服。

中国政府的应变措施是：向法国提出严重抗议，并照会各国，请秉公评论。

战争的气氛就这样浓得像一块染布，薛福成觉得伸手可摸。他心急如焚，整日整夜地思考着如何将镇海前线的备战工作，搞得更快、更细、更扎实。所以当他得知，欧阳利见已将提督公署（指挥部）移到南岸金鸡山的消息时，他是既高兴，又担忧。他为欧阳提督舍而忘己、积极备战的精神而感动，同时也为他把防御重点放在南岸纵深地带的海防布置而担心。他已慢慢而又明确地意识到，自己正在形成的镇海筹防思想，与欧阳利见的意见，越来越合不到一块儿。

他认为必须与对方好好谈谈。

8月12日，薛福成二赴镇海。他随身带了一张布告。这张布告是他和欧阳利见首次愉快合作的一份纪念品。上次去镇海视察，将要返回时，两人间曾粗粗交换过防御意见。虽未深入细谈，却也形成了一个共识：有必要对进出镇海口的各国商船进行某种监视。于是，他们俩联名签署发布了一则告示，晓谕中外商船，由于镇海口子处的浃江即将钉桩，出入时须认旗灯示。

因此，薛福成的二赴镇海，完全是抱着进一步加强与提督精诚合作的良好愿望去的。到达镇海后，他没作任何停留，立即坐船过江到了南岸。金鸡山下的提督公署是临时草设的，平房茅门，具有强烈的野战指挥部色彩。欧阳利见就站在这茅门之下，迎接薛福成的到来。

稍作寒暄，敏锐心细的薛福成马上便发现，对方脸上时不时露出一种掩饰不住的忧戚之色。经过交谈方知，这个浙江最高的军事首脑，目前正和负责浙江全部军政的第一把手、巡抚刘秉璋，就海口筹防方针问题，通过函电来往，进行着激烈的争论。

这使薛福成觉得，在这种情况下，首要的任务是立即安抚欧阳利见，千万不能再刺激他的情绪。于是，他适时调整了谈话方向，他要让对方将憋在心里的话，都说出来，没有包袱，落个轻松。

“健翁啊，”他上身前倾，稍稍侧向欧阳利见，亲热地说，“这次，我是带着一副耳朵，专程前来听取你对镇海防御方面的意见的。希望健翁可要不吝赐教啊。”

欧阳利见苦笑说：

“我愧无才智，何教可赐道宪？只是天下安危，匹夫有责。目前时局艰难，我身为一方军事将官，有守土抗敌之责。尽心尽职，提出了我的海防之策。但陈腐之见，既遭抚帅所驳，也必为道宪所笑耳。"

不过，话虽这么说，但出于两人实际上的上下级关系和对薛福成的好感，欧阳利见还是打开了话匣子。

原来，他自1882年到宁波接印视事后，因次年中法在越南摆开了战争架势，海防吃紧，他即筹划起以宁波为中心的浙江沿海之防御事务。到了1883年的9月底，他已经形成了若干条原则性意见。如，在招宝山、金鸡山等要隘处分兵驻守；加练炮兵200名，务使他们眼法、手法精熟；编练以渔民为主的民团（渔团）用作海战和滩涂战；除了修建若干据点式炮台外，于沿岸山洞林树间多筑土垒，以做四面环守。等等。

待考虑成熟后，欧阳利见即将上述意见整理成文，前后分别呈送闽浙总督何璟和浙江巡抚刘秉璋。

两位上司马上都有了答复。从何璟的复函来看，尽管他对欧阳利见的意见逐条做了分析、批评和补充，如批评他的分兵把守会造成兵力分散，认为不若"择最要数处厚集兵力，互相策应"；又对他精练炮兵的意见做了补充，认为同时还应加练刀矛各技，使敌人登陆后炮手们有所恃而不怯。但总的来看，这位制军大人对欧阳利见的意见基本还是肯定的。尤其是在防御的总原则方面："外人长在水战"，我方应"精练陆师，择险设伏，联络团堡，引彼深入，方与力战"。两人的意见几乎是完全一致。因为他们都知道，这就是当年戚继光用来对付倭寇的成功经验。

然而光得到闽浙总督的赞同还没有用，因为在大清朝，军队的实际指挥权，基本上都掌握在文官的手里。也就是说，他这个浙江提督的顶头上司，乃是浙江巡抚，而不是什么闽浙总督。因此，在复函的开头，何制军暗示欧阳利见说："添勇筹饷诸大端，由仲良中丞（即刘秉璋）就近调度。"他这个总督是作不了主的，他的意见不是命令，仅资"切磋"。同时，作为军事上的同行，他又提醒欧阳利见：浙江“各口港岸地貌不一，敌性狡谲，必舍正口，别绕间道，离船登岸。但他们会在哪些地方上岸呢？很难预料。这就需要为将者亲历各境，做实地考察，这样方能做到成竹在胸。否则，难言择要驻截耳。”

欧阳利见感激何制军的关怀。他当然能领会制军的暗示，所以他在几天后呈送刘秉璋的公文中，更加充分、清楚、明了地陈述了自己的观点，希冀能得到比较有利的批复。择其要者，为三点。其一，由于循着海路，四面八方都能攻取宁波，因此宁波的防务必须着眼于全面。东面的镇海，南边的象山、奉化，北面的慈溪、余姚，都应虑及，都需分兵把守；其二，镇海为重中之重。不过镇海的防御成两翼展开，那么南岸金鸡山和北岸的招宝山的防御，应以哪个为主呢？在欧阳利见看来，必须是南岸。因为法人一旦进攻镇海，必然会像英国人一样，通过登陆来完成战斗任务。而北岸多浅滩，兵轮无法靠拢。只有南岸相对较深，便于登陆。其三，考虑到镇海口特殊的地理形势，欧阳利见正式提出了沉船阻截之法，还认为此法“万不可少”。

他是于这年的 10 月 22 日递呈公文的。批复很快，11 月 2 日就有了回音。欧阳利见急切地阅读，心情慢慢地变得复杂起来。

刘秉璋对他的上述三条意见，逐条做了不同程度的反对。

在刘秉璋看来，他的“分兵防守”策略，既显得有点可笑，也不符合实际。因为“兵贵扼要，（全面防御）防不胜防”；又因为现在兵力严重不足，“若枝枝节节而为之，不独原议十营不敷，就算按照你提出的十二营，亦难周到。”当然，兵员不足，可以招募，但募勇的钱呢？按最低的标准，募一营之勇，也需银三四万。而现在“库款支绌万状……点金乏术，无如何也”。

另外对“重防南岸”之议，刘秉璋的反对意见虽然不像对

第一条那么明显，但态度还是有的。如他在批文中指出，假如南岸需驻四营，则北岸“亦需募足三营”。欧阳利见明白了，刘抚帅的意思是两岸同等重要。

那么“沉船阻江”呢？刘秉璋说，口外水太深了，恐难沉塞。口内水深只数丈，似易安排，但也务须布置得法。至于购置沉船桩木所需的费用，刘秉璋强调说，找杜丞（冠英）得了。该丞现办镇海厘局，兼办海防营务，正可以供麾下驱策，即请就近饬查吧。

细细琢磨两位上司的批文，欧阳利见看出了很大的差别。何制军批评、分析、补充，一片苦心；而刘抚帅则挑剔、设碍，有点与人过不去。尤其是要他去找杜冠英商议，更是让他不平。从情从理，也应该是杜冠英来找他啊。

欧阳利见悟到了一些什么，认为里面有派别的影子在晃动，所以他没有和刘秉璋争论。但一个月后当杜冠英真的将一则报告送来后，却让他改变了看法，也让他对杜冠英其人，有了新的认识。

起初，欧阳利见对杜冠英行文中所用的语气感到不习惯，甚至是反感。因为那几乎是一种卖弄和教导人的口气，哪像是下级写给上级看的报告？

“窃照镇海口，招宝拱其北，金鸡耸其南，两山对峙，犄角相形，实为甬江关键。”

废话！此乃地理常识，连普通的镇海百姓都懂。而这个杜丞，在这种上行性质的公文中，居然还说得如此起劲。

“前次办理海防，于招宝山嘴建威远炮台，金鸡山麓建靖远炮台，小港口建镇远炮台。三台虽经筑成，而于守台之道、堵口之方均未议及。”

瞧这口气，越发把不住了！不但自矜其功，而且还自以为了得，好像对“守台之道堵口之方”很有研究似的。

但渐渐的，随着阅读的深入，欧阳利见的表情越来越认真，越来越严肃。

杜冠英认为，防守镇海口的焦点有二：一防敌船进港溯流而上，侵我之内地也；二防敌船停泊于海，轰击我近海之城邑也。是以海防之要务也有二：口门内外设炮台；河港中流拦阻船路。

这就对上欧阳利见的思路了。特别是关于“拦阻船路”方面，欧阳看得很仔细，也认为其言之成理。因为杜冠英下过一番调查功夫。“连日察看海口形势，测量浅深。虎蹲（镇海口外悬水小岛）东南当钱塘江水之冲，游山（处虎蹲之东南方，有大小二岛）港水深流急，均难安置水雷沉船；虎蹲之南，水势稍缓，置雷沉船，是可设第一重拦阻之险；招宝山中腰山麓直对小金鸡，水浅势缓，沉船设雷最为相宜，是可设第二重拦阻之险。”他甚至还观察到了梅墟两岸有石砌旧台四座，到时可以做压船沉水之用！

于是欧阳利见从中看到了一个认真负责的一线指挥官的形象。这令他对其陡生好感，再也不去注意他的有礼无礼、姓湘姓淮了。同时，杜冠英风尘仆仆之实地考察的身影，又使他想起了何制军前函中要求他“亲历各境，成竹在胸”的嘱咐。对喽，要想让刘抚帅接受自己的防御观点，必须使自己的观点更符合客观实际。

于是，在第二年（1884 年）的五六月间，欧阳利见第二次离开提督府，一头扎了下去。与以前不同的是，这次他是带着“正任台州府知府统带定海贞字营”的成邦干一块儿走的，他知道成是刘秉璋所信任的人。所以由此看来，他还考虑到了统战的问题。他们走了许多地方，镇海、定海、温州、台州；也走得很慢，看得很仔细，“会督镇将，留心查考，与商防守。”对定海、镇海两口，更是来来往往，反复“将两口情形细心筹度，并亲履各要隘查勘，以审其安营之地”。这还觉得不够，又将镇海、定海两处绘成地图，凡认为必须驻兵的要隘处，均以红签一一标出。

将这一切准备就绪后，欧阳利见再次具文呈递刘秉璋。

意味深长的是，这份于 7 月 31 日完成并马上送出的报告，写得没有公文相，倒像是一篇剖心沥肝的陈情文章，几乎可以和诸葛亮的《出师表》相媲美。文中，欧阳利见诚恳陈明，“镇、宁防守，弟责无旁贷，自当竭蹶以图，不敢稍留余力，上辜朝廷而负知己。”说明自己之所以一陈再陈，完全是出于一种责任感。为了取得刘秉璋的好感，欧阳利见在呈文中还将对方大大地捧了一通，“阁下督师有年，削平大乱，此次防务，自有成竹在胸。”

但是他的基本观点没有变，仍然是全面防御。“定海、镇海、乍浦、温、台五大口，均不可不防。”而定海、镇海绝对是防御重点；基本的方法没有变，仍然是募勇扩军。虽然他也“深知而深叹”，现在省库较前更虚，进款较前更短，刘秉璋煮的是无米之炊，统筹全局较前更难。然而“办防必须添营，添营必先筹饷”。当然要“力求节省”，但事关战守大计，“又不得不力求稳固”啊。如果只防一两口，而敌人却从它口入呢？

结果，这一次的呈文没有被刘秉璋立即驳回。刘抚帅答应增兵。不过，这里面有着根本的差别。他不是让欧阳利见募勇，而是另外派了一个名叫杨岐珍的记名提督，领着三四营兵来镇海，与他协防。

为什么不让募勇呢？刘秉璋的理由仍然是钱，钱！

“浙省饷需日绌，久在洞鉴。顷据司详拟，即将竭蹶情形据实具奏，但京饷、边饷势须扫解，甘饷上年解不及半，今年似难再少；且指还洋款已须五十万。此外如北洋经费、淮军月饷，滇、黔协款，通计一年不过能解十万耳。本冀丁厘畅旺，事事节省，或可渐有存余。不意蚕私歉收，约计短厘数十万；又加海防费用，即事事从俭，究不能无米为炊，棘手情形，万分焦灼。”

通篇苦经，令欧阳利见无法再开口了。

“就算库里没有一分钱，也不能不搞海防啊。刘抚帅这是故意卡我！”欧阳利见愤愤地结束了他的长篇倾诉。

薛福成不自觉地点了点头。欧阳利见的话是有道理的，整个浙江还不至于穷到募不起数营兵勇的地步。不是刘抚帅不想募，他只是不想让欧阳利见来募罢了。

事涉湘、淮两大集团的势力之争，薛福成不便表态，但他心里是清楚的。因为他还记得，一个月前他见刘秉璋时，抚帅视他为自己人，给他看过他早于1883年9月下旬便呈给朝廷的奏片底稿。在这个奏片中，刘秉璋提出“浙江海防千里，口岸纷歧，以宁波为最要。镇海为宁波口门，而定海孤悬海外，又为镇海外护”。——这与欧阳利见的战略分析是何等接近啊。考虑到三地防御，兵力不足，刘秉璋建议增募三营——这又与欧阳利见的观点多么一致啊。只不过刘秉璋明确要求，该项事务由驻定海的成邦干负责。而让杨岐珍领兵助守镇海，也早在该奏中便已提出。

这就是两人间分歧的根本所在！

为了顾全大局，薛福成自然不会将上述情况在欧阳提督面前和盘托出。如果欧阳提台知道刘抚帅有过那么一奏，不知将会多么伤心和愤怒。但是他对欧阳老将军充满了尊敬和同情。

同时，他心里又有了新的打算。他不准备劝欧阳利见将提督府移回北岸了，就让他率领湘军驻守南岸。而北岸，就交给淮系的各部吧。

保卫镇海的首要之点，是要维护各派的团结。将湘、淮隔开，就有助于这种团结。因此，薛福成觉得，这第二次镇海之行，可没有白费。

16. 防务大略，三者相辅

不过，另外一点，也必须抓紧进行了，那就是尽早提出自己的防御观点。不能再让刘抚帅和欧阳提台的争论继续下去了。这种争论很可能会坏了大事。

他与他们两人的防御观点有所不同；从另一种意义上来说，其实是有很大的不同。

个人经历和学识的差异，是造成这种不同的主要原因。刘秉璋由文入武，再出武归文，经历复杂，经验丰富。他是咸丰十年（1860年）的进士，选庶吉士，授编修。但他这种研究学问的知识分子生涯并不长，因为他的安徽老乡李鸿章起兵剿长毛了，他认为前程无限，便弃笔合了伙。同治元年（1862年），李鸿章率领他的安徽子弟兵，搭乘英国人的商船，来到了上海。刘秉璋自然也同船到达。有一件小事值得一提。这时候戈登和他的洋枪队也在上海，他们见淮军服陋械绌，就当面侮辱取笑之。众人只暗愤，独刘秉璋抗声说："服陋械绌不是病也，要看我们能否打胜仗！"这话让李鸿章听了十分满意。让他更满意的是刘秉璋说到做到，第二年连克常熟、太仓。李鸿章便分兵五千与刘秉璋，使他成为一个方面军司令。这下刘秉璋如鱼入水，克枫泾、西塘，定乍浦、海盐，拔嘉兴，取湖州，下南浔，所向披靡。越四年，另随曾国藩讨捻。又是"破捻"、"捻大溃"、"捻西走"，终至"事宁"。自然，他的官也越升越高。迁侍讲，迁侍讲学士，授江苏巡察使，起江西布政使，擢巡抚，至光绪九年（1883年），抚浙。有趣的是，他以军事起家，做的却不是纯粹武官，而是军政一把抓的文官。这种经历和地位，使他提出的海防意见，既充满着自信，又充满着权威。所以就算没有湘、淮之争，他也不会附和欧阳利见的意见的。

但在薛福成看来，刘秉璋的防御观点太单一了，只考虑了军事，没有考虑到其他。

而欧阳利见则纯是兵勇出身，靠拼命作战才一步一步升迁的，做的也是武官。所以他是一个实干家，权力也有限。他提出的防御策略仔细、踏实，从军事的角度来说，也全面，不过——薛福成认为太面面俱到；而且，纯军事色彩太浓厚了。

薛福成与他们不同。他没有从过戎，更没有在刀光剑影和枪林弹雨中滚过。二十多年的幕僚生涯，使他考虑起问题来习惯于全面和多角度。孜孜不倦的学习，多年来对海防问题的关心和研究，又使得他的这种考虑能趋近于事物的本质。还必须指出的是，在李鸿章幕府中，他参与协助处理的许多事务，都与外交有关。正如李鸿章经常提起的那样，薛福成是一个不可多得的外交人才。

因此，当今天的我们，从史料中阅读到他自镇海会见欧阳利见不久后的9月23日，正式呈送给刘秉璋的“论防务大略”书时，我们完全能够理解，他为什么要从外交问题说起，并且对其他问题，也考虑得那么周详。

一、一点防御论

欧阳利见坚持镇海、定海两重点论；刘秉璋从我们前引的致朝廷的奏片中来看，持的其实也是这种观点。而薛福成则提出了“镇海一点论”。并不是他认为定海不重要，不，他没有这个意思。他强调的是，或者说非常独特的是：两点都重要，但在布置防御时，可以只管镇海而松懈定海。

为什么呢?

因为经道光战事（即第一次鸦片战争）后，定海早已是英国人的势力范围。英法为争夺殖民利益，矛盾较深。薛福成认为可以利用这种矛盾。因此他建议“藉（英）以牵制法人”。一面提醒英国人要遵约保护舟山，一面写了这方面的文章，寄往英国新闻报馆，“意在激而疑法”也。对这种“以夷制夷”的外交手腕，我们将在后面的篇幅中作详细的介绍。

二、综合防御论

欧阳利见和刘秉璋的防御观点基本上都着眼于前线。而薛福成则认为防御不能分前后方，它应是综合的和立体的。前方胜，后方稳；而后方稳，必然会有助于前方取得胜利。

那么，什么是后方最不稳定的因素呢?

薛福成的看法又是非常独特的：是教士，法国教士。

当时在宁波有许多法国传教士和他们控制下的教民。薛福成认为必须对他们进行战时管理。

三、拒敌于口外论

当然，决定的因素还在于前方的较量。薛福成对此也做了较多的关注。他的看法与欧阳利见有巨大的差异。欧阳利见认为要取胜，必须要向前贤戚继光学习。也就是说，放敌人进来，让他们登陆，然后聚而歼之。而薛福成则认为，这种方法需要有大量兵力的保证，现实却是在镇海一线的兵力严重不足。所以最好的办法是拒敌于镇海口外。“敌船不入口，胜添十营精勇。”

怎样才能做到这一点?

如果中国有强大的水师，则以舰对舰，拒敌（甚至是歼敌）于门外并不难。但以目前论，这只能是空想了。于是，薛福成提出：

——防务唯以炮台、堵口及陆营三者相辅相成！

仍然是综合和立体防御思想！

从外到内，从前方到后方，从分散到综合、立体，不论从哪方面来看，薛福成的防御思想都明显的要优于刘秉璋和欧阳利见的观点。

人们总是服从于真理和合理，古今同例。所以刘秉璋看到这份意见后，立即批准同意；欧阳利见听了传达后，也立即表示遵循。好了，大政已定，接着要做的就是加快落实，就是枕戈待旦，准备迎头痛击来犯之敌了。

但是敌人却像个不速之客，来得意外的早，许多东西还来不及准备和完善……

客来留否

石浦事件太可怕了，两艘军舰顷刻间消失于水花之中！

南洋援台舰队 5 艘剩 3。

这剩下的 3 艘主力舰无论如何得加以保全了。没人对此有不同的意见。

问题在于怎样保全？

因而，在战争一触即发之际，招宝山下首先爆发了另一场战争：激烈的争论。

这场争论绝对不是无谓的，从它对战争过程和结果的影响来看，可以说，它实际上是另一种意义上的一次战前准备！

17. 以保全三船为上策

要想理清争论的来龙去脉，似乎还得先从南洋水师的组建说起。

第一次鸦片战争以屈辱告终，于鲜血和哀叹中，具有崭新政治面貌的洋务派站出来了。“以夷制夷”是他们的战略（虽然还只呈萌芽状态），“加强海防”是他们的战术。1874年，他们提出了著名的“海防议”，勾勒了建立三洋（北洋、南洋、福建）水师的蓝图。但由于经费拮据，朝廷先是同意建北洋、南洋二师；然而到了第二年的5月间，却最终拍定先搞一支北洋水师，待将来条件许可，再“由一化三”。这样，筹建南洋水师的动议实际上便已胎死腹中。

一搁就是四年。直到第一任南洋大臣沈葆桢于1879年底卒于任所，仍是只有蓝图一张。因此他耿耿于遗疏：“天下事多坏于因循。……日本自台湾归后，君臣上下早作夜思，其意安在？若我海军全无能力，冒昧一试，后悔方长。”言少意深，震人耳聩。后任刘坤一继其志，又后任左宗棠以势赫威重，终将南洋水师的筹建提上了日程。一面调集江南各省之原有旧小炮艇，一面向德订购“南琛”、“南瑞”两艘巡洋舰、向英购买了4艘新式炮艇。另外，闽厂制造的“澄庆”、“开济”2舰也划拨南洋。这样，到了现任两江总督曾国荃视事时，南洋水师所拥有的实际兵力是大大小小新新旧旧的14艘舰船，虽稍具规模，仍远远不如李鸿章的北洋水师。

由此我们可以知道，南洋水师来之不易，而援台的5舰（尤其是“南琛”、“南瑞”、“开济”3舰）又是整个舰队中主力之主力。所以它们是曾国荃心中的宝贝，是他湘系用来与李鸿章的淮系作抗衡的重要砝码之一，故而对其珍爱异常。自1885年1月18日舰队启碇南下后，曾国荃的心便一直悬着了。

由于援台行动是皇上、慈禧太后叠令直督的，他虽然认为无济于事表示反对，却也无法抗命。只得私下暗示舰队统带吴安康“审慎进止”。对此，吴安康倒执行得挺好。他走走停停于月底到达玉环岛后，下令暂泊。2月1日，曾国荃接到了他的报告，说前面法船防守严密，继续前进恐怕被截受困，不如在此暂留，做佯攻台北之势。曾国荃没有答复。不答复就是默许，吴安康心领神会，再也不肯南挪一步了。

但最担心的事情还是发生了。你不去打他，法国人却打上门来。孤拔久候吴安康不至，按捺不住，率7舰主动北上腰阻攻击。曾国荃得报，顿时急得团团转。

他最先想到的自然还是朝廷。解铃还需系铃人嘛。最佳的方案是让5舰迅速撤回。他动用了各种关系去实现这一点。不过他很快便明白，这是不现实的。朝廷这次对法的态度是异乎寻常的强硬。直到2月17日，朝廷得知“澄庆”、“驭远”已经下落不明，仍然电谕李鸿章选派得力将弁率舰南行，与南洋诸舰会合，以壮声势。过了两天，朝廷又电谕刘秉璋接济5船粮煤，“至五船进止，俟法船退后，候旨遵行”。

不过曾国荃的努力似乎没有白费，朝廷终于也认识到了时势的危险和保全5舰的必要性，于19日以总署的名义，命令台湾巡抚刘铭传乘孤拔北上之机反攻基隆，杨岳斌、程文炳两军迅速渡台助攻，左宗棠、杨昌浚负责接济饷械。还要求他们必须告捷，以解南洋5船之危。

这主意不错（后来他才知道，薛福成此前也曾向新任闽浙总督杨昌浚提过类似的建议），但这实在是太迟了！2舰沉于石浦水下，3舰躲进镇海口内，此危何解？却要去反攻什么基隆！总署这些人啊，曾国荃苦笑着直摇头。

那避难于镇海口内的“南琛”、“南瑞”、“开济”3舰，再也不能受损失了！

曾国荃放下手里所有的其他事务，全力于营救3舰的工作。要抢时间，赶快让它们离开危险之地镇海。于是他叠令薛福成：

——琛、瑞、济3船已奉旨相机行止，请转告确探，乘隙速回，兵机迅速，切勿拖延；

——请转饬3船，如探无法船，即刻相机驶回江阴，勿稍涉拘泥，致失机宜。

当然他也没忘反复叮咛：倘洋面有法船游弋，则未可造次轻驶。

令他欣慰的是，据薛福成报告，2月22日前后，经派船连日出洋侦探，南自普陀山，北自大小羊山，回上海江阴路上，均无敌踪。好哇，真是良机难得，还不赶快升火北驶？

但3船竟无动静。原来除了畏敌害怕，另外的原因是有人想留下这3条巡洋舰助守镇海！

曾国荃勃然大怒。

这人是谁？刘秉璋？薛福成？

都不是！

18. 请急调回沪

让3船早早离开镇海。——薛福成的心里比任何人都急。

2月14日，也就是“南琛”、“南瑞”、“开济”躲进镇海口的当天，薛福成便向南京的曾国荃发了一则态度鲜明的电文：

宫保爵宪钧鉴：

吴统领电禀，想已到。开济、南琛、南瑞三轮现泊招宝山口外，一两日内恐敌来寻，该处钉桩，如到仓猝，不易进口，且碍各台开炮之路，甚属可危。目下以保全师船为上策。闻敌计在毁我师船，或乘虚犯长江。似宜趁敌船未到，急调三轮回沪，先顾门户，添备子药、煤米，可以进退自如。否则，法以一二铁甲船停泊浙洋，三轮又被牵阻，长江益虚矣。伏候钧裁。福成。(除夕)

在展开对该则电文的全面分析之前，首先有必要指出，薛福成这种表态，是在还未明了朝廷旨意，也没接到自己的直接上级浙江巡抚刘秉璋和3轮的最高领导南洋大臣曾国荃任何指示的情况下，抢先表明的。这与薛福成谨慎、仔细、踏实的一贯办事作风似乎有些不相符。说明他心里非常着急。

那么他着急什么呢？

“一两日内恐敌来寻。”——这是第一个，也许还是最主要的一个原因。

7天之前的2月7日，孤拔率法舰7艘自马祖澳北征，图截我南洋5舰。第二天，宁镇营务处杜冠英便将此情况禀报给欧阳利见。薛福成也同时得报。他顿时高度紧张。一面命令镇海关上下作紧急战争动员，一面密切注意法舰的动向。2月10日，法舰6艘游弋至定海。薛福成下令定海、镇海两地守军昼夜戒备。11日，法舰侦知我南洋5舰在三门湾一带，12日调头南下追截。13日，薛福成得到了令人不安的情报：“开济”、“南琛”、“南瑞”3舰逃避不知何去，“驭远”、“澄庆”躲进石浦港。他意识到事情已经火烧眉毛，立即照会浙海关税务司葛显礼，请即传电镇海口外七里屿、虎蹲山洋人撤去灯塔，并飞饬定海之小龟山顶及屿心脑两处看守灯塔的洋人一体知照。14日，他又紧急照会英国领事固威林、美国领事司蒂文，申明堵塞海口系为保卫地方，嗣后无论何时，敌船一到即行沉船塞口，不再照会，以免贻误战机。

说明此时的薛福成，最担心的是敌临镇海口。他为此而要求洋人关闭灯塔，给镇海铺一条黑路，让法舰无法进港。他还随时准备沉船塞口。但他没想到的是，来的却是自己人的船。吴安康率着这3艘战舰逃来逃去，觉得处处不安全，竟然向镇海口逃来！

它们是天黑时分到达的。夜幕裹着3条气喘吁吁的浓烟，一片灰蒙。

这种颜色与镇海城里的欢快，形成了鲜明的对照。因为此刻正是旧年的除夕啊，尚未意识到战争马上就要临头的百姓们，正家家点蜡烛，放鞭炮，沉浸于难得的片刻欢愉之中呢。

当然，这种欢愉，处于风口浪尖上的薛福成，是丝毫也感受不到的。因为他清晰地看到，尾随着3轮而来的，必然是敌人。镇海正面临着战争灾难，唯一的补救之法是让它们离开。于是，他来不及和欧阳利见等将官协商，也来不及向刘秉璋请示，直接致函曾国荃，让他下令将3轮急调回沪。

“该处钉桩，如到仓猝，不易进口，且碍各台开炮之路，甚属可危。”——这是第二个，也是比较重要和实在的一个原因。

薛福成在仔细分析、比较了刘秉璋和欧阳利见等人对镇海的防御意见后，取长补短，提出了自己的海防主张：炮台、堵口及陆营三者相辅。先以山上的炮台凌空压之，再在水道上堵口阻之；若这两招都不见效，那就让敌人进来，让他们登陆，然后由岸上部队围而歼之。所以说这个海防意见既是立体性的，也是综合和系统性的。炮台，堵口，陆营，像一个连体人，谁也离不开谁。但它有个前提，即面对的必须完全都是敌人。现在己方3艘军舰搁在前面，万一敌人快速尾随而来，敌我混在一起，那么，我方无法开炮，无法堵口，岸上部队也只有干瞪眼。这真真是“甚属可危”了！唯一的补救办法，仍然是让这3轮快快离开。

“闻敌计在毁我师船”，“目下以保全师船为上策”，最安全的方法是回沪。——这是第三个，也是通过分析推理而得出的虚拟原因。

应该说，这个分析有极大的合理性，完全可以证明薛福成目光如炬。第二天发生于石浦的，我“驭远”、“澄庆”二舰遭法舰围攻放水自沉后，法舰即离去的事实，更印证了这一点。

薛福成还有第四条理由，让3轮回到吴淞江阴，可以大大增强长江的防御能力，因为在他看来，法国人封锁长江的战略正在实施之中，让3舰回去可以发挥更大的作用。

从上述的分析来看，薛福成所持的立场，似乎无懈可击。

曾国荃没有马上答复。他先是向北京请示，接着又和刘秉璋协商。所以他的指示要在数天后才会到达。但是镇海方面的情况则是越来越严重了。15日，农历正月初一，大吉大利的日子，我“驭远”、“澄庆”二轮却在石浦水面被迫自沉。第二天噩耗传到薛福成耳里，他更加为躲在镇海的“南琛”等3舰和镇海自身的安全担忧，未经任何请示，擅自向坐镇福州的闽浙总督杨昌浚发了一份电报，建议他督促台湾巡抚刘铭传，乘法舰主力北上围攻我南洋诸舰后方空虚之机，急攻基隆，断其煤路。

我们已经指出，薛福成的这个主意很合圣意，因为几天后朝廷也有过类似的谕旨。说明薛福成雄才大略，具有全局性的战略家眼光。问题不在内容，而在于方式，在于为什么薛福成要去向杨昌浚提建议。两人之间基本上没有上下级关系。薛福成此举有些心慌意乱的味道，说明他实在是焦急万分了。

因此，17日，他再一次急电南京，要求曾国荃“急电严饬三轮管驾赶早回沪”。他甚至等不及舰队司令吴安康从石浦处理事故赶回。

因此，18日，他致电杭州，再次表露了他“恐敌舍石（浦）来镇（海）”的担忧。

因此，19日，他第三次致电南京。这份电报很长，我们有必要稍作引用和分析。

薛福成认为，“南琛”等3轮，不但应该立即回去，而且完全能够平安回去。他分析说，法舰不知3轮藏在何处，四处搜寻，“必有十数日或五六日耽误”。此时3轮乘隙回上海，或径回江阴，最为稳慎。但这大好机会被白白浪费了。不过机会仍在。目下据侦查，法舰大队已经南行，只留一二船在上海外面的佘山等处，其势甚孤。我“开济”、“南琛”、“南瑞”3船皆为快捷之精舰，尽可乘敌孤零；就算不愿与其交锋，也可以烧足煤火，装满弹药，黑夜潜驶。佘山方面即使真有法舰，自知势孤，未必敢追；即追，也未必得利也。

但是吴安康们就是不动。

终于，曾国荃要他们立即回基地的命令也一迭声地到了，他们还是磨磨蹭蹭。

他们的身后有人拉着。

起先，曾国荃和薛福成都没有想到，这人会是杜冠英；他们更没有想到，杜冠英的背后，还站着一个欧阳利见。

他们是后来才知道的；同时，他们也开始思索，在这个问题上，他们和欧阳提督，究竟谁对谁错？

19. 自应同心御敌

起先，处在一线的宁镇营务处杜冠英，对“开济”、“南琛”、“南瑞”3舰的突然闯入，颇感恼火。

3船是摸黑进的口子，又没有按例向他通报，使他无法派人引航。结果，3船慌里慌张撞入时，损坏了他阻口用的电线两条，上面有水雷16枚，全坏了。“开济”号更是误入桩缝，动弹不得，随即抛锚。浃江水面里的防御设施因此受到了很大破坏。正值风浪，虽已饬令有关人员赶紧设法补救，恐怕也要费好大的劲。因此，他在向自己的指挥官欧阳利见的书面报告中说，“似此贻误，殊为愤愤。”

第二天，水雷还没有修好。杜冠英急了，想出了一招“悬赏督修”：

“如今日修好每一枚雷，赏洋三元。”

就在这时，薛福成的电报也到了。电报是打给杜冠英的，认为“三轮到口，恐致引敌，似宜劝其速即回沪”。同时要求“禀提台（欧阳）、西帅（杨岐珍）商之”。杜冠英不敢耽搁，立即将电文转给了欧阳利见。

这时，驻扎在浃江南岸金鸡山上的欧阳利见正细细阅读浙江巡抚刘秉璋发来的电报：

“曾帅来电：南琛等船或收镇口，或回吴淞，请飞商提台与吴统领等语。窃思既已收回，自以速回吴淞料理为要，请即斟酌，万勿徘徊自误。”

这意见与薛道宪的主张完全一致。欧阳利见不由得猜测，他们是否已经背着他沟通过意见了？

当然，欧阳提督是误会了。他不知道薛福成直接致电的是南京和福州。

接到刘、薛的上述来电后，欧阳利见于当天下午四点钟，向杭州复了这样一份电报：

顷来电谨悉。承嘱援台兵轮吴统领宜速回吴淞，当即函知吴统领，并催其速回吴淞，以固长江门户。

这份电报从字面上看，应该没有任何不对头。这是对来电精神的复述，是下级对上级指示的凛遵。问题在于，这个答复是真心实意的吗？不然的话，为什么5个小时后，他又紧追着向刘秉璋发了第二份电报？第二份电报报告的是：刚才统领吴安康来会，据他说，“驭远”、“澄庆”二轮，现在石浦，拟即设法救出，同回吴淞。

同样的问题，这份电报可信吗？

因为事实是，这“驭远”、“澄庆”二轮，已于一天前沉没了。当然，镇海方面可能还没有及时得到消息。据薛福成给曾国荃的报告，他们是第三天，也就是正月初二，才始闻二轮在石浦遭法舰攻击。故而作为舰队统领的吴安康，在初一的夜里，想去石浦营救，或许有可能。但这不是欧阳提督发第二份电报的主要所在。关键之处是，为什么他要把吴安康的请求（真假暂且不论），如此火急急地捅到杭州去？

联系到他后来的作为，我们才明白，原来他根本不同意薛福成、刘秉璋的意见，也就是说，他不想让“开济”、“南琛”、“南瑞”3舰离开镇海。

他与薛、刘分歧的焦点在于：薛、刘认为3轮进口会引来敌人，会给镇海带来战争和灾难；而他则恰恰相反，他认为3轮留镇，会大大增强镇海的防御力量，从而保证镇海和宁波的安全。

从现有的资料来看，这种分歧并没有公开爆发。因为虽然薛福成和刘秉璋的观点是亮明的，而欧阳利见却没有，他是暗地里努力的。

这显示了欧阳利见非常现实的态度。说明他根本没有忘记，刘秉璋是自己的顶头上司，薛福成则是刘抚帅派出的代表，对自己也有指挥之权。公开反对他们的意见是不明智的，也为法纪所不容。所以他表态凛遵刘、薛意旨，并催促吴安康速回吴淞。但他同时又是一个具有丰富经验的军事将领，他清醒地知道，如果按照薛道宪炮、陆、水口结合的立体防御思想，那么炮台尚可一战，陆营勉勉强强，最可忧的是水上。区区数十枚水雷和原始的木桩、石块，难道能挡得住法国铁甲巡洋舰的冲击？必须要有战舰协防！但现在镇海口内只有“元凯”、“超武”两艘木质通讯舰，火力弱，马力只有600～750匹，航速仅为10～12节，何堪水战重任！如果马力达2800匹、火力一流的南琛等3艘巡洋舰能够加入防守的话……

但他没有将自己的这种想法，作为一种战术建议，向刘秉璋和薛福成提出来。原因之一是正如他后来致刘秉璋电中所说，不敢将3船“擅留”，这是南洋水师主力和精华啊；原因之二是他已经从募勇、筹饷等方面觉察到，巡抚刘秉璋对自己这个提督并无有多大的好感和信任，提出也没用。

所以他要暗中努力了。这种努力的前提是等待，等待适当时间和条件的出现，等待时运可能会发生的转折。让他感到欣慰的是，这种等待的时间并不是很长，明确地说，仅仅是过了一天一夜，转折的兆头就已经出现了。

第二天（16日），欧阳利见收到了刘秉璋一则很有意思的来电。所谓“有意思”的一个方面是奇怪。刘电一开头就来了个“误会订正”，说昨天的电报搞错了，不是曾帅电示要三轮速回，实则是“宁波道府电也”。怪了，公文大事，怎么会搞错呢？不过这订正对欧阳利见很有利，既然不是曾帅钧旨，就增大了3轮留镇的可能性；“有意思”的另一方面是喜讯，刘秉璋将大门打开了一些，这道门隙更是对欧阳利见有利。刘秉璋说，“如果3轮既不敢与法舰对仗，又不肯回沪，只好暂时让它们在镇海口内躲一躲了。”不过，刘秉璋最后又补了一句，“其实自以回沪为两便（对南洋水师和长江防守方面，对避免引敌到镇海，都有利）耳”。

但这已经足够让欧阳利见喜上眉梢了。

有道是“祸不单行，福无双临”。但这话现在不对了。欧阳利见就觉得自己碰到了双福：刘抚帅门开一隙，杜冠英又带来了佳音。

这则佳音仍与刘秉璋有关。原来他同时还给杜冠英发了电报，说“官轮既已进口，岸上各营须进一步加强戒备，将沉江所需的石料、废船备齐以待，水雷务须放妥，不可慌张误事。昨又解去水雷20枚，三四天可到。官轮如此乱跑，损坏电线，真无法！须嘱其同心御敌”。

如果在平时，欧阳利见看到刘秉璋越过自己这个提督，直接给宁镇营务处杜冠英发指令性电报，会不高兴的。他当然知道他们同属淮系，是自己人，但指挥系统上的秩序还是要维持的嘛。不过此时欧阳提督一点也没在意，他全身心都被四个字吸引住了：

——“同心御敌”！

同心御敌，同心御敌。这正是欧阳利见想说又不方便或是不敢说的啊。欧阳提督的心里陡添对刘秉璋的好感。

好了，3轮可以留下了！

他认为一件大事已经初步了却，没料到三四天后会出现反复，而且还是大反复。他没往那方面想，他现在面对的是接踵而来的第二个问题：把3艘军舰留在镇海的哪一个位置，对防御最为有利？

他认为最佳的位置莫过于“抛寄桩边”了，也就是在堵口处。这样，可以与同一条防御线上的海岸炮台互相支援，形成强有力的交叉火力。但是，薛福成另有看法。杜冠英报告说，道宪“谆谆促其驶入梅墟”。梅墟在甬江的中部，距镇海较远。对此，杜冠英是表示反对的，他认为梅墟太远，战争一旦打响，却让3船“徒做壁上观”？这可不行。他建议最好在附近的白家浦抛碇，如果敌舰来犯，看到虎蹲山有绿旗信号，即行驶出轰击。终于，薛福成来函表示了同意，认为这要比“在镇海口略好”。欧阳利见想起，几天前薛福成还有过让3轮避到宁波城内的“江北岸更为妥妙”的念头，明白了，道宪的意思还是保全3舰，不让其冒险参战。

这提醒了欧阳利见，此事尚需仔细谨慎为好，于是他要了一个小心眼。他谕示杜冠英说，我们一定要口径一致，对外宣称让3轮同力御敌，“事出……情愿”。

这有点儿“做贼心虚”的味道，但杜冠英居然马上表示同意，并提醒他要多与道宪联络，做做说服工作。因为他迭接道宪函电，“深恐三船引敌”，坚持要它们离去。

欧阳利见满意地舒了一口气，同时不由得笑了。这笑是为杜冠英而绽放的。他觉得与这个部下的距离越来越近了，几乎已成了同志。

他明白，这“同志”的根基不在于什么湘系淮系，而在于，他们两人首先都是地道的军人。

军人就有军人的共同语言。

20. 天平翻倾

然而19日南洋大臣曾国荃指令的到达，使欧阳利见和杜冠英的希望又变得渺茫起来。

其实早在18日，当得知“澄庆”、“驭远”二船被围（实际上三天前便已自沉），“南琛”、“南瑞”、“开济”也因法船环伺于外不能出镇海口时，曾国荃就已经有过一份急电给欧阳利见，不过这份电报只是要求欧阳就近接济粮煤，并未涉及3舰的去留。但是此电甫发，薛福成的第二份建议3船“乘隙回沪”的电报又到了。在这份电函中，薛福成还报告了“吴安康赴石浦救援，未在船上，三管驾不敢做主，不肯回沪”等情况。曾国荃觉得或许另有内情，便越过刘秉璋，于19日直接致电欧阳利见，明确指示：“为今之计，以保全3船为上策。如徵三（吴安康）尚未回船，即由三管驾相机冲出，驶回吴淞江阴。”同时请其转告他的郑重许诺：“若能乘隙冲出，保全三船，统领、管驾皆有功无过。”

22日，23日，曾国荃见没有动静，又连发二电给欧阳，加以饬催和“恳嘱”。

于是欧阳利见明白了，曾帅的意图，和薛道宪的意见，虽然看起来有点差别，一是要保存3轮，一是不想惹火上身，但结论则是完全一致的，那就是：

——让“南琛”、“南瑞”、“开济”3舰离开镇海，回南洋水师的基地去！

这时，皇上和慈禧太后的圣旨也到了：“著饬（三轮）各管驾相机妥慎驶回，毋稍大意。”

在这种情况下，刘抚帅前几天稍稍开启的那一条门隙，肯定又要紧紧关闭。对此，欧阳利见已经不抱丝毫的希望。

因此关于3舰去留的天平，看来已明显地倾斜于对方。

但是欧阳利见没有最后放弃。他做出了一个惊人的决定，亲自去宁波面见薛福成。他是在经过仔细分析思考后做出这个决定的。他认为，如果把对方的意见比喻为一条环的话，那么，薛福成就是环中关键的结扣。

不是吗？他是宁波、镇海方面的实际最高长官，深受抚帅依赖，也得曾帅、还有朝廷的信任。如果能争取他站在自己这一方，那该多好啊！

当然，他也明白，目前道宪是最坚定的“三船离去论”者。不过，欧阳利见仍然要一试，他要说服和争取对方。他要行釜底抽薪之计。

24日，欧阳利见抖擞起精神，准备离开已经于数月前从金鸡山脚搬到山顶的提督府，去宁波一会薛道宪。这时部下却来报告说，宁波知府宗源瀚大人求见。

欧阳提督吃了一惊。由于职守各异，又分驻两地，自己平时与宗知府素少来往唱酬，怎么今天……

“快快有请。”

宾主分序坐下。宗知府未做寒暄，茶也不喝一口，便直奔主题：

“南洋三船到达镇海，已有旬日了。或留或去，迟去或速去，各见纷纷，但卑府未尝有过一词是口。因为浅见以为总当静候电旨；且该船在镇，一切进止机宜，军门必有权衡，也无须卑府喋喋。”

“唔，唔。”欧阳利见暂时还不明其意，随口应和。

“近日已有电旨，圣上准允曾帅之请，可许三轮回沪。想必军门也知道了吧？”

“是的。曾帅已有电示。”

“听说抚帅也日日有电催询？”

“唔。”

“而杜丞派出的探船，皆报洋面并无法船；象山、石浦文武官员来信及进口的各商船也都这么说。为什么三船还不趁机回去?!”宗知府的语气陡然加重。

“吴统领前去石浦，三管驾不敢擅为。”欧阳利见平静地说。

“是的是的。可现在吴统领已经回来了，却仍然不走。真是怪哉。”宗源瀚仿佛在自言自语，眼睛却睃盯着欧阳，“他回到宁波时，卑府和道宪都曾与之接谈，皆说愿意早回，只是疑口外尚有法舰。问其在何处闻此虚谣，又不明言。其色闪烁，其言隐约。提军门，你说怪不怪？”

“我看也没什么可怪。或许是因为他亲自领教过法舰的厉害，又到过石浦，看过我驭远、澄庆二船的覆没现场，变得更加胆小谨慎了吧？”

“或许？那么他与丁营务处为什么要皆住宁波徐吉云家，而南瑞轮管驾徐参将的家又在镇海？如此看来，他们必定倾向于留宁。至于口外有法舰云云，这种谣言之起，不会没来由吧？”

欧阳利见哈哈大笑。“宗守所问，才是可怪啊！吴统领为水师，直属曾帅；鄙人为陆营，听命于抚宪。途殊，也不同归。我哪管得了他们的去留？”

宗源瀚闻后微微一笑。他没有接口，不知怎的，忽然转了话头，语气也变得十分诚挚：

“南洋曾九帅盼三船之回，望眼欲穿；对军门和薛道宪，皆有重托。值此可回之机，万万不可错失啊。而如果让三轮逗留不回，则于宁、镇两地大有关碍。最主要的，是商轮因此不肯往来。元旦至今，宁、沪轮船不通，待轮赴沪之人已积数百。愚民揣疑，谣言纷起；多延一日，恐谣言愈重一日，这样，宁波镇海就算无战事，也会生滋民事了。再者，商轮不通，厘捐、关税因此无收，也大碍备战之饷需。卑府今早特晤税务司，多方解说，劝其开船。对方答复说，若三兵轮不去，随时都有战事爆发，来往商轮实不敢开云云。是竟无术挽回。军门啊，卑府为地方父母，不敢言军机，只是将实际情形禀报罢了。伏乞军门垂念地方为重，设法催督吴统领等弗听虚言，趁此法舰潜踪之机，立断回沪。如此，彼此皆有益也。告辞！”

欧阳利见呆坐着，没有反应。宗知府的话像一大排钉子，将他钉住了！

与其说是暗示，还不如说是明言，宁波知府宗源瀚已认定，吴安康之所以迟迟不去，根由在于他欧阳利见！

这样，自己犯的可是抗旨之罪，违令之罪，贻害地方之罪了！

但是，但是，这可能只是宗知府的一人猜测，薛道宪不会这么想吧？道宪是贤者，就算会这么想，也不会直言。然而——这回可真的是祸不单行了——几乎在宗守离去的同时，薛福成的一纸长电，通过4天前刚刚铺通的宁、镇电报专线，也山一样地压在了他的案桌上。

欧阳利见感到了绝望。

因为道宪来电的内容不啻是宗知府刚才一大番话的翻版：

“南洋转奉电旨……复奉电旨……三接曾宫保急电……均由电局录送，想已次第查阅。”——抗旨抗命罪；

“皆谓三轮在此……商船不通……谣言四起，阖郡震动……”——贻害地方罪；

而且还另有殃及他人的罪孽：

“二徐管驾，皆本郡人，贪恋乡土，本是常情；也不免故张虚警，贻误战机。似应有提军门劝吴统领速遵宪电，速驶回沪毋更游惑。否则法舰寻来，再也无机出口，则失机之咎，共事者均难辞其责！”

而且道宪的用语也更严急：

“是为大局计，为宁、镇计，为三船计，为民情、商务、饷源计，皆以乘机驶回为最要之策！

更让欧阳利见承受不了的是，来电中还附了三则刘秉璋的电令。一电责问“迭据电称，自沪至宁无法船，何以三管驾犹以大洋山有法船为辞”？二电警告“毋打错主意”；三电直斥“管驾如鼠畏猫，欲钻入墙洞，可耻！诸君游移其词，坐待迟误，可叹”！三则电文名义上是发给杜冠英的，但都注明“转致提台”，说明这一问二告三斥的对象，都是包含自己这个提督在内的，说不定只是指向自己一个人的呢。

如此，那刘抚帅的口气也太伤人了。你虽贵为一省之抚，我好歹也是一省提督啊，能差多少！欧阳利见气冲脑门。“来人哪！”他口授了一纸电文，“立即发出去！不许有任何更动！”

电文的口气也是硬邦邦，与刘秉璋的针尖对麦芒：

> 顷杜丞送到电示三纸，均悉。其三船叠经转催，均随时电复尊处，谁敢擅留！

电报发出后，欧阳利见舒了一口气，感到了一种反击的痛快。接下来的是如何答复薛道先了。他对薛福成怀有好感，关系也不错，可不能再以快语作答；再则，还须细细分辩，以期洗卸几乎已落在肩上的那种种“罪行”。

在这种情况下，赴宁波面谈，不一定是最佳的举措了，还是书面答复更宜于措辞的严谨。

于是，他取消了原拟的宁波之行，字斟句酌地撰拟复函，居然费了整整的两天时间。

21. 我们的心是相通的

"昨夜丑刻，奉尊处函开：南琛、南瑞、开济三船宜速回沪，此系钦奉旨电，朝廷已经应允了曾帅之求；若三船逗留此间，既碍商船，又减厘税，极为无益。云云，云云。足证卓识伟论，弟敬佩奚如！"

欧阳利见的复函就是以这样的文字开篇的。从文牍写作的角度论，这叫引述来文；内容上则一颂对方，二表心迹。所以这个开头既合文法，又合文情，显示了很高的水平，的确没费他的字斟句酌。

孰料紧接着笔锋陡然一转，呈咄咄逼人之势：

"至抚台嘱设法催令速去一节，弟纵愚昧，断不可能出此留船之计。然今日抚台电文中，似有不是鄙人之论，不知何所闻而出此等之语？又不知何所据而云然！"

哦，原来这股怨气是指向刘秉璋的。我们到此可以明白，欧阳利见行的是"借道"之计：假陈情于薛福成，实际上是说给刘秉璋听；假反驳刘秉璋，实际上又是向薛福成剖析心迹。——武人也有精细时候啊。

以下的辩述文字，几乎是一首申冤诗：

"除夕之夜，三船骤泊镇海口外，并未向守军知会，不知是中船还是法舰；到了三更后，我们才知道是被法舰冲散的援台南洋水师中的一部。仲帅（即刘秉璋）也电斥这种情况为'官轮乱跑真无法也'。越元旦（指正月初一），接仲帅电示：三船宜回吴淞。鄙人一刻也不敢耽搁，一面向曾九帅禀报，一面函催吴统领，请其速回吴淞以固长江防线。此情我已明电报仲帅。是日酉刻，吴统领来会，又面催了一番。但吴统领说，探得澄、驭二船在石浦被围，定于初二亲往救援。既然这样，我有什么办法？只得听其自主。”

“及近日，迭接九、仲两帅电信，我都加函抄电文随送三船的管驾，不敢擅隐留也。就在昨天午刻，我还柬邀三管驾来商量回吴淞之事；并且代为画策，电请曾九帅派其他兵轮开泊吴淞口外，总期准备接应。无奈三管驾异口同声说，探得中途大洋山等处尚有法舰，必俟吴统领回来，方能定夺。”

“我私下想想，这三船自有统领，非我部属。我能做到的，就是每得一电，必送一阅，能尽一言，聊尽一心。究竟进止之权，操之于他们自己之手。我总不能跑到他们船上，斩其缆，拔其碇，驱诸镇海口外，强迫他们离去吧?!”

撰文至此，欧阳利见情绪激动，再也难以自持：

“可是你来电中，说他们逡巡不发，坐失良机，是咎由自取；还说共事者均难辞其责。你这话说给我听是什么意思呢？能怨怼谁呢？他们突如其来，麾之不去，我真无法以处此。高明的你有何卓见，不妨明以教我。或许另有善策，可以强驱他们离去，不过我是想不出来的。”

“总之，我的意见与曾帅，与仲帅，与道宪你，没有什么两样。我复各处的电文中，从未有过‘留船’之语。存稿具在，电局有档，完全可以去查证，如此，当知鄙人所言之不妄。”

画上最后的一笔，欧阳利见掷笔而起。复函发出去了。怨出了，却没感到气顺：这下倒好，把道宪也得罪了。最初落笔时，可没有这个打算啊。不过，他并不想改过来。自己毕竟是个老军人，可不是随便任人指责的！再说，也没有时间。已有两天没到阵地去转转了，他可不放心。就像一个母亲心系育婴室，他每天上阵地差不多已成了习惯。不看看士兵，不摸摸炮身，他会感到不踏实。

第二天一早，他翻山越岭到了最沿海处的达后营，与记名总兵何元启商讨反登陆的措施；后返折小港，叮咛楚军水师刘锦堂，小港因有镇远炮台可为南岸防御基地，但目标太大，要做好必要时机动守弃的准备；接着越小浃江，再次巡视了山下塘、胡家兜、王家溪口等纵深阵地。尽管上峰已经确定，镇海防御的指导方针是薛福成“炮台、堵口、陆营三者相辅，力争拒敌于口外”，但欧阳利见仍然充分利用手上有限的兵力，在南岸布置了数道纵深线。他仍然没有放弃“敌人可能冲破口子，拢岸登陆，需诱之深入，聚而歼之”的思想。作为一个具有丰富战争经验的将军，他暗暗地做着第二手的准备。

时间在操劳中飞快地消失，又一个夜幕降临了。欧阳利见拖着年迈而疲倦的身躯，回到了金鸡山上的野战性提督府。他需要歇一歇了。

他没料到，有人在提督府里已等了他大半天。

微微发福的身子，圆满的脸，未经剪理的胡须在灿然的笑脸上飞扬。这不是道台薛福成吗？他怎么不打招呼就来了？难道是来问罪的?!

未等他从惊愣中回过神来，薛福成已经大步迎上前来了：

“健翁，你在金鸡山上栉风沐雨，还要跋山涉水巡视各点，辛苦了，辛苦了!”

“我……道宪……我……”

“我知道，我知道，我知道健翁你要说什么。是的，我收到你的电文了。我是特地来向你赔罪的。”薛福成扶着他在椅子上坐下，然后面向他抱拳半鞠躬。

“赔罪?”

“哦，说赔罪可能有点儿矫情，确切地说，应该是探讨，沟通。”

这就合情了。欧阳利见哈哈大笑，满脸愁容一扫而空。薛道台屈尊亲到金鸡山，这胸襟就是比自己高。自己也动过去宁波的念头，为什么又放弃了呢。

“道宪啊，我是有冤无处说，只能向你唠叨唠叨啊。”

薛福成微微一笑，“健翁刀弓娴熟，文笔也厉害呢。一篇复函，就让叔耘坐不住了。”

“道宪如此见笑，我可无地自容了。”

“不过，必须说明，健翁啊，误会了。不，不是你误会，是抚帅误会了。抚帅接南京电，转的是苏抚电文，内有‘愚见此时三船不必急回，一恐拦截，一恐尾追’等语。这些话实在是苏抚的意见，刘抚帅一时未及细详，误会为是你健翁之言。嗣后敝处复接抚帅电，则早已弄清楚了。苏抚的原电我带来了，健翁如果详加查阅，必能洞悉其由也。”

说罢，递上了那则电文。

欧阳利见接过，细读了一遍，缓缓放下。“好，这下我也放心了，否则，我恐怕担当不起啊。”

“不过，我还要言归正传。”薛福成忽然严肃起来，双目炯炯，直逼欧阳，“诚然，健翁所有的电文中，都没有‘三船留镇’之语，更没有操纵拉拢三位管驾之举。但是，你是否真的有过哪种想法呢？健翁，你是一个军人，军人不打诳语的。”

“道宪……”

“叫我叔耘吧。健翁，你我现在虽在公堂，却来个私下闲聊如何？我们的话不入第三者耳中。你信不信我？”

“信，我当然相信。在镇海这个地面上，我不信你还能信谁呢？不过，道……叔耘兄，你为什么要了解这个呢？”

薛福成缓缓离座而起。

“叔耘本为布衣，幕府一客，承李辅相、刘抚帅之荐，又蒙圣上垂顾，授以宁绍道台，抚宪又委以营务。叔耘自觉双肩，荷有千钧重担，是以到宁后，日夜忐忑，不敢有丝毫之松懈。但叔耘乃书生耳，荷堪保境守土之任？唯赖一线将佐。四顾宁、镇，论资历，论才干，论威望，论娴熟军务，有谁能出健翁之右？天将倾，赖其柱其间。健翁啊，你就是我所能依赖的天柱啊。”

欧阳利见闻此急忙站起，“这如何堪当？”

薛福成轻轻扶其坐下。“是以叔耘有一大愿望，就是希冀叔耘能与健翁心往一处想，劲往一处使，共保宁、镇一方平安，使百姓无罹兵火之灾。除夕之夜，我三轮逃脱法舰魔爪，进口避难。叔耘以为，三轮既至，法舰必将尾随而来。届时，我宁镇大地又将烽烟滚滚，百姓复陷兵火；退一步论，就算法人不攻，仅以二三舰封口，主力却乘机北犯，我长江因失三轮主力支撑，顿时动荡矣。若三轮能早日回去，则上述的一切危险，皆可避免了。故叔耘不以位卑，旬日以来，迭电曾帅、刘抚帅，还有健翁你，反复陈明意见，不敢有所隐藏。只为大局计，为宁、镇计，为三船计，更为百姓计。叔耘此心，可对天地！”

“健翁为军中良将，所思所虑，与叔耘自有不同。能为叔耘实告否？诚然，健翁也数度明言，赞成三轮回沪，但叔耘私下总觉些许不安。”

诚字，一个诚字！薛福成这番话让欧阳利见回想起，第一次与之在会议上相见时，道宪便将半生幕僚身世坦然相告的那份诚挚。在这副诚挚之前，还有什么需要隐瞒或者能够隐瞒呢？军人欧阳利见最赞赏的，就是这一个“诚”字！

“叔耘兄目光如炬，我是无所遁逃了。好，真佛前面不说假。我承认，私下里，我的确是想将它们留下来。”

薛福成热情地看着他，鼓励他说下去，说出所有的心里话。

“我来镇海，已逾两年。我热爱这个地方。作为一省提督，我最大的心愿是保障它平安无事。这方面，我与叔耘兄的心是完全相通的。”

“对，说得好。”薛福成频频点头。

“天成我事。圣上遣叔耘兄来到了宁、镇。兄睿智非凡，对宁镇防御提出‘炮台、堵口、陆营三者相辅’的高见，我是感佩莫名，举双手赞成。”

“健翁啊，你怎么也会说这种话啊。”

“不，这是我心里话。当然，下面也是我的心里话。”欧阳利见稍稍一顿，放慢放重了语气，“只是我认为，我们现有的力量，还远远谈不到雄厚。”

薛福成插话说：

“啊，不会吧？镇口防务依仗健翁你大力整顿，声威已壮，今非昔比了。”

欧阳利见急遽地摇头。“炮台经杜丞用三合土等新法制建，又添了许多后膛炮，威力大增，尚可一战；陆营本是我朝长项，日久操练，士气也高，或许也能支持一二；但是水上，仅靠石块、木桩、沉船、水雷堵口一法，太令人不安了。夫要拒敌于口外，水上阻堵最为关键。石木等等，能挡得住法国人坚船利炮的冲击吗？水上正面，务需要有强大的火力压制。而现在我口内桩后，只有‘元凯’、‘超武’两艘木质老式小兵轮，全部火力是十六门火炮，且都是小口径的。”

“所以，健翁就看中了开济、南琛、南瑞三轮。”薛福成微笑着说。

“是啊，简直又是老天来助我的。这三轮可都是铁甲巡洋舰啊，威力一流。如果能得它们协助……”

“健翁深谋远虑，言之也有理。不过健翁啊，我可不得不提醒你，三轮新遭败退，其气不振，就算留之，也未必有益。”

“这个……”

薛福成站了起来，手扶欧阳右臂，语气越说越诚恳。“我和健翁共事时间并不长，实事求是说，还谈不上有什么深交。但健翁能将真实的想法坦诚相告，如此信任，叔耘我深表感激。我虽然不是蔺相如，但健翁你可实在是个当代廉颇。让我们再来演一出‘将相和’吧。”

“好!”欧阳利见双手一拍，也站了起来。

“你刚才说得好，共保宁、镇平安，是你我共同的心愿。健翁，这可要依赖你了。你经验老到，极有见地。如昨天的电函中，你建议曾帅令江阴其他兵轮开泊吴淞口外，以作接应。真乃老谋深算，计出万全，令人钦佩不已。健翁啊，时艰方棘，你独任其难，独当其冲，公忠之量，沉毅之气，实为叔耘我所望尘拜服而感愧交萦的啊。”

“道宪，我……”

“所以我要说，健翁所做的一切，都是为了更好地保境安民，光明磊落，肝胆照人。在这个大方向上，我们之间没有任何分歧。只是在具体措施上，我们的想法有些不同。健翁啊，我有一事想请教。保境安民的最佳情形，是否就是没有战争?”

“是啊。那当然是最好的了。”

“如果让三轮离去，法国人还有理由来进攻镇海吗?”

欧阳利见沉吟片刻，摇头道：“照目前的情况判断，这种可能性暂时不是很强。法人的战略重点在澎台。法舰之所以北上，主因是拦截我南洋援台舰队。”

“对啊！如果开济等三轮回吴淞去了，法国人也不会来了，那么我们的防御力量就算弱一点，也没有关系啊。”

欧阳利见哈哈大笑。“叔耘兄啊，我算是服了你了。好，我赞同你的意见，让三轮回吴淞去。那里力量强大，法国人不敢随便动手。”

“太好了，我们的意见终于一致了。”薛福成说。

欧阳利见亲切地看着他。“叔耘兄的良苦用心，真让我感动。你是上级，你下个令就行了，我敢公开抗命吗？却亲自来镇，作解释说明。相比之下，我与兄，真有天壤之别了。”

“我说过，我希望是真正的‘将相和’嘛。”

两双擎天的手，紧紧地握在了一起。

这天是2月26日，已经是3艘兵轮进口避难的第12天了。

异类请去

这完全是一群异类：相貌稀奇古怪，说话叽里咕噜。做的事情也莫名其妙，传播什么上帝的福音。另一群人则携带着枪炮，轰啊，打啊……

他们来自遥远的西方。他们的故乡法兰西曾经是光辉灿烂的。灿烂的文学，灿烂的艺术，一大批天才如群星闪耀。

但是出现在甬江两岸的这一群人，却属鸡鸣狗盗之辈。他们不受欢迎。

那么，请吧，你们必须离开。

22. 汤圆缺了角

光绪十一年（1885 年）2 月 26 日，是一个让人心情舒畅的日子。气温很高。和煦的阳光下，熬过寒冬，最早带上绿意的田叶和长毛草，舒展着绿茸茸的叶子；地面是滋润的；一团团小飞虫，在蓬草丛的上空，翻腾着各种筋斗。——所有的迹象都表明着，蛰伏了一冬的地气，已经醒动。

春天，即将来临了。

两道电报，自上海发出，落在了宁、镇营务处的案上。杜冠英阅读后，顿时眼角眉梢都是笑，觉得这些电报，温暖如同春风。第一份来电的是开济轮头目。其由杜冠英指派，搭洋人商船，离开宁波北上，实际使命是探路。今天他的电报说，据他实地探察，自镇海至吴淞，并无法舰踪迹。另一份则是江苏候补道龚照瑗发来的。他说他已奉命派“威利”号轮船南下接应，昨天未时动身，晚泊大戢山，准今天十二点到达镇海。看来，曾九帅已经接受了欧阳提督的建议。不过，派来的是一艘轮船，这使回沪行动有了伪装的味道。

好了，不管怎样，反正一件大事可以了结了，南洋3轮将可以顺利离开。尽管他和欧阳利见一样，希望3轮能留镇助防。但是权衡再三，还是觉得以离开为上策。再说，朝廷、曾帅、抚帅、道宪，都是这种意见，他不能反对，也不想公开反对。

作为军人，他选择了服从，也就选择了理智和现实。

接到上述两电后，杜冠英立即向南岸的欧阳利见作了书面报告。

他没料到，接报后，欧阳提督便马上过江来了。

他更没料到，同来的还有薛道宪。

他不知道他们已经有过一番推心置腹的长谈。但从他们开朗的脸上，他也看出两位上司的心情很好。这让他感到分外的高兴。

“道宪，你什么时候来的镇海？提军门，你怎么亲自过江了？”

欧阳和薛都哈哈大笑。

“来看看你杜丞啊。你带来了这么好的消息。”欧阳利见说。

"怎么，军门你……"

"我通了，道宪把我说通了。我完全赞成三轮回去。"

薛福成捋须笑道：

"提军门襟怀如海，心中唯有大局，哪里用得着我的说辞呢。健翁，你就下令吧，让吴统领他们做好所有准备，俟'威利'号一到，便可随潮出口。不，还是我们一块儿去看看他们吧。"

"好主意！"

夜幕一分分地加厚，潮位也在一寸一寸地增高。到了十点整，水位终于涨到了最高点。庞然大物般的三艘巡洋舰，拥有了足够的水深。三声长笛后，高大的舰上烟囱浓烟滚滚，在"威利"号的陪伴下，三舰缓缓地，然后是越来越迅速地消失于茫茫的海天中。

所有人的心弦一下都放松了。特别是宁、镇的老百姓，旬日以来，因受战争乌云的笼罩，许多百姓提心吊胆，卧不安枕，有的甚至移避他乡。这个新年，真是倒霉透了。

现在乌云散去、战争淡远，百姓们恍然记起，年还没有过完哩。26日，农历为正月十三，再过两天，便是与春节意义不相上下的元宵佳节。春节没过舒意，要好好在元宵节里补一补了。

因此，在许多镇海人的心目中，1885年的元宵节，将会以镇海历史上最隆重、最热闹的面貌出现。事实上，他们也是做了这样的准备的。他们购置了大量能增添热闹气氛的各色鞭炮，又捏搓了许多象征着团圆和平安的汤圆。至于能工巧匠们，更是争分夺秒，制作了一批批龙灯、鱼灯、花灯和人物造型灯。

他们沉浸于对幸福欢乐的等待与希冀中。本来，在元宵夜吃一碗汤圆，放一通鞭炮，看一路彩灯，是他们寻常的习惯，也是他们理该拥有的生活权利。但在这一年，这一切却成了一种奢侈。正因如此，他们就备加珍惜了。

所以当他们在第二天的中午，看到三艘兵轮去而复回时，是何等的震撼啊。

所以当他们得知法国人的军舰，已经封锁了洋面，炮口已经对向镇海时，又是何等的愤怒啊！

但是，镇海的百姓并没有绝望。他们不约而同地行了空前绝后的一着：提前过元宵！

因而，历史将不仅记录正式爆发于第二天的中法战争镇海战役，也将记录这一个不是元宵节的元宵日：

一批批灯笼挂起来了；

一队队舞龙舞狮的上街了；

惊天动地的鞭炮响起来了；

同时，一锅锅的汤圆也煮熟了，但是他们没有立即吃。他们抬着它上了招宝山，上了金鸡山，上了每一个有部队驻守的地方。他们和士兵们一道吃了1885年元宵节的汤圆。

他们用这种方式，将自己也变成了抗击法国侵略者的战士。他们要狠揍这些和平的破坏者、幸福的毁坏者！

23. 誓与此口共存亡

“开济”号兵轮是大清船政局于1883年建造的，其威力和速度要稍逊于第二年自德国购入的“南琛”和“南瑞”号。不过由于是本国“土产”的，吴安康对其有特殊的感情，使用起来也放心，遂将之做了自己的旗舰。

但是发生于2月13日的那场惊心动魄的追逐战，使吴安康对自己的选择后悔得大跺其脚。“南琛”、“南瑞”的速度，比法舰“凯旋”号、“巴雅”号还要快，“开济”号拼死也跟不上。要不是一场大雾救了命，还不知结局如何呢？

因此当26日夜里，三轮离开镇海，驶回吴淞时，吴安康便将旗舰换成了“南琛”号。“南琛”号的管带是记名总兵袁九皋。他见吴统领上了自己的军舰，顿觉脸上有光，趋前奉后，十分殷勤。

舰队以急行军速度，在东海茫茫洋面上破浪前进。海面是寂静的。因离农历十五还有三天，月亮并不是囫囵圆，但却已是十分的明亮。只是早春寒月的朗照充满了凉意，它使海面分外寂静，也使行进中的舰队带上了凝重的孤独。

吴安康在指挥台上假寐。他坚决地拒绝了袁九皋要他进舰长室休息的请求。他哪有心思休息呢？虽说各路情报都表明，孤拔的舰队已经南下，这一路赴吴淞的航程，应该不具风险。但从直觉上，吴安康总认为，法舰像一条条血腥鲨鱼，潜伏在大海的某一处，随时都会猛扑过来。

所以他不断地提醒自己，在到达吴淞之前，必须保持十二分的警觉。他再也不能有所差错了。他已经丢了两条军舰。虽然到目前为止，曾国荃大帅还未加训斥，反而还曾于“驭远”、“澄庆”二轮遭损后的第三天，来过一份安慰电，说“所幸三船入口，犹为不幸之大幸。大洋中风雨兼雾，猝然遇法九船，相顾诚难”，并表示“一切皆荃任，当放心”，主动承担了责任。但是吴安康明白，这种“安慰”和“揽责”，是建立在他能带三船“乘隙稳慎驶回”的大前提上面的。如果在回程路上，三船特别是“南琛”、“南瑞”二舰，去年八月底才刚从德国购得，若再有损失，那结局……吴安康一个冷颤，他已不敢再想下去了。

一程程水路过去。钢铁的舰首劈开海水，劈开黑暗，但不知是否也能劈开危险？东方渐渐地泛白了。消逝的总算是个平安夜。随着万道霞光铺满东方的天空，27 日这个晴朗的日子，从海平线上一跃而起。阳光照着粼粼的海面，照着乌黑的舰体，也照着舰上沉默肃然的南洋水兵们。吴安康起身活动活动四肢。他那苍白疲倦的脸上，开始有了一丝的笑意。

又一个上午无惊无险地捱过。经这一整夜零半天的航行，舰队即将离开浙江海面，马上就要进入江苏地段了。吴淞口已经在感觉上遥遥在望。吴安康和水兵们开始轻松起来。

噩耗般的坏消息是在这天（27 日）的中午时分传到舰队的。他们遇上了一条商船。这条商船和"威利"号轮船有过业务上的来往。因而吴安康们得以被告知：

"——前方大戢山洋面，有六艘（注：据资料，实为 4 艘）法国大军舰！"

又是大戢山！吴安康没有忘记，半个来月前，孤拔的舰队就是通过大戢山上的电台，与上海方面进行联系后，才获知南洋援台舰队游泊三门湾这个准确情报的。如此说来，这大戢山岛简直像一个法奸，它专帮法国人的忙，而与中国南洋水师过不去。

"停止前进！"

吴安康发出了第一道指令。但接下来的指令，他不知该怎么发了。曾九帅数次电示，均嘱以"保全三轮为上策"。因而既然前面有法舰挡道，再撞上去绝对为愚蠢之举；那么绕道呢？理论上看这也许是个好主意，但怎么绕？从哪儿绕？回上海就是这么一条水道，难道能进入公海，经朝鲜半岛再回沪？就算真能保证平安，燃煤也大大的成问题。有这种续航能力的舰只，中国还没有呢。

最现实和安全的，就是退回镇海去！但吴安康一时还不敢拿这个主意。此时此刻，他是多么怀念那艘已经永远消失了的

“澄庆”号通讯舰！如果有它在，他就能利用舰上的通讯设备，向上峰请示进退，与有关方面进行联络了。

正当他犹豫不决、不敢拍板的时候，“开济”号和“南瑞”号倒有了动静。两位本来就力主留在镇海的管带徐传隆、徐长顺同时发来旗语。两徐的意见是完全一样的：

退守镇海！

于是，27日中午，3轮调转了行进的方向。“威利”号轮船则回上海复命。

这次又是逃命性质的了，3轮加快了速度。仅半天半夜的时间，深夜十二时，它们便到达了镇海口外不远处，那个名叫七里屿的地方。这是必经之路，我舰和法舰都对这个小岛异常熟悉。

吴安康下令暂泊。他要等候镇海方面的答复。不过这次他的等待费时并不长。经一番急电来往，上上下下很快便达成共识：让3轮退据口内。

因为已经没有时间可以商量了。闻到了气味的4艘法国军舰，在孤拔的亲自率领下，已经像猎狗一样，紧紧地撵了上来。

由于有守军的引导，尽管仍然是在夜里，3轮这次倒是顺顺当当地退入了桩内，既没有撞坏挂雷用的电线，更没有像上次那样狼狈地陷在桩丛里动弹不得。吴安康将3轮稍做安置后，就立即上岸准备向宁、镇营务处杜冠英报到。

但他没能去营务处，因为杜冠英就等候在岸边。他和三位管带被杜冠英带上了一条小艇。数分钟后，他们便已在南岸金鸡山上欧阳利见的提督府内了。

让吴安康们感到意外的是，宁绍台道薛福成也在提督府。

原来由于昨天顺利送走了3艘南洋兵轮，又和欧阳利见推心置腹相谈甚洽，薛福成十分高兴，竟没有回宁波，当夜与欧阳利见及几个将领大醉了一场。第二天一醒来，已是中午。吃了中饭，由欧阳利见陪着，视察了附近的一些防御据点。太阳西沉时，正准备回去，难以置信的情报到了：

——南洋三轮正在向镇海退回！

——法舰数艘正尾追而来！

“奈何，奈何！”薛福成对欧阳利见道，“健翁啊，看来此乃天意，镇海必将又一次要经历战火的劫难。既然如此，你我也就没有什么退路了，打就打吧！”

“好！老夫我戎马一生，盼的就是能有机会与洋夷再交一交手，以雪前耻！”

欧阳利见豪情勃发，犹如战马奋蹄、宝剑夜鸣。

因此当吴安康踏进提督府时，见到的两位主帅都是目光坚毅，意气飞扬，丝毫没有见责的味道，不由得大为宽心。

“提军门，薛道宪，我们三轮退回镇海，实在是迫不得已。在江浙海面交界处，我们遇上了一条商船。据船上人说，前面大戢山一带洋面，有六艘法舰游弋。我们以前的情报是，法舰都已南下，它们怎么会在大戢山出现呢？是以卑职有所怀疑。但卑职又想，开济等三轮，是我大清南洋水师之主力，曾帅几次电示以保全为上上策。我不能拿三轮的命运冒险。对商船提供之情报，宁可信其有，不敢信其无。”

欧阳利见频频点头，表示赞同其退回镇海之处置。

薛福成也说：

“吴统领的考虑是对的。曾帅的指示是‘乘隙回沪’，现在既然这个‘隙’有危险性，那么谨慎行事当是应该的了。”

杜冠英插话说：

“商船提供的情报是正确的，法舰的确在大戢山一带候着。

现在它们好像已经发现三轮在镇海，正向这里压来。”

“啊，真是天不亡我三轮！如果没有遇见那条商船，那……好险哪。”吴安康和三位管带面面相觑，吁了一口长气。

“只是我们现在还不能说，我们已经保全了三轮。”薛福成肃然道，“这要看我们这一仗打得如何了！如果打败了，我们失去的不仅是3艘兵轮，还有镇海；如果镇海沦陷了，接着会是宁波，会是整个浙江，会是我大清社稷的动荡！杜丞，欧阳军门，现在本职道完全赞同你们原来的意见，让三轮协防镇海！吴统领，三位管带，一旦法舰进犯，你们敢不敢和镇海守卫将士一道，起而应战？”

吴安康只觉一股热气，腾腾地从胸口升了起来。自1月18日率舰队离沪南下，一个多月来，战战兢兢，缩头缩尾，不敢挺进，更不敢迎战；躲在镇海口内，气也不敢喘一口，做足了乌龟。只是实力不济，无可奈何。现在隐身桩内，左右有强大炮台支援，夫复何惧！是以他挺前一步，代表三管带和全体水兵，庄严宣誓：

“吾三轮誓与此口共存亡，绝不内移一步！”

吴安康终于找回了一个中国第一代水兵的豪情。

“好！徵三兄，”薛福成非常满意，亲热地叫着吴安康的号。“太好了。镇海的防御如果能得你们舰上重炮相助，会更加固若金汤。欧阳军门，你就下令吧，南洋三舰现在归你指挥！”

“那，我就不让了。吴统领，南洋三轮泊于桩后半里处，做好战斗准备！”

“是！凛遵军门号令！”

吴安康们匆匆回去，指挥军舰进入战斗位置。

这时，东方已经发白，金鸡山后农舍里的雄鸡，也开始打鸣了。

“喔—喔—嗡——”

在所有镇海前线的将士耳里，这雄鸡的鸣叫简直如同一声声号角，让人血脉贲张！

24. 纵横捭阖

“欧阳军门，乘孤拔还没到，我要赶回宁波去。”

一夜未睡的薛福成脸色有些苍白，眼眶也略略发红，但仍是目光炯炯，精气四溢。

相比之下，欧阳利见连丝毫的倦意也看不出。尽管他的年龄要比薛福成大十多岁，但由于一生都在战场上跌打，风餐露宿惯了；加之又是大战压顶，职业军人的素质自然激发出许多的斗志。

“请道宪放心。镇海方面将一切按部就班。我们以前的辛勤备战，今天终于要发挥大作用了！孤拔不来则已，若胆敢来犯，定要叫他后悔一生！”

“来，孤拔是肯定要来的。不过，他来了，不等于说，绝对就会爆发战争。健翁啊，”薛福成又换了称呼，使下面的谈话带上了知己交流一般的味道，“说实话，我到现在为止，还是希望能免一战。我急着赶回宁波，就是想做最后的外交努力。但是，”他忽然又提高了声音，“这只是一种外交努力而已。镇海方面的应战准备丝毫不能放松。要做到真的打起来，我们不但不怕，还要极力争取打赢。”

“对，我们要作好两手准备。”

“说得好，两手准备！健翁，现在你和我，就是这两只手。

你在镇海挡着，我在宁波努力。如果外交失败了，我就为你清理后方，把在宁波的那些法国传教士通通请出去。这些人非我同类，不得不防！"

急匆匆回到宁波，发现居民们已经听到了战争将临的消息，大街小巷充满了惶恐的气氛。这不行，后方无论如何要稳定。但现在薛福成顾不上这些。他将这个安抚民心的事情，交给了宁波知府宗源瀚去处理。自己则摒除杂务，深思竭虑于如何可"以夷制夷"，即利用洋人间的矛盾，来牵制法舰，俾使能消弭战端于未启。

薛福成这种想法由来已久，并且也做过种种努力。这使他得以成为中国历史上第一代具有清晰外交意识的人，所以战后的他逐渐成为晚清最为杰出的外交家之一，自也在情理之中。

在前面的章节中，我们曾经介绍过，薛福成在李鸿章幕府时，主要协助处理洋务事件。对俄，对日，对英，对美，他都涉及过；对法，也并不陌生。他那时候所撰写的重要文告和海防建议，也都与洋务有关。所以当他于1884年2月初出任宁绍台道时，自然也把这种外交意识带到了宁、镇。

在他的筹防策略中，就蕴含了这种外交因素。欧阳利见坚持"镇海、定海两重点论"，而他薛福成则强调镇海防御，几乎很少提及定海。因为在那个时候，他已经有了"利用英国来牵制法国，以保定海"的外交想法。到了这年的8月24日，他将这种杰出的创见性想法撰写成报告，秘密呈送给洋务派首领，当时全权负责与法谈判的北洋大臣李鸿章和南洋大臣曾国荃。

"……唯定海一区系宁、镇屏蔽，孤悬海外，港口纷歧，地形复杂。虽有贞字等营扼要驻防，却乏兵轮协助。其锁南北洋要喉，四面受敌，为必争之地。欲求设防周密，仓促间，殊无良法。"

那该怎么办呢?

“职道向闻道光二十六年(1846 年),中国与英国互立保护舟山条约五款。其第三款有,‘中国依允英国之兵退出舟山以后,亦不将舟山让与别国’;第四款有,‘英国依允嗣后有别国攻打舟山一带地方,英国必为保护,务当将舟山送还中国。此事系两国交谊友好,不需中国出钱’等语。查舟山紧邻上海,且逼近长江口外。若一旦有事而被他国侵占,则于英之香港商务与东方贸易,最有妨碍。英若不守第四款之约,则我亦不守第三款之约。两国之损益得失,实无甚轩轻。立约之初,具有深意,揆之公法,自应永远遵守。”

薛福成认为中英合约是对双方权利和义务的限定,英国人没有理由不践诺。接着,他又深刻地指出:

“英为著名大国,必不甘心让法而自废前约,以示弱于欧洲。……若能得英船一二停泊于舟山,并以前约照会法国,法人恐开衅于英,必会有所顾忌。”

这种分析真是入木三分。事实也是如此。英法虽同为欧洲资本主义国家,但在争夺殖民地的斗争中,积怨甚深,几近水火;而在综合国力上,法又远逊于英。这样,法国在对华战争中,如果涉及到英国人的利益,必然会顾忌重重。

有鉴于此,大局观在胸的薛福成,郑重向李、曾两位大帅建议:

“似应将此约照会英国公使,请其照约办理。万一彼未能遵行,亦可杜英人将来之藉口,于我固无加损。……伏乞中堂、宪台俯赐咨明总理各国事务衙门查案,酌夺施行。大局幸甚!”

薛福成这种“形格势禁之法”的提出,绝不是突然的心血来潮,而是基于一个“眼观四路之战略家”的精思密虑。自到宁波赴任后不久,他便看清了一个基本的事实:宁、镇的防御力量大大不足，糟糕的是，这种情况在好长一个时期内，根本不能完全解决。因为最近十数年来，国家迭经外患（道光年间，英人入寇；咸丰十年，英法联导天津之变）内乱（太平军、捻军），已是千洞百孔。现在是筹粮难，筹饷难，募勇更难！我们已经指出，他之所以无法赞同欧阳利见“四面设防”的意见，这也是主要原因之一。

镇海为宁波咽喉，自是防御重点。那么定海呢？薛福成当然明白其地理价值。道光、咸丰两次洋人入侵，都是先占定海，尔后北入长江、南取香港；或屯兵定海，以顾后路。所以它不但是浙江一省之藩篱，也实为中国海疆全局之关键。既然如此，最佳的方案是，合南洋数省之全力，练水师一大支，长驻定海，则可以左顾右盼，着着争先了。否则，至少也得有强力兵轮五六艘，多筑新式炮台，辅以水雷，镇以劲旅，广储煤粮弹药，或许可以固守。如果兵力、饷力既然不够，那么近人魏源等皆谓定海宜弃不宜守，其所据亦强。但是薛福成完全意识到，若我一旦真的弃守，法国人必然会趁机占之，于此屯兵、屯粮、屯煤，盘踞经营，将来北犯天津、烟台，西扰长江诸埠，皆可以此为根据地。这样，定海恐大为南北洋诸省的肘腋之忧，因此弃守又断断不可。

在这种情况下，薛福成坚持认为，“拉英以制法”的策略是最佳的了。故而在向李、曾密陈己见的报告中，薛福成还在文末增添了一大段。在他看来，这种策略不但是尤为必要的，而且还存在着很大的可行性。

“职道抵任后，窃尝留心察访。听说英国领事曾与税务司谈及此事，据称去年英商恐中法战开有损他们的商务，想起道光年间英与中国签有愿保护舟山以免损坏香港、上海商局之约，即具文禀告香港总督，咨询外务部门。不久后他们接到答复称，仍可照前约办理。不过英国政府为慎重计，又将此约交国际法专家查议。专家的看法却是否定的，因为立约后的咸丰年间，中英又开战，复有天津立约。按照国际惯例，两国失和后，立有新法，如未声明前约仍然照行，则前约皆废，故助保定海之说应做废纸。云云。

“职道揣摩英国政府的用意，并非不想践约，只是见法人强横，恐因此而启衅端，不能不预筹推诿之说罢了。因此昨天我专门拜访了英领事，向他分析了在中国的外洋商务中，英实居其八九；且定海处香港、上海之间，与英关系最大。英领事固威林听了深以为然，只是说官居微小，未敢擅权，也建议我先禀咨总理衙门，由总理衙门照会英国政府，最为妥便。因此我想如果英人能得中国一照会，也可有辞以告法人，法不得以‘与英无干’四字拒之。这样，或许能使英、法私下达成协议：法应允不扰定海，英也答应不明为保护之。如此，则于定海也不为无益。不揣固陋，缕告密陈。”

后来的事实证明，薛福成的分析是非常正确的。

这样，我方就可以将有限的防御力量捏成一个拳头，重点布置于镇海！

薛福成深知外交的重要性，又身具战略家的韬略。所以他人虽在宁、镇，眼光却始终注视着中法战争的全局，甚至是全球。

1884 年 8 月下旬，法舰在马江突袭我福建水师成功，沉“扬武”等七舰，毁马尾船厂，但其自身的燃煤、弹药等几乎也损耗殆尽，急需补充。远在宁波的薛福成敏感地意识到，正在发生些什么，立即于 9 月 2 日向刘秉璋发了一份电报，请求这位抚帅建议总署，照会各国“勿济法船”。电报说：

听说法船现已退泊闽口外百里之马祖岛，修船装煤，兼添食物，颇有各洋船接济。洋人辩解说，本当恪守局外之例，不接济法船，只因未接中国照会，固可从权。因此拟求抚宪电请总署，照会各国置身局外，勿以煤、米、火药、军器接济法船。并令洋商大东、大北公司不要为法军转递电报，以断其呼应。该公司立有合同，沾我利益，似可就范。

这则电报，从内容来看，真应了一句俗语，“狗咬耗子，多管闲事”。这本是朝廷的事，总署的事，更是闽浙总督的事，福建、台湾巡抚的事。你一个远在千里之外的宁绍台道瞎操什么心，你管得了吗?

但薛福成就是要“操心”，就是要“管”，并且还乐此不疲!

——1885 年 2 月中旬，我南洋援台舰队遭法舰围攻，他不顾身份，于 16 日致电福州，建议福建台湾方面趁机急攻基隆。

——2 月下旬，孤拔奉行封锁战略，禁运漕米。24 日，旨令李鸿章、曾国荃、刘秉璋等迅速研究提供对策。本没有份的薛福成又于 25 日致电李鸿章，建议电商英、美各使，拒绝法国在吴淞口搜船。

等等。

然而，就是这些越俎代庖式的瞎操心、不符身份的多管，却给我们凸现了一个外交家兼战略家的绰约风姿。因此，通过英人来遏制法国以保定海的思想，是他的思维逻辑的必然。

薛福成的努力没有付诸东流，英国终于半推半就地接受中方的要求了。证据是，1885 年 2 月 28 日下午三点多，上海电报总局突然来电，告诉薛福成，刚才驻沪英领事派人来探问，普陀山有法兵占驻的情报可不可靠？来人还说，普陀山系舟山属地，舟山归英保护，如情况属实，他们可出兵加以驱逐，云云。当然，后来薛福成查明，这只是渔民的误传，不过已经足够让他感到高兴了：定海有保障了。

但是，镇海的危险却正迫在眉睫。还有没有外交方面的最后一丝希望？尽管知道这几乎是不可能，然而薛福成还要尽人事，他又一次起草建议电……

25. 请移尊步

电报带着薛福成的愿望，飞向杭州、上海、北京，但务实的他没有丝毫的幻想，更没有坐着等待。他开始整顿后方，一扫帚一扫帚地为整个战争扫清基地里的各种障碍物。

最大的一个障碍性东西，就是居住在宁波城内的为数不少的法国传教士。薛福成一直视他们为某种隐患和很大程度上的后方不稳定因素，这与他对在北京的北堂的反感有关。所谓北堂指的是位于中西海蚕池口的法国天主教堂，是法国传教士在中国的大本营。薛福成知道，在大清朝初期将法国天主教传入中国的传教士们，还是为大清政府做过一些好事的，如传教士张诚还在签订《尼布楚条约》时尽过力；大清也对他们给予嘉奖，特别是康熙三十二年（1693年），康熙帝赐皇城内的广厦一所给他们，并钦名为救世堂，作为对这些传教士功绩的奖励。过了10年，又同意了他们的请求，在救世堂周围建成了大堂（即俗称的北堂），康熙帝亲笔题写了《敕建天主堂》的匾额和对联。但是，薛福成更是知道，现在朝廷对他们这批人，已经常常要皱眉头了。这起因于传教士们的不知足和飞扬跋扈。好客的康熙大帝只有一个，以后的圣上可不那么好说话了。不信邪的道光皇帝竟然还下令籍没北堂，拆除堂屋，变卖地基。尽管第二次鸦片战争后，法国人仗着自己是战胜者，在与清朝签订的《北京条约》中特地加上“归还北堂，予以重建”的条款，新的北堂也真的于4年后建成，并建得远胜于昔，仅教堂的钟楼就高达8丈4尺（合约28米），但是，这并不是什么友好的象征。因为这不但是武力的产物，让朝廷有一种耻辱感；更由于它位于西苑宫掖之邻，建筑物体大顶高，俯瞰禁苑，一览无遗，如视掌中，慈禧太后和朝廷深以为患，几次交涉，要求他们搬迁，均遭拒绝（最后直到这次中法之战后，法国人感到了大清的力量，才同意迁出，当然是要了赔偿的天价，结果朝廷共耗银三十余万两）。

因此薛福成完全明了朝廷对这些法国传教士的态度，他在宁波自是对他们也毫不客气。早在中法开始正式开战不久的1884年的8月，他接到密报说，在宁波辖区内的法国传教士不安本职，蠢蠢欲动；另有绅士传言，传教士们还藏匿大炮，以做内变。同时又接报，定海的法国传教士在他们所拥有的7处教堂内，纠集了数百人，几乎天天进行军事操练，来复枪的射击声让百姓们提心吊胆。很显然，他们的目的是配合将来法军的进攻。薛福成毫不怀疑这些情报的可靠性，因此他立即采取了对策，提笔给英国驻甬领事固威林写了一封有礼有节而又态度明确强硬的照会。为什么要给固威林发照会呢？因为当时中法是交战的双方，外交已断，法国在宁波的侨务等由英国领事代理。照会说：

“在目前中法兵船业已开仗的情况下，法国商民及天主教堂内教士人员仍散居宁波城内各处，恐怕是很不适宜了，因为这会招引本地人民的愤怒，易滋事端。因此烦请贵领事转饬法国商民、教士，如有住在宁波城内外一带，立即携带家属、家具、杂物一并移往甬江北岸，以便稽查和保护。本道此举，乃是为了绥靖商民兼顾大局，贵领事贤明夙著，必能加以体会吧。”

照会于25日发出后，薛福成坐在宁绍台兵道衙门内静观其变。他料知这些“天主的子民们”必有一番挣扎和表演，而从中，他又可以进一步核实原来情报的可靠性。果然，对方的反应以出乎意料的快捷速度和激烈程度接踵而来了。第二天，他迭接法国天主教浙江省主教赵保禄的两封来函。当然，这两封来函也是通过固威林转递的。赵先是拒绝，理由是“人口不便迁移”；接着又以退为进，要求说，如果中方执意如此，那也不能以照会示令，应该互相协商，云云。薛福成一眼看穿对方行的是“拖延计”。这赵保禄虽然名为一省主教，实则长期住在宁波，而且他竟然把主教堂也带到宁波来了。说明宁波方面，早就成为法国政府侵华蓝图上的重要目标。赵保禄想拖，赖着不肯走，就是为了等待时机的到来啊，这正暴露了他们的确是想有所谋图。薛福成微微一笑。他成竹在胸，要继续借助外交手段，击碎这些图谋。

“看来有必要重申本道的初衷。”27日，他起草了给固威林并请转赵保禄的第二封外交文书。“本道认为中法既已开战，这些法国传教士、商民等很难得到像战前一样的保护。若让他们继续散住各处，难保无谣言煽惑，致百姓含怒寻仇。本道考虑到此次衅端与他们这些侨民无关，觉得应当予以优待。是以函请贵领事转令他们迁往甬江北岸，得与其他国家的商民一起，共同获得保护。此乃本道格外宽厚之意啊。”

薛福成写完了这末一句，不禁莞尔。遗憾的是洋夷智性愚钝，也许看不懂这种皮里阳秋的笔法。因此接下去他笔锋一转，抛开文雅，变得无赖起来：

“倘若这些教士们不肯迁移，也行，本道并不勉强。但是必须说明的是，本道同时也无法承担保护之责了。那么将来若有什么危险之事发生，譬如百姓一时愤怒，不管教士们是否是善人，起而与之为难，甚或出现些击门辱骂之类的事情，本道可不方便出面弹压了，希望这些教士们也不要来找本道寻求什么保护。这可不是我的虚拟恐吓。须知众怒难犯，就算西洋各国，也常有这种不能弹压百姓之事发生的。”

当然，薛福成自是明白软硬结合的张弛之道，因此在吓了他们一通之后，立即又回到了原处，继续进行“诱劝”：

“故请贵领事转致赵主教，上上策是教率众迁往江北岸，这样，既能团聚一处，又能得到中国军队的保护，必可安全。请他早为之计，切勿自误。可不要负了本道的一番美意。”

不料赵保禄软硬不吃，就是赖着不挪身。这次他搬出了一个新的理由。理由来自大清朝的圣上。圣上曾于几天前（8 月 26 日，农历七月初六）颁发过一道“法国官商教民等愿留内地安分守业者，一律保护”的谕旨。这道谕旨现在让赵保禄知晓了，视同救命稻草，立即搬来与薛福成论理。机敏过人的薛福成并没有被难倒，他做了精妙绝伦的答复：

“此乃我们国家（对法人）格外优厚之意。本道之所以代为教主预谋必处安全之地者，就是为了落实这‘保卫’二字！另外，圣恩所沐是为‘安分守己者’。法国官商教民既然自称愿留中国，那么应当尊敬官长，恪遵约束，方可谓之安分守己。不知赵主教以为然否？”

这下将赵保禄噎得无话可说，他所盼望的法国军舰又迟迟没有北上，无可奈何中，只得于 1884 年 9 月 2 日傍晚六点时分，率法国所有在宁波的男女老少，迁到了中方指定的甬江北岸。

一个月后，经“笔舌兼施，刚柔互用”，在定海的教民终于也迁到了大陆。

这样，薛福成成功运用外交途径，兵不血刃地解决了战争爆发后极有可能成为隐患的不安定因素。

现在，战争真的来临了。这些法国人是否老实？

薛福成不顾劳累和安危，亲赴江北巡视；同时命令明为保护实则监视的守军，要提高百倍警惕。法国人若有异状，立即强硬制止，绝不能有所顾虑。

在宁波城内，除了法国人，还有英国人、美国人等等。薛福成马不停蹄地斡旋于各领事馆之间，想方设法为中国赢得更多的朋友和道义上的支持。

薛福成就这样兢兢业业、始终不懈地奋斗在对绝大多数中国官员来说，还是非常陌生和不习惯的外交线上。

第五章

陆海一握手

时光的波涛荡涤着昔日的刀光剑影，镇海关的古战场已成了人流如织的旅游胜地。

地处东海前沿的镇海并不是一座很大的城镇，然而，在我国历史特别是近代史上，却大大地有名。“三分天注定，七分靠打拼”。从地理位置上说，镇海固然是浙东门户，宁波咽喉，东海沿海之军事要冲，然而，不经历激烈的战火洗礼，镇海也不可能有这么大的名气。

镇海抗法保卫战，是中法战争中的一次重要战役。军民合力，陆海联防，组成了一道团结抗敌的长城。“坚壁不教烽隧入，重险巍然镇定闲”，抗击了装备精良的法国远东舰队的进攻，挫折了孤拔横行海上的凶焰，创造了近代史上弱者战胜强者的一个奇迹。

据曾随薛福成出使欧洲，后任荷兰使节的钱恂说，光绪十六年庚寅（1890年）（镇海）中法之战后，他多次游览欧洲，欧洲人碰到他总要谈及当年蛟川（镇海）事，如果法军不在蛟川受挫，则“战功”就难以估量了。孤拔的法军远东舰队在镇海碰得头破血流，留给那些欧人的只是一片落花流水春去也的无可奈何的心情。

“蛟门一战震全欧，铜关铁锁岳崔嵬”。面对历史，使我们拥有这样的机会：翻开岁月风尘蒙罩的档案文献，仔细地观察镇海抗法保卫战各个侧面的景致。闻一闻浓烈的硝烟，听一听激越的呐喊，看一看一张张鲜活的面容……

26. 虎蹲狼蹲

“放眼长天亦快哉，银涛万里盈胸来。”澎湃的甬江，突破招宝山和金鸡山紧扼的海门，忽地又遇到了一座岛屿横行拦截。那岛屿位于镇海口外中央水道，怪石嶙峋，酷似一只把守大门的猛虎静静地蹲伏在海面上，故名虎蹲岛。

虎蹲岛边来了一群张牙舞爪的狼。

1885年2月23日下午，4艘黑色三桅的大轮船冒着滚滚的浓烟，驶过青龙港，进入峙头洋，来到镇海口外七里屿的洋面。这便是尾随着中国南洋水师的3艘军舰而来的法国远东舰队的部分舰船阵容（见表2）。

旗舰“巴雅”号开足马力在浩茫的海面上掀起一片片浪沫子领头行驶，仿佛狼群之首在瀚海绝尘奔跑。后面跟着3艘法国舰船。舰队驶至游山与虎蹲之间，“巴雅”号发出了停止前进的信号。孤拔没有贸然直进。战术家的本能提醒他，面对关隘，谨慎行事才是一种应有的理智的选择。他站在甲板上，用望远镜细细地观察。他看到了右前方临海处突兀而起的一座孤峰，地图上标明那是招宝山。山上林木森森，不知那是什么树，冬末季节，仍是如此郁郁葱葱。树丛疏朗处，可见灰墙凛凛，那肯定是炮台所在了。他又将望远镜左移，在甬江的南侧，是连绵的群峦。最靠近水面的那座拔地而起的峰上，隐约也可见炮台，地图上说是金鸡山。两山对峙，拱卫着甬江的入口，多么险峻的关隘啊！

表2

舰名（法文及各种译名）	舰种	排水量（吨）	马力（匹）	时速（海里）	船员（人）	装备	
						后膛来福炮（口径厘米×门）	装甲（厘米）
La. Bayard 巴雅（巴夏尔、白耶尔）	铁甲巡洋舰（一说战列舰）	5881	4000	14	480	（口径不详）×14	
La，Triomphante 德利用芳（度仑方土、特降芳、凯旋号）	双筒三桅二等有炮廊铁甲巡洋舰（一说战列舰）	4176	4000	13	470	24×6 19×6 14×6 不明×1	15
La，Nielly 纽回利（尼埃利、尼爱里）	锥头木身三桅三等中头等巡洋舰	2200	2465	14		16×6 14×9	
La，Drac 答纳克（斗拉克、答腊克）	三等兵船（一说运输兼情报舰）	800	400		90		

招宝山与金鸡山阻挡了孤拔的视线，内江的景象无法看清楚。孤拔便命水兵巴士爬上桅端，向镇海港内眺望。巴士用望远

镜察看了一会儿，大声地向孤拔报告：“司令，港口障碍坝后停泊着中国两艘双烟囱的巡洋舰，还有一艘大巡洋舰和数艘炮舰、通讯舰。江面上还插着竹木之类稀奇古怪的东西，还飘着一面面红旗，挂着一盏盏灯……”

孤拔的胸中陡然涌起一阵狂喜。

大戢山岛电台与散布在沿海各地的法国传教士联手，消息真灵通啊！

“那不是中国南洋水师‘开济’、‘南琛’、‘南瑞’三舰么？嘿，只要你钻不入海底，飞不上云霄，停留在海面上，不管躲到哪个角落，总会现形的。”孤拔鼻子里发出了阴鸷的冷笑，“哼，看你逃到哪里去！”

日日夜夜苦苦捕捉，耗费了多少精力啊！如今猎物就在眼前，孤拔不禁牙痒痒的，恨不得立即猛扑过去，一口吞掉南洋3舰。

可此时，孤拔的心底却又隐隐地冒出了一丝不可名状的忧虑。

法国远东舰队日益虚弱疲惫，经过多次激战和无休止的往来奔驶，创伤和海损接近三分之一，麾下能运行的舰艇只有装甲舰4艘、一级巡洋舰5艘、二级巡洋舰3艘、三级巡洋舰3艘、炮舰2艘、鱼雷艇2艘。不少舰艇都带伤坚持，孤拔对封锁台湾广阔海域，保住基隆阵地及伤病员的驻地安全，已渐渐感到力不从心。

凭着眼前4艘法舰能一下子突破中国人所设的镇海防线么？

孤拔拿起望远镜，又仔细地打量着镇海关。

此刻，镇海关无声无息，似乎有一种深不可测的东西在弥漫。

金鸡山、招宝山上那些炮台并不可怕，可是据可靠情报告知，甬江底下有秘密堡垒，若是冒失闯入，兵舰羁绊绳网木石之中，一下不能脱身，又突遭水雷炮火袭击，那不是引火自焚么？

“慢慢吃！”孤拔这头巨狼虽然对南洋3舰垂涎三尺，可还得耐着性子。

一轮圆圆的月亮已高悬在海天，孤拔下了舰队的停泊令。

那群法兰西来的豺狼便在虎蹲山下蹲伏下来，积蓄着精力，准备发起惊雷疾电般猛扑，撕裂镇海关，吞噬南洋3舰……

27. 江横木石

孤拔毕竟是狡猾的老狐狸，他顾虑甬江水下堡垒，不敢鲁莽冲入是聪明的。如果法舰胆敢冒险进入，必将深陷泥潭，吃尽苦头。

镇海战役的中方指挥者薛福成、欧阳利见、杜冠英等确实在甬江筑起了坚固的水下堡垒。

他们缘何会想到堵塞甬江，那水下堡垒又是怎么筑成的呢？

正确的战斗部署来源于正确的判断。

1884年7月14日，薛福成来到宁波任上，他深知巩固镇海防务已迫在眉睫，坐未暖席，便风尘仆仆地奔赴镇海，亲自实地视察防务。

镇海口门，宽约200余丈（660米），南金鸡山，北招宝山遥遥相对，中间甬江滔滔奔流。虎蹲山兀峙其前，潮涨潮落均不易行驶，可称天险。这是镇海关防御海上来犯之敌的自然优势，但不能凭借这一优势而高枕无忧。

薛福成站在招宝山顶，久久地凝望着镇海关口门子，陷入了沉思。

“道宪，法舰船快炮大，如果进攻时越过炮火封锁线，突入口门，溯江长驱而上，宁波势必濒临陷落境地！”陪同视察地形的试用同知、宁镇营务处杜冠英的一语，说出了薛福成的忧虑。

“杜丞说得有理，鸦片战争时英军就是这样攻陷宁波的，前车之辙，后车之鉴呀！”

“甬江防守，一在炮台，二在陆兵，三在江口，我看封堵江口，阻敌突入这件事非办不可呀！”

薛福成连连点头说：“徵山兄见解高明，沉船、沉石、钉桩，堵住口子，确实是有力的防御措施，虽然不是说凭这就能拦住敌人，但敌舰受到木石绳网阻拦，延缓行进速度，炮台就可开炮轰击。可是敌舰大炮轰击炮台，舰活台呆，炮台往往被舰船击毁。炮台被毁，敌舰驶近口门就能拔掉堵口物登岸，那时只有靠陆军力量去拦截了。因此，防守的把握，陆营当得四成，炮台当得四成，堵口当得二成。”

“徵山兄，道宪大人分析精辟，中国既无得力水师，海口防务只能以炮台与堵口及陆营三者，相辅并行了。”

“刘中丞说得好，敌舰不入江口，胜添十营精勇啊！堵江之计，越快实施越好，你要多费心思了！”薛福成亲切地抚着杜冠英的肩膀说。

“道宪，镇海防务是卑职本分，甘愿效命！”

薛福成回到宁波后，召开了镇海防务会议，许多将领也认为堵住江口，密布水雷，招宝山、金鸡山架设大炮，港内侧停泊兵船进行阻挡，“可谓一夫当关，万夫莫开。”一致提议在法舰来犯前抢先堵塞江口。于是，薛福成在1884年7月23日慎重地向浙江巡抚刘秉璋发出关于镇海钉桩、堵口的请示函件：

> 职道遵于闰五月二十七日，驰赴镇海，先历招宝的炮台，审视口门，形势天然，实有可扼之险。查西人阻拒敌船之法，其用于水深之处者，曰浮炮台，曰浮筏，曰浮绳，曰冲拒；其用于水不甚深之处者，曰筑坝，曰沉船，曰沉石，曰钉桩。而岸上之炮台，与水中之水雷，则无论深浅，皆宜用之。招宝山与金鸡山口门之内，潮涨时水深2丈7尺，潮退时不过2丈，则以钉桩、沉船为较合法。……
>
> 至开办之始，尚须职道遵照公法条约，照会各国领事，谅彼族必无异辞也。是否有当，均候示遵。恭请钧安，伏维垂鉴。职道福成谨禀。

堵口计迅速获得了刘秉璋准许。

可堵口谈何容易。首先，一堵口子，会给宁波人民的生计带来麻烦；其次，宁波是“五口通商”口岸之一，与各国商业交往频繁，英、美、德、法等国在甬驻有领事。英国人掌握着海关税务司大权，钳制着宁波的财政。在镇海堵口设防，关系到各国在甬的利益，薛福成感到涉外关系中“稍失其宜，往往纳侮而为他日患”，因此，甬江堵口不仅是防务问题，也是极其敏感的政治、外交问题。这些都十分棘手，怎么妥善地料理呢？

薛福成从红木椅上站起来，情不自禁地在书房里踱来踱去，苦苦地思索着万全之策。

“禀报大人，英国领事固威林特来拜防。”

薛福成抬眼望一望窗外，月亮已挂在中天，深更半夜，那个英国佬有什么要紧事呢？他边想边让人叫“请”。

西装革履、风度翩翩的固威林提了根手杖来到薛福成面前，说话挺有礼貌：“尊敬的道台大人，这么晚来打扰，阁下不会责怪吧?”

“不，不要客气，贵领事夤夜莅临敝舍，不知有何教谕?”

“道台大人，外界纷纷传说，甬江出海口将被堵塞，这是事实么?”固威林用两指抬了抬金丝眼镜，目不转睛地瞅着薛福成的神色，郑重地说，“大英帝国与贵国政府1847年签订的《南京条约》清清楚楚规定，英吉利商船可以在宁波等五个口岸自由出入，贵方堵江可不能妨碍上述规定，阁下尊意如何?”

过早堵塞口门，会带来许多弊端，首先要影响镇、宁人民的生活，削弱防务的群众基础。其次要影响地方的财政收入，给妥协派以口实，使防务整个瓦解。例如，当法国舰队接近吴淞口时，守军曾扬言堵口，法国害怕由此引起各国反对法国，急电孤拔和巴德诺，要他们声明法国无意进攻上海。此后两广总督封闭珠江北支河道时，德国代办向大清总理衙门提出抗议，说两广总督无权封闭依条约开放的城市港口；英国公使巴夏礼也说：“在没有战争的时候，中国政府没有理由封闭广州。”在甬江口堵口，处理不当会给各国进行干涉以借口，反之，就有可能利用他们与法国的矛盾，给加强防御带来好处。

思绪缜密的薛福成清醒地意识到上述问题。

“堵江，只为阻拦法国兵舰入港，也是出于无奈，烦请阁下帮忙，向各国人士说清楚，给予谅解支持。目前正在筹划之中，不到开战时刻，不会妨碍各国商船自由进出。”薛福成不卑不亢耐心地解释，“当然，一旦开战，甬江口炮火交织，商船来往也不安全，并且根据国际惯例，堵塞江口也在情理之中，阁下说对吗?”

“唔，对呀，对呀!”固威林见薛福成说得头头是道，滴水不漏，无话可说，而且虚实已探听明白，警告的目的也已经达到，便起身告辞。

“咿呀”，家人打开中门，固威林招一招手，说声：“道宪大人，再见!”迈出了门槛。

薛福成心头蓦地一亮，愣愣地望着打开的门出神——

“招宝山和金鸡山之间，口门狭窄，除浅水40丈不计外，深阔处约60丈。何不像堂屋那样，两边木壁，中间开门——用梅花桩从两岸堵去，江心留一个10余丈宽的口子，供各国商船往来。为防战事瞬息变化，购置几艘旧的大船，满载石块，泊在江边，紧急时刻，才将大船沉江，塞住口子。这不是两全其美么?”想到这里，薛福成的心情陡然轻松起来，神采飞扬，满脸是兴奋的神色。

“来，快给我沏杯香茶!”

时近子夜，薛福成犹毫无睡意，摊开《甬江防务图》，细细地勾画起来，不觉东方欲晓。

尔后，薛福成又向英国领事固威林、美国领事司提文等发出照会，申明“堵塞海口系为保卫地方”，由于敌来仓猝，断难预料，先行告知：“嗣后无论何时，敌船一到即行沉船塞口，不再照会，以免贻误防务。”这样，既维护了防卫自主权，又照顾了英、美等国的利益和面子，并使自己在外交上取得了主动权。

“杜丞，堵口的重担压在你肩上了!”薛福成了结宁波外交事务后，立即驰往镇海，亲自将堵江图交给杜冠英，“这是关系到百万黎民生死存亡的大事啊!”

“道宪大人放心，杜某不惜身躯，只求江防牢固，一定尽心尽责!”

“雇用劳工，购置机器，请杜丞自己张罗。沉船需用20名水兵，由我调拨。”一切交代清楚，薛福成便辞别杜冠英回宁波。

史无前例的庞大的堵江工程付诸实施了!

江口潮流中挂起6排水雷，每排8枚，纵横相距10丈，水雷后是三重三杠流网。接着，进行木石填江设置。

“嘿唷——嘿唷——”的打桩吼声压过了甬江的涛声，一根根木桩插向江底。“以长三四丈，围四五尺之木，攒聚一丛，做方格形，其根深入泥层二丈多，上用铁链箍紧”，每丛相隔数尺或丈余，3000余支桩木横排水面。桩丛之间，41艘船只装满石块排沉桩缝。钉桩之处，昼则插旗，留桩一株，涨潮时伸出水面五六尺，用做标志。夜则悬灯，以示引船趋向。这些水中障碍稳固性高，纵深大，俨然水下城堡。

水下城堡前是严阵以待的南洋水师“南琛”、“南瑞”、“开济”3艘巡洋舰和福建水师的“超武”、“元凯”等兵轮。

杜冠英蓝巾裹头，布袍草履，身先士卒，披星赶月，风雨无阻地劳作在堵江工地上。眼看工程接近尾声，可一桩事沉沉地压在杜冠英的心头。中间留作商船出入之门的20丈江流未堵，准备沉江的几条旧舰已满载石块，泊在岸边。可一旦开战，十分紧迫，需要一条特大的船载石塞流，到哪里去办呢?向市场购求，需一大笔钱，到哪里去筹措呢?堵江经费匮乏，雇来的民工已做了许多义务工哩!

思虑再三，杜冠英向薛福成求援，要求置办一艘大船。

这艘大船就是“宝顺”号商船，它将以佳话的形象定格在“镇海之战”的史册上。

28. 暗阻“引水”

兵贵神速，孤拔至镇海关外缘何不在当天就开炮闯关呢？除了面对的是雄关险隘和坚强的水下堡垒外，还有一个重要的原因，就是缺乏熟悉甬江水道的领航员，以及镇海口内外无一引航标志。

战争双方胜负是由许多环节构成的，战场上刀对刀、枪对枪的浴血战斗毕竟是短暂的，有时片刻便见分晓。双方在战场后面的较量，往往比战场上搏杀时间更长，形式更复杂，内容更丰富。战争活剧的精彩与否同将帅们的品质和幕后应变的能力是密不可分的。

镇海保卫战中，我方暗阻外籍引水员为法舰领港，也是克敌制胜的一环。

光绪十年（1884 年）秋天，薛福成视察镇海防务，记名提督杨岐珍献计：“前英寇犯境，有汉奸为英舰领港，轻车熟路，直扑宁波。今法舰远道而来，不谙镇海的沙线、暗礁……如能设法使其无人引港，对保卫地方安全大有好处。”

然而，办这件事十分棘手，晓以利害，申明赏罚，严格禁止沿海渔民为法人领航，可以施行。然而，拦阻外籍引水员为法人领航是涉外问题，要讲究斗争策略。

鸦片战争后，外国人利用特权，可以在通商口岸任“引水”（领港员）。这不但侵犯中国主权，尤其在发生中外冲突时，外籍引水员更成为一种威胁。所以，在法舰扑向镇海之前，浙江巡抚刘秉璋已函饬薛福成，设法暗阻敌船引水。甬江湾急流湍，乍一看去，水势荡荡，可水下潜伏着流沙，瞬息即变。鸦片战争时，英国运输船“风鸢”号，就是被黑水党弟兄，引入甬江险恶的暗沙区，陷入软沙而无法动弹，28 名英兵都被中国人生擒活捉，无一漏网。没有熟谙甬江复杂航道的“引水”，法舰是很难进来的。可制止外籍“引水”上法舰，要有理有节，斗智斗勇。

“西翁兄说得对。”薛福成对将领说话的口气总是那么亲切而尊重，“本年六月初一日（1884 年 7 月 22 日），我接到刘中丞暗阻敌船海口引水的钧谕，已着手办理此事。”

早期资产阶级维新思想家薛福成足智多谋，不愧是斗争艺术高超的卓越的外交家。

薛福成对上海、宁波等地有多少外籍引水员了如指掌，为阻止他们给法舰领港，做了周密部署。他抓往要害，从大处着眼。根据英人在甬商业利益最多和英商心理，他与浙海关代办税务司英人纪默理和英国领事固威林等密商，如果英人领港引法船到口，那么宁波兵民必然迁怒于英商，那时，“本道虽晓谕而不听，欲保护而无从矣！”要他们电致驻沪英总领事，尽速设法撤回法舰之引水人。虽然固威林、纪默理等否认英人为法舰任领港之事，但他们终于致书驻沪总领事，阻止英人接受法船招诱。税司谕令宁波的英籍引水员嗣后凡遇到别国船只仍照常引带，见有法国旗号之船不得受雇。

薛福成又从小处着手，逐个落实，不使外籍引水员上法船。宁波有英籍引水员必得生、师密士，领有执照，常驾小船在镇海口外游行，以备雇用。税司虽然通知他们不得为法船引水，可他们在海上为法人所逼，不得不遵；或许以重金，暗为引带，仍有可能为法船效劳。如果撤销执照，禁止他们出海，会引起各国领事反对，于是，薛福成暗地以每月洋银一百五十圆厚金雇定，交杜冠英差用。

孤拔也曾雇到原江天商轮大副美国人根宁汗为法舰引水。薛福成便照会美驻甬领事司提文，请即“电致驻沪总领事，设法撤回……且使宁郡兵民不怨及美商，地方官亦易于保护”。他明知撤回不易，这么做是为“绝后来之受雇”。听说美领事向北京发电，“恐其捏造异说，稍为所摇则松劲矣”。他又急电刘秉璋并请转电总理衙门。“以此意告之”。

反复较量，终于使孤拔出价六万法郎“引水”美梦成了泡影，无一名外籍引水员上镇海关外的法船。

在外交上，那个“海上猛虎”孤拔远不是薛福成对手。

不给法船引水员，也不给法船导航标志，掷给法舰一片茫无头绪的海域。

薛福成听取了杨岐珍和杜冠英的建议，决定撤去镇海口外灯塔和航标。然而，1858 年《中英天津条约》规定：“通商各口分设浮桩、号船、塔标、望楼由领事馆与地方官会同酌视建造”；1868 年又在海关税务司下成立海务科、专司建设与管理沿海、内河灯塔、灯船、浮标及各项航行标记等事宜，镇海口于 1868 年和 1872 年先后在虎蹲山、七里屿和屿心脑等地建造了灯塔，并由洋人管理。因此，撤除灯塔航标这个本来属于中国内政之事。也变成一个涉外的问题了。鸦片战争后的中国官员，碰到这类问题够头痛了，可到了薛福成手里解决这些难题游刃有余。

薛福成对策是一边说理，一边动手，雷厉风行。他在 1885 年 2 月 13 日照会浙海关税务司英人葛显礼，要他迅即传电镇海七里屿、虎蹲山及定海小龟山、屿心脑等处看守灯塔的洋人撤去灯塔，同时，命令部下动手拆除口外暗礁上的航标。2月21日，再次照会葛显礼，通知他航标已“逐渐收净”，让他“存案备查”。前后不到10天，镇海口内外灯塔、航标一概撤尽，迅速果断，既坚持了防卫自主权，又按照外交惯例慎重处理，无懈可击。

没有灯塔和航标，犯境的法舰成了盲者。孤拔舰队到了镇海口外，能不犹豫徘徊么？

29. 并力一击

停泊在七里屿洋面，蹲在虎蹲山边的法舰给镇海的元宵节笼罩了浓黑的阴影。

往年镇海正月十三上灯，十五正元宵，十八落灯，好热闹啊！晚间孩童提灯出游，大街小巷串船灯，舞“大头和尚”，处处洋溢着欢乐的气氛。最热闹的是跑马灯，二十四个身体强健的儿童出场，十二个充马将，十二个掌灯，作为马夫。马将头裹包巾，戴上金盔，身穿排扣褂——马甲，腰缠马胄，着红裤、白布袜、网鞋，气概英武；马夫装束似马将，头上插着一朵碗大绒花，气宇轩昂。锣鼓声中，马灯队缓步快跑，变换着梅花阵、八卦阵。鼓声一转，笛声继起，全队马灯手开始唱马灯调。最后，由一名马夫作特技表演，疾升竹竿，上下翻滚，凌虚御风，赢得一阵阵喝彩声。

镇海城关马灯队已于去年十二月下旬发出红帖，通知大户人家，约定今春元宵跑马灯奉敬。可眼前，人们没那份心思了。豺狼就在门口，不知什么时候猛扑过来，要专心提防，不放鞭炮不挂灯，镇海城内外一片漆黑。只有一队队士兵在港内巡逻。

浙江提督欧阳利见于正月十四日下午两点钟接到千总刘昌正报告：有4艘黑色三桅法船从青龙港驶来，进入峙头洋。他便火速飞报宁绍台兵备道，片刻，又有镇海渔民来报，有4艘法国军舰驶入七里屿洋面。欧阳利见一边函商杨岐珍、吴安康、杜冠英、钱玉兴以及地方官进行临战部署。一边谕令各炮、兵轮，“必计弹可及敌船时，即行轰击，不准开一空炮。”一个统帅在战斗即将打响之前，就下达这样明确的命令，没有很大的勇气和自信是做不到的。

大敌当前，欧阳利见带领帮办营务人员亲驻金鸡山第一线指挥部。

欧阳利见看到协守镇海关的南洋3舰只用前锚碇泊，船只随着潮流打转，便对统领吴安康说：“徵三兄，前车之鉴，后事之师，马江战役的惨痛教训不可忘记啊！”

欧阳利见诚挚地与吴安康认真恳谈了马江之战福建水师不到1小时就被法军摧毁的缘由。当时我方舰船处于敌军舰船的上游，因为双方舰船都是船首系锚，船身随着潮流团团回转，而船首炮火都比船尾强，敌军选择退潮时开火，船首火炮正好对着我军舰的屁股打。而我舰船仓猝之间，来不及起锚掉头转向，仿佛被缚住了手脚挨打，吃了大亏。

“南洋三舰必须增添头号大铁锚做尾锚！”

“军门大人真知灼见，卑职一定照办。”吴安康听取了欧阳利见正确的意见，南洋3舰双锚扎江，牢牢生根，退潮时纹丝不移，舰首朝夕向外，黑洞洞的头炮时刻对着口外来犯之敌。

欧阳利见治军谨肃，老谋深算，量形势，设防御，布利器，事无巨细不肯轻假人手。他注意台湾、马江战役中石炮台被法军击毁，碎石乱飞，伤害士兵的惨痛事例，向浙江巡抚刘秉璋建议，将石炮台改为用黄泥、石灰、糯米饭三者拌和夯实的三合土炮台，并在炮台外覆盖毛竹、草皮、棉絮。为了证实“以柔克刚”的效果，欧阳利见命令炮台守备吴杰进行实弹演习。1884年10月2日在拦江炮台用湿毛竹、棕荐、棉絮10层做一靶，在距炮台1里左右，用克虏伯炮，对靶射击，炮弹穿过棕荐入土仅数寸。而克虏伯炮的射程可达七八里。10层棕棉能抵御炮弹五六里路，证明有效。后再加毛竹。招宝山威远炮台三合土厚7丈5尺，不仅披戴棉絮、棕荐，还穿上靴子——在台脚叠起厚厚的装土的麻袋。

欧阳利见还以金鸡山为核心，部署楚军8营3500人，组成了三道防御阵地：第一道为馒头山、笠山、港口、钳口门三线沿岸，阻敌登陆；第二道为金鸡山、青峙岭、孔墅岭之线，以主要兵力设险扼守，主要任务是聚歼上陆之敌，阻敌向纵深发展；第三道为衙前岭、布阵岭之线，作为机动和阻敌向后方发展，形成了比较周密、坚固的防御体系。

就在欧阳利见登临金鸡山，冒着凛冽的寒风，亲自检查各个炮台、陆营备战情况的时候，宁镇营务处杜冠英与记名提督杨岐珍也来到招宝山威远炮台，督促各炮位进入临战状态。

杜冠英是镇海抗法保卫战中第一线的实干家。招宝山和金鸡山的威远、靖远、镇远、定远、安远等炮台，从台址选择，大炮的配置与采购等全套工程，均由杜冠英一手经营，全面负责。这些高质量的炮台，增强了镇海口之防御，在实战中发挥了巨大的威力。

“西帅、杜丞，法舰胆敢来犯，卑职就将它揍个脸青鼻肿。”吴杰抚摸着一尊钢炮说。

吴杰的话不是吹牛，招宝山的火力确实强大。

威远炮台有钢炮6门，铁炮2门。定远炮台置炮5门，安远炮台设3门。开花炮弹射程最大的达8里，可穿透江面敌舰铁甲。招宝山与金鸡山仿佛一把钳子，紧锁着江口。

杨岐珍遥指南岸金鸡山说："孤拔啃不下那块硬骨头！"

金鸡山原有靖远炮台，置炮5门，协同威远炮台封锁江口，欧阳利见又筑天然、自然两座暗炮台，置炮7门，加强了封江的火力。为增强金鸡山防御能力，还另建土炮台10座，有炮24门，凿隧道2条，暗藏伏兵。

"南洋三舰与福建水师的元凯、超武二舰合在一起有炮42门，扼守口门的岸炮、舰炮已达70门。"杜冠英充满信心地一挥手臂地说，"嘿，就等着孤拔来尝铁拳吧！"

当时，镇海口门作为主要防御据点，岸炮、舰炮、陆营、钉桩堵口相配合，构成了一个坚强的陆海联防堡垒。

"吴守备，敌人虎视眈眈，时刻都要提防，"杨岐珍告诫吴杰，"每一炮都要揍在敌舰身上，千万不能放空炮啊！"

"西帅，杜丞，卑职誓与镇海口门共存亡，弹无虚发，不让法寇侵占一寸土地！"

正月十四夜的镇海关，战云密布，陆营、炮台、水师舰船上清军，枕戈露宿，严阵以待。

东方海平面上露出了鱼肚白。

孤拔揉开睡眼，从前舱走至甲板。

清早的严寒，掩没了熹微的曙光，云影滞凝。东海不停地低声哼唱着，浪花就像许许多多雪白的手，轻轻地拍着虎蹲岛。岛边乱石成堆。这些石头因风雨吹打而奇形怪状，零落不堪。几只海鸥在石头上晾开翅膀，梳理着羽毛。

孤拔无心欣赏海景。此刻他心头仿佛有几只小虫在咬，烦躁不安。“唉！”他情不自禁地叹了口气。远东舰队的船只和兵力要严密封锁台湾海峡尚且不敷，法国政府又在1885年2月26日命令他去封锁长江口，推行所谓的大米禁运政策，有限的兵力就更捉襟见肘，纰漏百出。在这种情况下如果被镇海拴住手脚，那更不堪设想了。可又舍不得丢开南洋3舰那块到了嘴边的肥肉。只有速战速决，才能取得主动权。

“嘿，瞧这关口。”孤拔经过了一天的仔细观察和深沉思考，抽动嘴角发出冷笑，他对部下鼓气说，“看起来固若金汤，其实不过是败絮烂草。南洋3舰像缩头乌龟伏在口内，两边山上岸炮是死炮，一步也挪不动，而关口外海面上空荡荡的，任我进出。哼，今天一定要把3艘绵羊似的中国巡洋舰宰了！”

他的副官赖威尔提醒孤拔：“我们是否等些日子，让‘侦察’号和‘梭尼’号一起来会餐中国的南洋3舰？”

孤拔盯着赖威尔的眼睛，变了语气：“你认为我们4艘法兰西战舰，还吃不了3艘中国的破烂舰船么？”

“不，不，尊敬的提督先生，我不是这个意思。消灭3艘中国舰船就像吃3块巧克力，不过，我们面对的不是舰船，而是关口的守军。我们对他们毫无所知，甚至连对手指挥官的底牌也没摸着哩！”

“哈哈！对手的指挥官！亲爱的赖威尔上尉，中国守军能够抗衡法兰西舰队指挥官的还在吃奶哩！”说到这里，孤拔挥舞着拳头，咬得牙齿格格响，“我们这4艘军舰是去封锁长江口，阻止中国南粮北运和外国军火运入中国路上折回的，不能在此久留，消灭南洋3舰，对我们完成封锁中国海面任务具有十分重大的战略意义。就算有风险，我们也要进攻，想想半月前我们是如何不费吹灰之力消灭另两艘军舰的吧。镇海关纵然比石浦湾险要一些，但它能挡得住我们猛烈的炮火么?”

孤拔犯了致命的错误。

拿破仑有一个有趣而又机智的比喻，他说一个好的军事指挥官应该是“正方形”的。指挥员的勇敢、顽强、果断是正方形的“底”，他的谋略、卓识、智慧则是正方形的“高”，底与高要相等，智与勇要相当。勇多于智，易轻斗恋战；智多于勇，常常是优柔寡断。看来，被称为“海上猛虎”的孤拔，“智”逊于“勇”，缺乏超群的龙韬虎略，有愧于“名将之花”的美誉。从马江战役来看，孤拔主力舰队孤军深入闽江腹地，毕竟带有很大冒险性，如果清政府和福建当局不是一味地把希望寄托在和谈上，清军关起门来打，则法军很可能被一网打尽。从镇海战役来看，孤拔利令智昏。他在石浦湾用两艘鱼雷艇，就击毁了“驭远”和“澄庆”2艘中国军舰，尝到这个甜头后，在镇海口就禁不住南洋3舰的诱惑，失去了正确判断形势和冷静地采取克敌制胜的战略部署的智慧。削尖脑袋想往镇海关正面口门硬钻，结果碰得头破血流。

镇海口门狭窄，仅容一舰进入，火力难以展开。如果法军舰队在游山岛一带水势平缓处排列，强攻金鸡山，从小港口登陆，然后迂回而下，进入清军柔软的腹地，招宝山、金鸡山炮台就无能为力了，可能战争会是另外一种结局。薛福成与欧阳利见早就担心南岸沿海一线旷野平坦，便于敌军登陆和向纵深发展，要求守军“凡属濒海登岸陆地险要，咸皆分修围卡，筑长墙砌炮台，设卡门以司起闭。”并酌要隘埋伏地雷，安设火炮，以及壕坑竹签，并多挖梅花荡，如陷马坑之式。”还修筑假营垒10余座，以迷惑敌人。

可是孤拔没有看到守军的薄弱之处，南洋3舰对他的诱惑力实在太大了，他眼中只盯着南洋3舰。

3月1日上午，孤拔指派一艘小轮船，驶向游山岛，向泊在岛旁的一艘悬挂英国国旗的过往商船“江表”号探听镇海关虚实后，便换乘“尼埃利”号，驶至距镇海港约1．5海里的大游山，做战斗准备。

午后，孤拔命令舰队一艘船驶入虎蹲山北面测量水道，炮台守备吴杰即令威远炮台开炮，击退敌船。

吴杰（1837－1910年），字吉人（镇海人民称他为“吴大佬”），安徽歙县人。年幼时家境贫寒，随父金盛迁浙江龙游县谋生。13岁时父死，得富绅姜氏相助，葬其父，并把他收留在家。太平军攻龙游，姜氏组织团勇顽抗，被歼。吴杰投军左宗棠部，从士兵擢为守备，加都司衔。左宗棠西征，吴杰奉调随行至甘肃，闻母病，遂返浙江。1874年，美日侵略台湾，海防形势紧张。1877年，浙江巡抚杨昌浚在招宝山东麓建造镇海口第一座近代化的大炮台——威远炮台，吴杰以守备首任管带炮兵。他简朴耐劳，操练精勤，特别是对从德国和英国购进的6门后膛来福线近代钢炮，更是潜心钻研操炮、射击技术。他“平口抚驭炮兵，威惠并施，能得其死力”。

此刻，吴杰目睹仓皇逃遁的法军小轮船，激昂地对炮兵说：“兄弟们，为国效力的时候到了，不是手刃强寇，就是以身殉职，不能后退一步啊！”

炮兵们个个精神抖擞：“愿与大人共存亡！”呼喊声震得招宝山上树叶簌簌地抖落下来。

威远炮台悄然无声。

下午2时15分，孤拔率领“尼埃利”号和另外3艘兵舰直扑镇海口。

“咦，清军的炮台在哪里呢?”孤拔用望远镜仔细地搜索着招宝山的打击目标。企图击毁威远炮台，长驱直入，可眼前只有一片绿色，舰炮往哪里轰呢？孤拔心中一片茫然。

此番清兵防御工事，每一个细节都经过精心布置，炮台刷上了绿漆，与山色融为一体。

“用火力侦察。”孤拔命令舰炮向招宝山猛射。

“轰——轰——”一颗颗炮弹在招宝山上开花，黑烟弥漫着海天。

有几颗炮弹穿过棉絮、棕荐，陷入三合土内，炮台安然无恙。

吴杰目测敌舰已进入威远炮台的射程，便将手臂一扬，斩钉截铁地大喊：“开炮!”

炮目周茂训开200磅弹后膛炮迎击，炮口喷发怒火，炮弹呼啸飞去，第一发就击中了“尼埃利”号船头。“尼埃利”号掉头用船舷排炮，向威远炮台猛烈轰击。“轰——”一发炮弹击中炮台口铁门，炸裂的弹片碎石向四面迸溅，一块铁片飞来，击中了炮目周茂训，他的左胫骨被折断。

战斗越来越激烈，招宝山及镇海城内弹如雨下，山后明炮台二名炮兵，一名勇丁也被法舰炮弹击毙，烟焰腾起，土石俱飞。

吴杰怒发冲冠，撩起战袍，亲自开炮，一颗颗炮弹向江口射去，“轰——”一发炮弹在“尼埃利”号船尾开花。

此时，宁、镇营务处杜冠英、记名提督杨歧珍一齐驰至威远炮台，激励炮兵奋勇轰击：“兄弟们，这是为国立功之际，开炮！开炮!”

“豁出命来拼吧!”炮兵们呐喊着射出一颗颗炮弹。

南北两岸炮台也一齐开排炮助战。

南洋3舰也喷发出长久地压抑在胸中的怒火。

“扬眉吐气的时候到了!”统领吴安康跳上“开济”号驾驶台，慷慨激昂地对士兵们说，“狠狠地打吧!这些日子我们尝够了苦头，逃来逃去，丢尽了脸，今天我们要与法寇拼个你死我活，让天下人看一看，南洋3舰弟兄是不是见了法国人像老鼠见了猫的胆小鬼?!”

“南琛”号管带袁九皋奋不顾身地跑到头炮位，大声地对士兵说:“我们都是血气方刚的男子汉，怎能向红毛鬼低头认输，狠狠地揍吧!”

“南瑞”号、“开济”号管带徐长顺、徐传隆都身先士卒，指挥兵丁开炮。

“南瑞”号一炮击断了“尼埃利”号头桅，“南琛”号一发炮弹在“尼埃利”号甲板上掠过，“尼埃利”号仍猛冲过来，“开济”号一炮又击中“尼埃利”号船身。

清军岸炮、舰炮火力越来越猛，炮弹相继落在“尼埃利”号附近。“尼埃利”号释放出黑烟，弥漫海天，遮蔽清军视线，狼狈逃窜。清军仍“觑定黑烟，痛击不辍”。

经过3小时鏖战，法舰退出镇海口，缩至金塘洋面锚泊。

陆海联手并力一击，打痛了孤拔舰队这群豺狼。

雄关百日坚

1885年3月1日下午，镇海军民给予法国远东舰队并力一击，迫使狡诈凶狠的孤拔改变主意，放弃追击行将到手的南洋3舰，退泊七里屿洋面监视，封锁甬江。

此时的孤拔已不像刚至镇海口那么狂傲，意识到只凭“巴雅”号等4舰强攻，难以突破镇海军民的陆海联防，即使冒险突入，也摘不到什么好果子，弄不好还会一败涂地，难以收场。

法军陷入了欲进不能，欲退不甘，空耗时日的窘迫境地。

然而，当时中国没有军舰在海面与法舰接仗抗衡，孤拔的四艘军舰封锁甬江口还是绰绰有余。

于是，双方旷日持久地僵持着，用各种方式摸索对手的弱点，试探对手的战术，寻觅一举取胜的机会。

1885年3月1日至6月11日，镇海抗法保卫战长达三个多月之久。

法舰多艘进犯镇海口，其直接目的是想消灭南洋3舰，但给清政府造成的压力却是天崩地裂一般。鸦片战争时英军攻破镇海，导致浙东陷落，长江告急的记忆犹新。对于浙江当局来说，镇海保卫战的胜败，更是一次极端严峻、关系生死荣辱的决斗。

镇海之战粉碎了法舰北上骚扰、威胁北京的企图，也使法国政府据地为质勒索赔款的狂妄计划“挂了彩”。

镇海战役意义远远超越了镇海一隅的攻防胜负的单纯性和狭隘性。

最终镇海军民赢了。

这是我国近代史上唯一一次依靠地方力量抗击外来侵略并取得全面胜利的战役。

三个多月的雄关烽烟，塑造了多少舍死忘生的英雄，演绎了多少可歌可泣的故事啊！

30. 铁锁扭不开

1885 年 3 月 1 日，孤拔率领的“巴雅”号等 4 艘法舰进攻招宝山，遭到镇海军民一顿痛打，法军舰队被迫在甬江口鼠窜狼突，到七里屿洋面锚泊。

法舰虎视眈眈，窥伺着反扑的时机。

清军前敌将领不顾山高风大，日夜在高旷之处密切注视敌舰动向。

战局并不是等候复盘的棋局，而是色彩纷呈的迷局，瞬息万变。在中国近代反侵略战争中，敌情不明是导致指挥错误的最直接因素。镇海清军将帅牢记这一教训，及时摸清敌情，把握敌人作战意图。

在镇海抗法保卫战中，清军开通杭州与宁波、镇海的有线电报线路，使战情迅速上下通达，这是我国近代史上反侵略战争从未见过的创举。

电波在杭州与宁波、镇海的有线电报线路上日夜飞驰。

刘秉璋、薛福成于3月1日下午便接到欧阳利见等当天战报，随即电传指示各部：今夕是元宵，更要防备敌人乘节日进犯，特别要加强小港防务，密切注意敌人用小船偷渡登岸。

欧阳利见接到电报后，随即加派差官3名，持令率领后营士卒在小港口巡逻。

果然不出所料，当夜，2艘法军小艇偷偷摸摸地靠拢小港口，企图拢岸，遭到巡逻的清兵排枪痛击，慌忙逃窜。

清军将领们明白，法军舰队绝不会就此罢休，因此眼睛紧盯着对方，法军一有动静，便会触动编织得十分严密的防卫网。

2日白天，法舰没有动静。

傍晚9时左右，一团团乌云在月亮旁边缠绕。闪烁不定的黯淡的月光下，海面被撕裂、鞭笞、蹂躏，波浪伸出火舌，跳跃着、舔食着；在填满浪花的甬江口外，出现了两团怪形怪影，鬼魅似的潜行在波谷里，悄悄地靠拢口门。

“咦！这是什么家伙?”那晃动在远处浪涛里的怪影立即引起了巡逻在甬江口的清军警觉。

石浦港“驭远”号、“澄庆”号2舰沉海的教训实在太惨痛了。

泊在甬江口的南洋3舰警惕的神经高度绷紧，夜间，驾驶台和甲板上都有人值班，瞭望四周水面，还派出3艘舢板在甬江口巡逻

如今南洋3舰士气已非当初在海上东躲西藏时可比。3月1日接仗后，薛福成一再激励南洋3舰同心守御，为防止3舰士气

不振，影响陆军，导致全局瓦解，又电请刘秉璋饬记名总兵钱玉兴派员持令往告南洋3舰管驾："无论何时，如有再移进白家浦一步者，应并前罪严参，先行就地正法，能坚守则上保奖。"

鉴于石浦战役"驭远"、"澄庆"两舰因水手勇丁一向未经过战阵，被法军鱼雷一击，相率凫水逃散，管带蒋超英、金荣虽然竭力阻扼，难以补救，恐怕两舰被法人作为战利品掳去，被迫开门放水自沉，数十万两银子付诸东流的教训，薛福成会同欧阳利见出示，禁止南洋3舰弁勇登岸，凡擅自登岸者，"即以军法从事"。南洋3舰将士此时审度形势，心中也知道，不是鱼死，就是网破，只有与法军拼到底，才是生路。于是，上下一心发出了铿锵的誓言："死也不离口门！"

南洋3舰统领吴安康为防备法军鱼雷艇夜间袭击，组织舢板小分队，每艘各安格林炮1尊，洋枪60杆，在甬江口门严密戒备。

此刻舢板上士兵已觉察，今夜有"不速之客"来访，便用信号灯向旗舰"开济"号报告敌情。

"大人，甬江口舢板传来警号！"

吴安康听到士兵报告，立即从座舱快步跑上船头，放眼望去，只见甬江口外阴暗的海面上，两艘黑色小艇在一层浓密的雾气掩护下，妄图偷偷摸摸地溜进来。

"吴大人，这是孤拔重演石浦故伎！""开济"号管带徐传隆迅捷地作出判断，愤愤地说，"今晚一定要使这两艘贼艇葬身海底！"

"打！"吴安康命令士兵发出了开火的灯号。"轰、轰、轰——"3艘舢板上格林炮与"开济"号、"南琛"号、"南瑞"号头炮喷吐出一团团火焰，一颗颗炮弹呼啸着飞向法军鱼雷艇，岸上守军也开放枪炮。敌艇慌了手脚，漫无目标地施放自动水雷，一颗颗竟然都碰撞在礁岩上爆炸，发出惊天震海的巨响。

偷袭未能得手，孤拔急忙派“凯旋”号援救这两艘鱼雷艇。

两艘鱼雷艇在“凯旋”号炮火掩护下，仓皇向游山岛撤退。

惊慌失措中撞上了礁岩，震落在海中的法兵仿佛虾皮一样泡浮在水中。“凯旋”号急忙放下小艇救护，可2名法兵已失去了踪影。

3日上午9时，孤拔乘坐旗舰“巴雅”号率领一艘黑色军舰（即“答纳克”号，因在石浦之战中欲利用夜色作掩护，而将船体染成了黑色）气势汹汹地向镇海口发起试探性攻击。

“答纳克”号像一匹发疯的狼，闯过虎蹲山北侧，直攻招宝山炮台。

双方展开了激烈的炮战。

“答纳克”号射来的炮弹在招宝山上爆炸，一片片土石直飞高空，招宝山上炮台发出的炮弹在虎蹲山北侧海面掀起一支支高高的水柱。

吴杰双目炯炯，紧紧盯住“答纳克”号，飞身跃上炮位，亲自操炮，炮弹飞啸而去。“轰——”“答纳克”号被击中，烟筒爆炸，船身剧烈地摇晃起来。“轰——”又一发炮弹击中敌舰船桅，巨大的横木坠下来，压死了法军七八名兵头及护从。南洋3舰的大炮也怒吼了，两颗炮弹又在敌舰甲板开花。

孤拔又一次目睹了镇海口陆海联防炮击的威力，赶紧命令信号兵发旗语转轮而退，逃窜到游山锚泊。

进攻再次失败，打消了孤拔正面入口的念头，狡诈如狐狸的法国远东舰队头儿便动脑筋进行侧面偷袭。

可猎人总比狐狸更聪明。

当天，浙抚刘秉璋即电杜冠英：法舰锚泊在游山一带，时时要小心提防，巡逻队要更番巡查，卧者不准脱衣。口门塞口之船与炮台，夜间特别要加意严防，注意敌人用小船登岸偷袭。

刘秉璋不愧是清军中能征惯战的优秀将帅，运筹帷幄，料事如神。

当晚九时左右，孤拔果然派 2 艘小船运载士兵潜驶到小浃江口的馒头山脚，企图偷袭小港口炮台。法军刚爬上岸，便遭到健左旗副将费金组所率领的百余名清军士兵迎头痛击，赶紧夹着尾巴逃下海。

偷袭接连受挫，可孤拔仍不甘心，他又要起鬼蜮伎俩。

5 日晚十时左右，达副右营分防的蚶岙岭边，突然听到人声沸腾，鸣锣呼警。该营副将张国林闻警连忙派出枪队奔往救应，赶到那里已人声寂然。而与此同时，馒头山边却有黑白 2 艘法军舢板悄悄划来。

声东击西，好狡猾的豺狼！

法军做梦也没想到那夜一个个要成为异国海上游魂。

自以为神不知鬼不觉的法军悄悄爬上岸，刚露头，埋伏在那里的费金组所率的健左旗士兵，便扣动扳机，用排枪射击。

雨点般枪弹倾泻在法军头上，法军被打得昏头昏脑，咿里哇啦地叫喊着，“扑通、扑通”地跳下海。

有几名法兵爬上了舢板想溜回去，清兵的排枪便一齐开火，千孔百疮的舢板被浪涛吞没了，船上的法军一个也没有逃掉，都沉入海底成了鱼虾的美食。

孤拔枉费心计，白白送了 20 多名士兵的生命。

世上的事情竟有那么巧合，那打得法军魂飞魄散的枪声，竟是迎接一个新生儿出世的乐声。

就在费金组率部击沉法军舢板的同时，他的夫人在家分娩，一个男孩落盆，“哇哇”地啼叫着降临人间。

喜讯传来，费金组激动得热泪盈眶，他抚摸着手中的枪支，讷讷地说：“夫人，军务缠身，恕我未能陪伴在你身旁，看到儿子生下。”他把新生儿子取名为“凯生”，以纪念这个有意义的时刻。

31. 智探敌巢

法舰的进攻、偷袭均告失败，又经青峙岭清军伏击，不敢贸然进逼口门，可仍在镇海口外游弋，有时三四艘，多时八九艘。有时敌舰还靠倚镇海口外小岛为遮蔽，不时向小港口镇远炮台开炮遥轰，给守军带来威胁。

金塘洋成了法舰盘踞的巢穴。

法国舰队，远涉重洋，补给十分艰难，战事延宕日久，米粮告罄，又得不到鲜美蔬菜肉类。于是，在海上干了一系列海盗行径。

1885 年 3 月 17 日下午，由上海开往宁波的“威利”轮，在镇海口外遭法舰扣留，强行搜查，因“威利”挂着米字旗，法舰不敢暴露豺狼本性，只是强迫它返沪，留给英国人一点面子。而它对待中国商船就使出了恶魔手段。3 月 18 日，法舰在大戢洋拦劫 2 艘中国商船，放火焚毁了其中 1 艘，并将大米、茶叶、蚕丝等物全部搬上法舰。20 日，山东货船“立生”号在镇海口外被法舰掳去，船中 20 人也被掳走。23 日，法军登金塘岛，掠取居民牛羊等物。法舰还逼迫一些中国人当汉奸为其效劳。这样一来，宁波商贸业大减，许多人无以为生。

“攻又不攻，走又不走，法舰捞不到一点东西，究竟想干什么?”守军将领都想摸到敌人底盘。

“我去敌巢走一趟吧!”守备吴杰脑海里跳出一个十分大胆的念头。率领亲信标兵数人，去侦探敌人的虚实和动向。

“太危险!”宁镇营务处同知杜冠英说，“前几天，我想了解敌舰情况，派亲兵薛玉明领四名士兵去探察，至今未归，据金塘渔民报告，全被法舰俘获，生死下落不明呢。”

“不入虎穴，焉得虎子。”吴杰毅然地说，“探察敌情，就得冒点风险!”

镇海抗法保卫战取得胜利的重要关键是将士敢于效命。

自战斗打响后，吴杰便知道不是手刃强寇就是以身殉节。那时镇海城内风声鹤唳，居民纷纷逃避，十仅存一，而吴杰的眷属仍住在城中，丝毫也不动摇。在战斗间隙，吴杰从防所特地返家，戴着黑帽子，穿着白绢服，设祭向祖先亲人告别。家人睹此景象，无不失声恸哭。祭毕，吴杰决然回到军营，带领士兵加强战备。

去金塘洋摸法舰老虎屁股要有一股生死置之度外的勇气。

那天，清早海面就升起了雾，时浓时淡，变幻多姿，仿佛隐现海市蜃楼。一叶小舟轻盈地驶出甬江口，四个头戴竹箬帽，一身渔民打扮的后生家摇着四支橹，飞速地滑过一道道波谷浪峰。出了镇海口，驶过虎蹲岛、游山岛，金塘洋便无声无息地袒露着宽阔的胸脯，迎候着那条悄然来访的小船。

“记住，法夷盘问，你们都不要说话，一切由我来应付。”坐在船尾的渔老大身穿着大襟蓝布棉褂，腰系龙裙，足穿草鞋，风雨和阳光染成的紫绛色脸膛上布满皱纹，双目炯炯地注视着摇橹的四个青年渔民。

“吴大人放心，记住了！”四人齐声回答。

“什么大人，叫我吴大佬，嘴巴不留神，露了马脚，脑袋就要搬家！”渔老大叮嘱四个青年渔民一切要小心从事。

那个渔老大便是镇海关大名鼎鼎的炮兵统领吴杰。

那四个青年渔民是他亲自从士兵队伍中挑选出来的，熟知水性，身体强壮又干过打鱼生涯。

小船驶到金塘洋一角，不紧不慢撒开了渔网。不一会儿，拉起了一网锃亮的小黄鱼。

法舰见了海上渔船都要追捕利诱，威逼渔民为他们效命。那艘小船敢在法舰眼皮底下捕捞，当然引来了法军的视线。

“喂，摇过来，摇过来！”法舰上士兵发现小木船上渔民把一条条透骨新鲜的小黄鱼往竹筐里装，大声地吆喝着。

小木船上四名青年渔民便摇着木橹，将船靠向法船。

“将小黄鱼扛上来！”几个法舰上的士兵指手画脚地喊，“快点！快点！”

吴杰奇怪，这群法国兵怎么说中国话如此流利呀？抬眼仔细一瞧，令人火冒三丈，那是一群与法国人一样装束的假洋鬼子，他们割断了长辫，背叛了祖宗，出卖了灵魂。吴杰恨不得一刀砍下那些汉奸的头颅，可此时他强忍住心头怒火，叫士兵们把小黄鱼送上法舰去，又说：“听大主教赵保禄讲，舰上缺少鱼、酒、鸡、蛋和新鲜蔬菜，今天特地装来一船，想卖个好价钱！”

“你与大主教怎么认识的？”

“我家就在大主教家的后门，还常常串门聊天哩！”

“尼埃利”号海军上尉赖威文听说是赵保禄介绍来的卖主，

又想自从法舰到镇海口抛泊以来，法军还没尝到过新鲜的鱼虾，该让士兵换一换口味，痛痛快快地吃一顿了。赖威文瞧着一筐筐闪耀着金鳞的小黄鱼和一坛坛酒，高兴地将手一扬："全搬上来!"

吴杰与士兵们一边搬东西，一边仔细地扫瞄着舰上的大炮枪械。他装出一副什么也不懂的打鱼汉的样子问："哎哟，这洋炮好大呀，能打多远?"

"哇，枪崭新锃亮，真是好家伙!"

吴杰是个炮械行家，他表面上故作惊讶啰啰唆唆地问这问那，心里早已将法舰上部署的一门门后膛来福炮记得清清楚楚。

"船真大啊，一年到头漂泊在海上，洋大人太辛苦啦!"

"镇海这个鬼地方，早就不想蹲下去了。"上尉赖威文招呼吴杰说，"老头，你送来的货不错，以后多装点来!"

赖威文叫汉奸交给吴杰 24 元光洋货款。"老头，洋大人说你货好，这些大洋就当赏钱，你们做小生意，能挣几个钱，倒不如留在船上做洋大人的手脚，每月可得 20 多元大洋哩!"

"哼，想引诱老子!"吴杰心底暗笑汉奸有眼无珠，"谢谢洋先生一片好意，打鱼汉么，有时出海打鱼，有时做点小生意，每日只求糊口养家，梦里也不敢想领高薪，发大财。"

赖威文眼珠子一转，又出一个鬼点子："先给你们每人发安家费 24 元，留下一人在船上做人质，其余四人带钱回家后再来。"

"洋先生这般看得起我们，实在使我们感激不尽。"吴杰一看洋鬼子真的要想留下他们在法舰上做工，恐怕再硬顶着纠缠下去，败露形迹，立即随风转舵，"洋先生船上待遇高，生活惬意，谁不想来呢。我们一定效劳，不过，家中父母妻儿都不知道，得说一声，再说，赵葆禄大主教嘱咐过，这次卖货与舰上挂上钩后，以后要多送点货物给洋先生使用，让我们先回去一趟，再装一船鱼虾酒肉来好么?”

赖威文手抚着嘴巴，瞧着刚搬到舰上的新鲜食品，不由点了点头：“喔，OK!”

吴杰见法国军官允许他们离开，便故意装出副亲热样子，又是握手，又是招呼，似乎舍不得走，弄得法兵心里甜滋滋的，个个眉开颜笑，等着他们再次送美味的食品来。

离开法舰，吴杰喊令士兵：“快回去！用劲摇橹!”四支橹桨，仿佛展开四只翅膀，小船在海面上如离弦的箭，穿波越浪。

此时，又逢东南风起，“哗啦啦——”小船扬起帆篷，鼓满风力，向镇海口飞驶。

“呯——呯——呯……”法军一见，顿起疑心，开排枪射击。

“轰！轰！轰!”排枪射程够不上，法舰又开炮阻拦。

可此时已经迟了。小船仿佛一只海鹰飞入了甬江口。

杜冠英等在岸边，已有一个时辰了。

船一靠拢，杜冠英便迎上来：“吴守备视敌如草芥，智探敌巢，令敌人丧胆，杜某实在佩服。”

“哈!”吴杰与士兵跳下船不禁发出大笑，“杜丞，法国佬与假洋鬼子全是饭桶，我堂堂大清国的炮台统领逛法舰，他们都认不出来呢!”

“吴吉兄，”杜冠英见吴杰十分高兴，便探问，“这次深入龙潭虎穴，收获一定不少吧!”

“杜丞，这趟跑法舰可合算哩!”吴杰兴奋地说，“我们给法国鬼子送去一点鱼肉，可他们给我们亮了底牌呢!”

习习的江风吹拂着吴杰宽大的渔衣龙裙，他顿了顿话语，仔细地向杜冠英呈述法舰上获得的情报：

一是法军的兵力不足，好多是汉奸充任；二是法舰配备的大炮口径、射程均已了然胸中了；三是法舰上真假鬼子缺食少穿，急需补充，日子很不好过。

杜冠英抚着吴杰的肩膀说："吴吉兄赴汤蹈火，探明军情，功劳卓著啊！"

情况明，决心大，利剑便刺向敌人的要害。宁镇营务处立即开了紧急军事会议，确定了除汉奸，加固炮台，禁止食物供应等一系列挫败法舰封锁的策略。

镇海县发布告示：

镇海县正堂江为出示晓谕事：照得海防吃紧，凡尔团防练勇及沿海居民、渔户人等，食毛践土，自必同仇敌忾，为此示仰诸色人等知悉：如有能斩获敌人首级一颗者，赏银五十两，并禀请赏给军功顶戴；捉获敌人头目者，分别大小，加倍议赏，并详请奏奖官阶。倘有接济敌船大米、蔬、炭及引港带路者，即系叛逆，照例全家坐罪；遇有土匪，游勇乘机抢劫，当即捆送，立地正法惩治。本县言出法随，绝不爽言。毋违，特示。

光绪十一年二月十六日

文告一发布，民众奋起抗敌，光甬江南岸三个乡就聚集起团丁2万余人，自南道头至小港林隘、溪跟、沙蟹岭一带，编为5团。群众自带饭粮，不分风雨晦明，轮流巡查海口，站岗放哨，禁止渔商各船接济敌人食用之物。防奸除奸，如火如荼。

一天，一位身材魁梧的和尚和七八名民团壮丁，押着一个法国士兵，来到镇海大营，向欧阳利见禀报："大人，阿育王寺僧人捉住一名法兵，特地解押到此，听候发落！"

"六根清净的出家人也关心家乡安危，令人钦敬！"欧阳利见高兴地说，"敌人无缝可钻了！请问大师怎么抓住那个法寇的呢？"

"大人，今日午晌，贫僧在寺接客，见六七个陌生人鬼头鬼脑地走进寺院大门，讨一顿素斋吃，贫僧起先也没在意，吃饭时，忽地听到叽里咕噜的外国话，我便起了疑心，仔细辨看，认出了这个洋鬼子。我立即大呼：'捉红毛鬼咯，捉汉奸咯！'那些人听了魂飞魄散，狼奔豕突，顷刻逃得无影无踪，唯独这个法寇听不懂，还糊里糊涂，我使出几下拳脚，就将他乖乖制服了！"

"捉得好，大师为国立了一功，请问大师法号？"

"只求家乡平安，父老乡亲活得愉快。"那位僧人向欧阳利见深深一躬，"阿弥陀佛，贫僧告辞！"

说罢，便大步离别军营。

欧阳利见送走了和尚，便审问法兵："你叫何名？在哪条法舰？从何处登岸？想干什么？"

身陷异国军营，那名法兵吓得浑身发抖，连连在胸前画十字，苦苦哀求饶命。他叫哈士，在"答纳克"号服役，奉命带几个被他们在海上抓来的中国人，从大碶头偷偷登岸，企图联络汉奸，开通一条粮食和牛羊、蔬菜补给线，谁知一上岸，大道小径都有盘查奸细的巡逻队，只得慌慌张张地钻到阿育王寺去藏身，不料僧人也同仇敌忾，真是寸步难行呵！

"唉，中国人好厉害啊！"哈士哭丧着脸说。

“哈士，法舰上有多少兵力，几门炮？从实说来！”

哈士老老实实地向欧阳利见说了法舰军情。舰队共有兵力2000多人，6至24寸口径的后膛来福炮60门，还有几百从商船、民船上胁逼来的中国人，强迫他们为法军做汉奸、探军情，当向导和筹集粮食、蔬菜、淡水等。许多士兵对封锁镇海产生了厌倦。

哈士满脸流泪，连连向欧阳利见鞠躬：“恳求中国军队宽恕，留一条命，放我回去吧！”

清军一些军官见了法寇，愤从心起，横眉怒视着哈士，恨恨地说：“军门大人，将那洋鬼子砍了吧！”

欧阳利见沉思了一下，觉得杀了哈士，对战事没多大好处，反而会招致法军对海上航行的中国商人报复，留着也无用，再三掂量，还是将他放回去：“你转告舰队头儿，镇海关不是好惹的地方，早点退回去才是活路！

哈士连连点头：“是，是！”

清除奸细，割断陆上一切补给线，法军物资日益匮乏，过着半饥半饱的日子，十分难熬。

孤拔于1885年3月21日上午乘坐“巴雅”号离开镇海口。1885年4月23日，负责镇海口封锁的法远东舰队副司令利士比，致书浙江提督欧阳利见：乞求供应米粮、菜肴、淡水，并乘“力加利桑尔亚”号来镇海口，要求会谈。“力加利桑尔亚”号至虎蹲山下，见清军各炮台皆竖起红旗以示斗志。“力加利桑尔亚”号立即竖起白旗，求以免战。直到下午五点钟，利比士见清军不动声色，无可奈何地退回金塘洋面。

此时，封锁镇海口的法国远东舰队这群豺狼，实际上已筋疲力尽，凶焰大挫，没有多少斗志了。

32. 桑梓情深

法国远东舰队米粮告罄，镇海近万贫穷百姓亦嗷嗷待哺。

镇海地区的许多贫穷渔民，在海滨搭着小木房居住，素无家产，平时一家数口全靠一叶小船在烟波里劳作，朝罾晚罟，以代耕织，出入浪涛中谋衣食。而今镇海口外蹲着虎狼般法国舰队，把他们赖以为生的海洋，变成了“狼烟鲸浪之区”，生计断绝。相持日久，战事未已，贫苦渔民生活陷入绝境。

青年渔民王小海瞧着饿得奄奄一息的老父亲，心疼如绞，实在熬不住了，想碰碰运气到镇海口外去“偷”几网鱼。

一天半夜里，王小海约了几位伙伴，穿上与酱黑夜色相融和的栲胶染成的渔衣灯笼裤，桅顶插上用来测定方向的“鳌鱼旗”，摘下了用作夜航信号的哨灯，叩拜了船舱壁龛里供奉的船关菩萨，向海里倒了一杯水酒“酬游魂”，祈求这趟出海平安归来。

小船扬起了风篷，悄悄地贴着招宝山阴影，驶出了镇海口。

正值三月桃花汛，南风吹，潮水暖，来产卵的小黄鱼成群衔尾而来，摇头晃脑亮闪闪，在潮头发出“叽叽咕咕”的声音。

渔船到洋地一撒下网，网绳便“簌”地绷得紧紧的，网袋沉甸甸地坠下去。王小海心中暗喜，好猛的鱼潮啊！

过了片刻，王小海与伙伴们收拢网纲，拉起网一瞧，哈，网袋里装满了金条似的小黄鱼，足足有两筐多，这下可美美地吃上几顿了。

“再下一网吧！”王小海刚撒开网纲，便听到了异样的声音，“哎，炮艇来了！”

大伙顺着马达声抬眼望去，只见远处泛白的浪花丛中，出现了一个黑点，冲过玄幻闪耀的灰雾，疾驰而来。

渔船赶紧起网，扯起风篷向虎蹲山内侧逃避。海风从桅杆“呼呼”地掠过，海面重叠的浪头愈激愈高。一个有力的雪堆突冲上来，撞到尖尖的船头上，散开，一层层银花马上退落下去。渔船踩过一片片飞溅的浪沫子，逐渐靠近甬江口，再过片刻，便可隐入招宝山罩覆在海面的巨影中了。

“轰——”炮艇突然向渔船开炮。“哗啦——”渔船的桅杆折断了，帆篷“呼”地落到舱板上。

船身强烈地摇晃起来，一个浪头将小渔船托到半空，又狠狠地砸在峻嶒的礁岩上，小渔船霎时变成了七八块碎木片，漂浮在浪花里……

王小海与伙伴凭着从小练就的一身水上功夫，历经惊险，死里逃生。

回到家中，天已大亮。王小海见老爹已饿得昏厥了，他赶紧撬开老爹牙关，灌了一杯开水，低声呼唤着：“阿爹，阿爹！”

过了好久，老爹才慢慢睁开了眼，静静地瞧着儿子，没有说话的力气，任凭两行泪水“簌簌”地淌过脸颊。

家中没有一粒米，又不能出海打鱼。王小海急得发慌，恨得咬牙：“洋鬼子，真的要将渔民活活逼死啊！”

危难时刻，桑梓情深，镇海士绅金铮、车朝来、沈开祥、张汝范、徐德裕等慷慨解囊，赈济饥民。

欧阳利见、杜冠英、吴杰以及知县等各文武官员亦带头捐赈，济危扶困。

1885年3月20日，镇海县衙前临时搭起了帐篷，支起了大锅，烧熬米粥施舍。

饥民们排起长长的队伍，领取口食。以粥厂薄粥糊口的饥民有八千余人。

济赈日广，每升米煮粥八碗，日需米十石余，自早晨至傍晚饥民挨挤争先，每人仅得粥一碗。无论刮风下雨，饥民们都面带急迫的神色，拿着粥票焦灼地等候着。虽然有施粥之名，实受惠不多。爱乡的士绅们见此情景，将施粥改为分米，不使拥挤。于是逃避在乡下的，渐次来镇海城内，补造发米的丁口名册，计一万余人，每人给米二合。每天需米20余石，经费日绌，难以为继。

旅沪的镇海同人对镇海饥馑深为关切，由上海二摆渡杏记茶栈庆彪带头牵线，怀着强烈的桑梓情谊，极力劝募。于1885年4月12日在《申报》刊登《镇海募赈小启》：

往者，各省之灾，沪中诸善士，筹捐散赈。吾乡有力者，闻风慕义，慷慨输金，不忍以秦越人见外，诚哉当仁不让，善念固所同具耳！今正望日，法人肆扰蛟关，城之内外，江之南北，周围数十里，贫穷孤苦，无力迁避者，不下数千户，困守月余，营生无计，将有不死于敌炮而死于饥饿之势。都人士悯其饥，并虑其饥之易于为非也，谋所以安集之。禀商邑侯江公，为之设厂施粥，按户造册给票，按日持票领粥。邑侯捐廉创助，邑之文武各官及沪上诸同乡，从而慨助之，得集款始事，所虑款则愈用愈绌，赈则日推日广，成款不巨，难免有初而鲜终。诸君子或迁徙他乡，或羁游异地，天各一方，情难遍吁，敢次具言，用登报牍，庶几触目兴怀，畴无桑梓之情，各尽解难之惠，实为众擎易举；想诸君子乐善为怀，秦越之人，犹不忍漠视，况乡里之善，其感发兴起，当必有逾乎寻常者，不禁引领望之矣！至若海内士大夫，有能一视同仁，不以一乡一邑之事，鄙为狭小，推恩及之，尤吾所顶礼祷祝者也。惠款请寄交上海二摆渡杏记茶栈，即援各省赈捐例刊入报章，以昭信允，而志感戴。镇邑同人公启。

此文深刻地揭露了法寇侵略给镇海贫穷人民带来的极大苦难，号召旅沪同乡，为爱国卫乡，抗御外寇而尽桑梓之情，各自量力解囊，救济乡里饥民。此举得到了旅沪的镇海同乡海内人士的广泛同情和热烈响应，大量的捐款缓解了镇海的饥荒。1885年4月15日，《申报》为此特地发表文章，盛赞此举“仁德厚意，可感可泣，法良意美，令人拜服，不特为镇海一隅之计，实亦为中国大局计”。“事既有益于国家，则一粟一丝，亦足以千古。”

物体的分子在高压之下，往往会更紧密。一个优秀的民族，愈临危难愈会显示强大的凝聚力。法国远东舰队的长期封锁，使镇海人民同心协力，拧成了一股劲，共济危难，以顽强的意志与毅力坚持斗争一百多天。

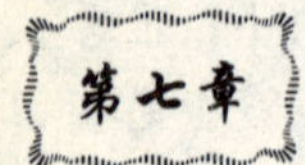

湘淮无“讧”有兄弟

讧，字典的解释是：“乱，溃败。”最常见的词语是“内讧”。

一队队的清军从各地被调拨到了镇海。他们的首领最善辨“内讧”的颜色，因为他们都经过了与太平天国部队无数次的战斗。最后，他们赢了，太平天国不存在了。但是他们都知道，天国不是被他们打败的，天国实际上是死于“内讧”！

然而来到了镇海后，他们中的一些人渐渐地忘记了这个教训。他们只注意自己所属的政治团体的颜色，视另一种颜色的团体为敌人。

镇海前线的上空，翻腾着“内讧”的滚滚浓烟……

33. 湘淮　淮湘

孤拔狼狈偃旗而去，消息传开，招宝山、金鸡山等前沿阵地一片欢腾，将士们都觉得胜利的曙光已经在向他们清晰地招手。

然而就在这个喜庆的时候，一件最让人揪心的事情却发生了。

光绪十一年（1885年），农历二月初四（3月20日），薛福成又一次放下宁波方面的所有事务，急如星火地驰赴镇海，直到第二天亥时（夜十点左右）才回到宁郡。

在这一天半的时间里，薛福成成了一架高速运转的机器，“分往南北岸炮台、兵轮、陆营，察看情形，慰劳将士。”这是薛福成写给浙江巡抚刘秉璋报告中的一句话，完全可证其忙忙碌碌。

他在忙些什么呢？

他在做调解工作！什么“察看情形，慰劳将士”，只是一种文字修饰罢了。他实际上做得更多的是“劝架”！

因为“南北岸炮台”和“陆营”间发生了严重的冲突。薛福成的报告用语是“不无龃龉”，用现代话来说呢？那就是“阿庆嫂和沙奶奶打起来了”。

双方的主角是炮台守备吴杰与陆营参将郑鸿章。

他们的矛盾由来已久，并且都有着极其复杂的背景。

稍稍熟悉中国近代政治的人都知道，咸丰、同治以后的晚清政局，与分别以李鸿章和曾国藩（后来是曾国荃）为领袖的淮、湘两大政治集团密切相关。大至朝政风云，小至一地一域的掌执和军事布防，两派间都要进行激烈的争斗。

中法战争中，宁、镇一线从筹防到直接面对战争，历时约两年。这两年实际上也是淮、湘两系势力从相争到相容，再到相争，最后复归相存的过程。这个过程对镇海之役的影响殊大，不能不提。

首先需要指出的是，浙江原本是曾记湘系的地盘，镇海也一直属于湘军的防地，甚至到了1883年的年初，淮系在镇海仍无一兵一卒。

变化开始于这年的一月底。1月29日，清朝政府发布命令，调授原江苏巡抚刘秉璋抚浙。

我们在前面的章节中，已经简要地介绍过这个浙抚。这里需要着重再提的是他的派系色彩。他是咸丰十年（1860年）的进士，授编修，走的是文官的路。但当时太平军占据着大批江山，时势动荡，文官不吃香。恰好同乡李鸿章率领淮军去上海发展，刘秉璋也跟着去了，从而成了淮军中一个“特别能打仗”的骁将，获得了朝廷“振勇巴图鲁”的赐号，由此可见他当属淮系势力。但是他竟然也跟过曾国藩，与这个湘系领袖并肩“讨捻”过。凭着这深厚的“战斗情谊”，将他划到湘系去，也不无道理。

然而一旦在浙江巡抚的位置上坐下后，刘秉璋的派系面貌立即变得非常清晰。他知道，在他以前的历任巡抚，如杨昌浚、谭钟麟，都是一色的湘系将领。现在朝廷让他来抚浙，是否表明上面意欲打破湘系长期以来一统浙江的旧有格局，施展一下惯用的平衡术？

刘秉璋估计得不错。他的观点还得到了老主人李鸿章的完全赞同。接到任命书后，刘秉璋按例进京送部引见，路过天津，即去拜见李鸿章和时任直隶总督的淮系干员张树声。三人商议后形成了一致意见，在浙江大力发展淮系势力。

因此我们就不难理解，为什么刘秉璋到任后给朝廷送的第一份奏章，就是要求调其原部属记名提督杨岐珍以抚标亲兵统领的身份，领军5营入浙。

作为一省之最高领导，刘秉璋既有权直接上奏朝廷以述己见，又有权调拨全省的财政为己所用。这两条给刘秉璋限制湘系、扩展淮系势力带来了难以估量的方便。

于是我们注意到，仅仅不及两年时间，原本在镇海看不到一点影子的淮军，到了镇海战役正式打响之际的1885年春，已达6000余人，占了整个参战清军的三分之二！

他们是：

杨岐珍部5营2500名，以招宝山为主阵地，防守浃江北岸；

记名总兵钱玉兴以抚标各营部队统领的身份，率淮军4营2旗2500名，又衢州、处州两地的练军1000名，分驻南岸一线梅墟、育王岭、墙下潭等要地。

请注意，杨、钱二将在前线的身份，分别是“抚标亲兵统领”和“抚标各营统领”。用现代话来解释，都有“巡抚刘秉璋军事代表”的味道。这样，浙江提督欧阳利见在镇海的指挥权，基本上就只成了一种名义。

刘秉璋用“巡抚军代表”控制军权，仍觉得还不够，担心杨、钱二将压不倒湘系大将欧阳提督，便又派出了另外一个“代表”，这个人就是薛福成了。薛福成的官衔是“宁绍台兵备道护理浙海关监督宁防营务处”，名称长，拥有的实权也大，他才是刘抚帅的全权代表：不但控制地方政府，还有权监督、指挥镇海前线军务，当然，用的名义是“协调”。

我们已经指出过，薛福成上任前的正式身份是李鸿章的幕僚，也就是说，他的颜色也是带“淮”的。

于是，刘秉璋难以出口的意图，通过实际行动，一一暴露了。显而易见，他要钳制欧阳利见！尽管欧阳将提督府早早地从杭州搬到了镇海，还能有什么作为呢？

因此，饱受掣肘之苦的欧阳提督和他的湘系部属，长期来，心里一直燃烧着一股怨火。引述一则欧阳写于这个时候的书信，也许并不是多余。受信人为湘系干将徐太史花农，当时赋闲在家，可见欧阳利见写这封信的用意更多的是为诉苦，而不是为了搬救兵。信里说：

自己到达镇海，已近三年，效先飞之钝鸟，埋头海防，不欲求谅于当轴，也不欲显白以自炫，但时时有受掣肘之痛。镇海为浙东门户，其南岸尤为紧要，港汊分出，敌船皆可登岸。道光二十二年（1842 年），英国人扰境，就是在该处的钳口门登陆的。今欲略为点缀，非十余营不能一一布防。而我手下仅健、达四营，练军二营，如此，募勇就势在必行了。

但是上面（指刘秉璋）称“库款奇绌，不能为所欲为”。未几，却将前台州府知府成守邦调进杭州，令其募集贞字六营，旋复练定标二营，共八营，归其统带，分驻定海；未几，札调统领杨岐珍，以抚标淮军亲兵四营，分守镇海北岸，旋又添募二营，是北岸已有六营；未几，又调钱玉兴率抚标亲兵两营，续募前后两营等，钱部规模达到了八营，以四营守宁城，四营守梅墟。……

一方面是不得募添一兵一卒，一方面却是大肆扩军，唯一的差别就是姓淮还是姓湘！

很显然，欧阳利见他们看到了自己的受排挤，却又无力扭转局面，因而哀怨交结，成了燃烧的心火。随着时间消逝带来的事件的变化，这股怨火后来是越烧越旺！

如果不是薛福成的公正、诚挚和大局为重的人品的影响，也许冲突早就爆发了。

我们在前面的篇章中，已经分析描述过这种影响。我们的结论是，尽管薛福成是淮系人物，这薛福成自已知道，欧阳利见也知道；但到宁镇后，一系列的言行表明，薛福成将它忘记了，所以欧阳利见也将它忘记了，至少有一段时间，欧阳提督心目中的薛道台不是派性十足的对立面人物，而是一个实干家，一个并肩战斗的同事和战友。

但随着战斗的打响，欧阳利见一派的心态又起了很大的变化。

这主要怪法国人，居然被中国的炮台吓破了胆，他们不敢登陆！比起英国人来，他们差远了。

这让欧阳利见感到了深深的失望。

我们认为，欧阳提督是希望，甚至可以说是渴望法国人登陆的。我们的根据是，他在南岸纵深地带的防御上，投入了太多的心血。

让我们暂时回到重复话题：筹防大略。刘秉璋筹防方针的主题词是“阻敌”，薛福成的立体防御思想尽管更全面、更科学，但其实质，也是“阻敌”而已；而欧阳利见则认为，最完美的防御应是“歼敌为主，阻敌为次也”。两者的差异在于防御的被动和主动。方法上，前者坚决不让敌人登陆，后者则恰恰相反。

谁对谁错呢？判官是战争本身。

孤拔率法国舰队来了。欧阳利见在金鸡山上注视着双方的炮战。中方的炮声来自招宝山和栏坝后面的军舰。他所在的南岸一片安静。南岸没有开炮。小港炮台摆的都是假炮，真正的精炮已经撤到群峰簇拥的乌龙岗那边去了。欧阳利见在这里筑建了隐秘炮台。隐秘炮台里大炮的炮口不仅指向大海，也指向陆地。这个炮台，还有金鸡山一带的野战阵地，是欧阳利见防御思想最集中的体现。金鸡山幽险矗立，三面控海，其西南一线，群峰莽莽，似隐百万雄兵。欧阳利见相度形势，即将提督府，实际也是前线指挥部迁到了山上。他在山顶西侧挖穴一丈多深，以土做壁，搭屋十余间，上用三合土匀筑尺许（他认为从以前对英作战和最近马尾教训来看，石壁根本承受不住洋人巨炮的轰击，不如改石为土），加盖洋铁皮一层，再用涂料将房屋表面漆成与山土同色。在指挥部的营门左右两边，又挖有深及六七尺的隧道两条，迤逦曲折，四周环通，均可暗达山上山下各据点。这是为伏兵准备的。

隐秘的炮台和暗道里的伏兵，都在静候法国人的登陆。

在欧阳利见看来，法国人肯定是要登陆的。除了登陆作战，他们还能有什么办法？不登陆就无法解决问题。他们不是奔南洋3舰来的吗？3舰躲在坚固的拦坝内，法舰想冲进浃江或者用舰炮予以轰毁，无异是痴人说梦。他们只有登陆一途。当年的英国人就是这样做的，一登陆，镇海就完了，宁波也完了。

如果他们一登陆，那我欧阳利见的纵深阵地就要发挥大作用了！

但法国人就是迟迟不登陆，让欧阳利见候得火烧火燎。这就有点像一个猎人，早早挖好了捕兽的陷阱。野兽的确是来了，但就是不肯走近陷阱。你想猎人会是一种什么心情？

当然，登陆的兆头也曾经出现过。法国人在挨了招宝山等处大炮的一顿猛揍后，改变战法，几次派小艇小船偷窥我南岸馒头山一带。欧阳利见暗暗高兴，这不是为了登陆作战进行地形侦察是什么！但随后的消息却让他颇为失望，守军打得太好了，将法国人刚刚伸出的触角又给打了回去。当然他不能让这种失望露于言表，他反而还得去表彰守军，为他们请功。

欧阳利见痛苦地书写着一种古老的悲哀：英雄无用武之地。

他不能用战斗来证明自己，来为湘系扬威了。

而此时，北岸的淮系一派，却是春风得意，扬眉吐气得很。

因为仅仅依靠他们的炮台，就让法国人不敢越雷池一步了！

一轰退3舰，二轰退雷艇，三轰毁了法舰的大烟囱，又击断大桅，压死压伤法夷一片。中国自有岸炮以来，什么时候这样威风凛凛过？

20日深夜那场袭击，虽然发生在南岸，但具体的组织者和操作者是钱玉兴，仍然是淮系的功劳！

大炮威风凛凛，管理大炮的将佐自然也是不自觉的昂首挺胸了。那就是吴杰，本是商人出身，经营茶、漆，因性喜武，后来弃贾投军，以功位至把总。随部队进驻宁波后，他以惊人的“勇力”和“能立马背疾驰”的绝技，很快升为千总。镇海的筹防列入朝廷规划后，吴杰被派到招宝山，全权负责各炮台，他的身份为“管带镇海南北两岸炮台候补守备已保都司”。

最初的吴杰是一个难能可贵的“自由人”。虽然他参军时投的是左宗棠，不过后来他逐渐脱离了湘系。来到镇海后，由于长驻北岸，而北岸是淮系的天下，因而渐渐地偏向了淮系。这使欧阳利见他们感到愤怒，大卜没有比叛徒更可恶的了。于是有了第一次激烈的冲突。这就是镇海历史上有名的“拆台”之争。

这里所谓的“台”，是指招宝山上的威远炮台。它是镇海口最有威力的炮台，台大炮也大，所以也是“炮兵司令”吴杰手里的主要王牌了，吴杰对它呵护有加，特别是对从德国和英国购进的6门后膛来福线近代钢炮，他几乎是“一日三抚摩”，喜爱得不得了。中法镇海之战爆发前一年的2月，浙江巡抚刘秉璋亲临镇海视察海防情况，吴杰率部操练，给刘秉璋留下了非常深刻的印象。数年后在给朝廷的奏章中他赞扬其“队伍整齐，炮具精洁，演放灵便，颇近西法”。因而他这个省抚对其“心窃器重之”。

但是欧阳利见这个吴杰的顶头上司实际上却并不怎样器重他，相反，他要卸掉吴杰手中的王牌，也就是说，他要拆迁威远炮台里所有的精炮。他的理由是，威远炮台太突前（地处招宝山东麓最突出部位，距海几步之遥），直接面对洋人的火力威胁。他要像拆迁小港炮台一样，拆走精炮，另在隐蔽处建造暗台，只留几门劣炮在原处，装装样子。

如果冷静地分析一下，我们就可以知道，欧阳利见的这个意见，倒不是针对吴杰个人的蛮来，而是他“诱敌深入”、“兵者妙在歼敌，阻敌其次也”的筹防指导思想的体现。当然，也不排除里面有欧阳利见想控制炮兵、排挤已投淮的吴杰的意图。只是他没有料到吴杰不但不遵循他的命令，反而公开抗命，“极言不可，流涕力争”，赢得了许多人的同情。欧阳利见又气又急，只得强以命令压之，说你吴杰再不执行，我这个一省的提督就只好“即行正法”了。

就在这时，吴杰的后台老板刘秉璋出面了。他发了一份“严电”给欧阳利见，毫不客气地予以“饬止”。

欧阳利见这个在宁、镇一线的湘军首领，就这样不仅在暗地里屡遭淮系的掣肘，在公开的冲突中，也落了个大败。但是他的优秀的职业军人的品德，却也在这种失败中，闪闪地显亮出来。他没能让人接受他的“拆炮”主张，转而就想方设法地去保护这些大炮，而不是像一些人惯做的那样“甩棺材板”，来个不管天塌地陷。

他的保护措施是：

“（在月城保护墙各处）堆土袋一丈二尺，堆土蒲厚达二丈，台之外又用湿毛竹合棕荐密密排匀，层层交搭。”

他解释说：“台墙上下裹以蓑毯，炸弹至，则蓑毯受之，毯濡而柔韧，就算弹下如雨，也不可能炸开。”

欧阳利见的这份殷殷拳拳之心，暂时化解了他和吴杰间的矛盾，两人又和好如初了。只是吴杰还有些怀疑这种护台措施的功效。他是个办事非常认真的人，实地进行了检验，发现欧阳利见的方法的确有效。

吴杰一时愧佩交加，他专门到提督府请罪说：

“卑职秉性耿直，对提军门多有冒犯，万望军门恕罪。”

欧阳利见大度地挥挥手，同时又以上级的口气吩咐吴杰要好好操练大炮：

“北岸的防守，主要的就靠你了。”

欧阳利见给吴杰压了一副大担子。

两人和好的消息，很快就传到薛福成的耳朵里，使他大为宽慰。他清楚地记得赴任前，在杭州向刘秉璋刘抚帅辞行时，抚帅曾有过“要好好协调湘、淮关系”的嘱托；同时他也看到，就是刘抚帅自己，在不断地破坏这种关系。他无法反对，他也理解刘抚帅所言所行其实并不矛盾，应该是各自反映了他真实的一面，这叫身不由己。这就是中国的政治现实，没有派系争斗，也就没有了大清朝的政治。

幸好争斗归争斗，“外御其侮”的根本任务没有忘，双方又并肩备战了。薛福成深深敬佩欧阳老将军这种大局第一的高风亮节。

但他没有想到的是，这种局面并没有维持多久。在中法战争尚在激烈进行当中，两派的争斗又以另外的形式出现了。

34. 苦口婆心

浃江南岸，金鸡山的西南麓，在一个名叫沙蟹岭的地方，驻有一队练兵。晚清的练兵不是正规的野战部队，它是战争爆发前根据需要临时募建的，近似于现代的预备役部队、民兵或民团，所以它的战斗力并不强，一般不做一线部队使用。但是这支练军不但被布置于最前哨的金鸡山一带，由于金鸡山是浙江提督欧阳利见的战时指挥部，所以它实际上还担负着拱卫指挥中枢的重任。

这样，这支练军就具有了非同一般的特殊性。

原因是，它的首领是参将郑鸿章。

有道是一个好汉三个帮，作为一省之督的欧阳利见当然也有自己的左臂右膀。这个郑参将就是他关系最为密切的亲信之一。也许是趣味相同，也许是性格相近，说不定还由于利益攸关，由于同属一个政治团体，总之，两人间不但是相处融洽的上下级，更是无话不说的朋友和战友。用刘秉璋给朝廷奏章的话来说，是“沆瀣一气”；镇海方言呢？是“同脚穿裤”了。

作为欧阳利见一手提拔、培养的湘系将领，郑鸿章对自己的提督忠心耿耿，虽赴汤蹈火，也在所不惜。他目睹着提督的受掣肘，当欧阳利见将指挥部迁到南岸金鸡山，表明如今湘、淮泾渭分明，一般情况下“绝不越雷池一步”时，他感到了一种强烈的耻辱和愤懑。他为湘系受到的不公正待遇而愤懑，又为自己不能替提帅分忧而感到耻辱。未几，“拆炮之争”又以欧阳利见全面的失败（在郑鸿章看来是如此）而告终，更使他的愤懑累积到了咬牙切齿的地步，所以他一直在等待一个可以大大发泄的机会。

他的目标是吴杰。这有几个理由：其一，吴杰有反叛（湘系）之嫌；其二，吴杰污辱欧阳利见最深；其三，也是最主要的一条是，吴杰的炮打得太好了，所有的功劳“都被他一肩扛”了，而处在南岸的郑鸿章，由于法国人不肯离开军舰上岸，几乎没有任何立功的机会。因此郑鸿章的积怨除了耻和愤，还得再加上一条，争功嫉妒。正如薛福成所分析：他们俩“平时积不相能，此次复以有功、无功相形见绌，屡因细故互生猜疑”。

发展到了光绪十一年（1885 年）3 月 20 日，两人竟然不顾“强敌在门”，各自准备率队“开枪决斗”！

双方由来已久、错综复杂的矛盾，在这时得到了总爆发，可以说有点儿“水到渠成”的味道。

受两件事的直接刺激。

第一件是因为朝廷的嘉奖。20 日，内阁送来皇上和太后的圣谕，对前一阶段的战事有充分的肯定，同时要求刘秉璋将“此次尤为出力之同知杜冠英、副将费金组、守备吴杰、受伤之军士炮眼周茂训，均着存记，汇案请奖”。

请注意，上面根本没有参将郑鸿章的名字；而且，湘系方面只有费金组一人，其他全是淮系的。

第二件事便是，据情报，敌酋孤拔已经将在这几天离开镇海（或许已经离开也说不定），压力陡减，因此战事方面可以暂时地松一口气了。

这本来应该是两件大大值得庆贺的好事，谁知竟会促生了“欲开枪决斗”这样的结果。难道中国人的劣根性真的是不能闲下来，一闲就要生是非？

薛福成接到报告，大跌其脚。“强敌在门，将领不和最为大忌”。幸好宁波镇海间辟有直通电报，一番函电往来，得到的最后消息让他稍稍有所放心。郑鸿章仍在沙蟹岭，吴杰也没有离开他的威远炮台，所谓准备列队决斗，只是“准备”而已，双方都还在坚守阵地。

但薛福成清醒地知道，矛盾远未消解。对这矛盾的产生和背景情况，他也洞然于心。他没有忘记自己“协调人”的身份和职责，因此他告诫自己千万要慎重，要讲究协调的艺术，而其前提就是，一定要有公正心，千万不能有所偏废。虽然从情从理，他都倾向于赞赏吴杰。他在给刘秉璋的报告中说：

“窃思吴守备临财廉，御敌勇，操练勤，实为难得之才。”

但他不能将这种赞赏在公开场合随意流露。现在最首要的任务是维持团结，共御外敌，他这样反复地提醒着自己。

因此他急急赶往镇海时，身上带的协调法宝是一部六字秘诀：求大同，存小异。

他第一站来到了招宝山。宁波知府宗源瀚在进山处等候，他是受薛福成遣派来打前站做和解的。薛福成从他严峻的表情里丝毫看不出有什么成功的迹象，因此向他拱拱手，说声“宗守辛苦了”，便直接来到了杜冠英的指挥所。他故意先不去找吴杰，他要先做通吴杰的实际上级宁、镇营务处杜冠英的工作。

镇海前线的指挥系统有点紊乱。欧阳利见曾以不无嘲讽的口吻点评过：“一海口而安四营务处、四统领，事权不能归一，各执一见，均可纸上谈兵，所谓议论多而成功少也。”共有两个系统存在，即由欧阳利见、杨岐珍、钱玉兴、吴杰“四统领”组成的指挥系统和由宁防营务处薛福成、宁防营务处提调宗源瀚、宁镇营务处杜冠英、水陆营务处徐杏林"四营务处"组成的协调系统。这两大系统的总枢纽都捏在巡抚刘秉璋的手里，而薛福成则代表刘秉璋负责那条协调线，因此从这方面来说，杜冠英还是薛福成的直接下级。

薛福成几次来镇海，都是由欧阳利见负责陪同，杜冠英仅仅陪随而已。所以当这次他看见薛道台脸色凝重，径直向自己走来时，不由得有些紧张。

"道宪……这个……如有所差遣，传个令来就得了，何需亲自……"

"哪里是什么差遣的问题，今天我是专程前来告求杜丞的。"

听薛福成这么说，杜冠英明白了，道宪是为了什么事来的。"我管教无方，甘受处罚。只是，这个，吴守备是个难得的虎将，天生的操炮里手，还望道宪和刘抚帅曲成保护，免其过愆。"

薛福成知道他和吴杰之间，既为淮系同党，又长期创业与共，为各炮台特别是威远炮台的建设付出了大量的心血，感情关系非同一般。如果能由他出面劝诫吴杰，效果当更佳。于是微微颔首，道：

"杜丞能有这种姿态和认识，我就放心了。谁不知道吴守备是个奇才？如果没有他和他大炮的神威，这次镇海地面必定会再遭洋夷的蹂躏。只是独木难成舟，只手擎不起天。杜丞，有劳你跑一趟威远城，将我这几句话带给吴守备吴吉兄。告诉他，我在这里等他的回话。啊，不，你先走一步，我随后就来。吴守备是抗法英雄，我去看看他，也是应该的。"

自吴、郑冲突公开爆发后，杜冠英一直在担心上面对吴杰的处罚，因为大敌仍然当前，万一处理失当，吴杰发起牛脾气来，处于极其重要地位的炮台的威力，将会大打折扣。今天听薛道台如此高评吴杰，又见他一口一个“吴吉兄”，并且还要亲上威远城，于是一下子就放心了。他恭敬地向自己的上司行了个注目礼后，飞马上了招宝山，原原本本地向吴杰学说了一遍。听得吴杰既感佩又惶恐，恭恭敬敬地迎候于威远炮台的月城门下。

月城的外侧和顶上，覆盖着一层层褰棉、毛竹和土包。薛福成拿手在上面轻轻拍打，问杜冠英：

“当时为拆炮事情，欧阳提督和吴守备发生冲突，刘抚帅驰电定夺，否定了提军门的意见。军门不但没有怨言，反而提了这个很好的建议，保护炮台不至于毁于洋人的炮火。杜丞，请你说实话，你当时想得到想不到他会这么做?”

杜冠英摇摇头。“我真的没有想到。提军门在这件事上体现出来的宽广胸怀和长者风度，令我好生钦佩。”

“吴吉兄，你呢?”

“没有没有。”性格爽直、不善言辞的吴杰，已是满脸通红，“我粗人一个，与老军门相比，实在差远了。我事后在他面前一直不敢抬头，惭愧、惭愧。”

“好!”薛福成双手一击。“知惭愧就是知得失。杜丞，吴守备，”他有意重声称呼他们的职务，以突出与欧阳利见在职别上的差异，“欧阳军门这么大年纪了，整整三年，在镇海风餐露宿，为了什么？还不是为了尽一个老军人的职责?！什么湘系淮系，与他一个军人有多大必然的联系？不要总往这方面想。我与提督接触多次，每次都能感到，他首先是个军人，其次才是湘系代表。我们要尊重他，像一个军人尊敬另一个真正的军人!”

“是!”吴杰和杜冠英频频点头。

“如此，吴吉兄，我就要批评你了。我们都是刘抚帅信得过的人，也算是自己人，我说你几句，不会见怪吧？”

“哪里，哪里，我愚汉一条，请道宪多多开导。”吴杰一脸诚恳。

“好，那就不客气了。我认为你不贪财，打仗勇敢，勤于职守，优点是明显的。这次打法国人，你建有大功，皇上表示要嘉奖，所以你有理由感到自豪。问题是，你自豪过分了，成了骄傲，恃功逞性，没有吸取上回忤逆上司的教训，这次竟然再致犯上之礼……”

吴杰急忙申辩：“我这次没有冒犯提军门，我是对参将郑鸿章……”

“你难道不知道郑参将和提军门的关系吗?!”薛福成突然提高了声音，“连老百姓都知道打狗要看主人的脸，”也许他感觉到这个类比用在这里不大妥当，解嘲地笑了一笑，吴、郑两位也“扑哧”出声，气氛便缓和下来了，“吴守备，如果你这种任气犯上、罔知礼让的坏脾气不改，后果将会难以预料!”

“是，我这人的脾气的确臭。”

“其实，你又有什么可骄傲的?”薛福成的炮火毫不停歇。“不错，你打出了几发好炮弹。可是你想过没有，如果你离开了你的手下，特别是如果没有周茂训他们，你一个人开得了炮吗?如果没有杜丞他们披星戴月赶建炮台，你的大炮能往哪儿放?如果没有欧阳军门的好建议，你的大炮也许连同炮台早就被孤拔的大炮轰上天了，你还有什么可以牛的?就算被你看得一文不值的郑鸿章他们，如果没有他们虎视眈眈，潜守在南岸，让法国人像当年英国人一样登了陆，你的大炮能保护得了南洋三舰吗?!”

一长串“如果”如同排炮，轰得吴杰冷汗涔涔。

“古代一个普通的老妇也知道一筷易断，十筷不折，你却还在犯这种低级愚蠢的错误，实在是太不应该了！”

吴杰的头像压上了千斤重物，深深地低了下去。

“道宪，我错了。”

“知错能改，善莫大焉。走，随我上金鸡山，向提军门负荆请罪去。”

“这……”吴杰磨磨蹭蹭的，没有立即动身。

薛福成一声长叹。

“吴杰啊吴杰，想不到你如此昧于形势。法国军舰仍在，战争远未结束，镇海一线可以没有我薛福成，也可以没有你吴杰，但能少得了欧阳利见吗？务于提台体制无亏，以期力顾大局。——这就是你我应该共同做的！”

“是。”吴杰的眼神终于变得清澈起来。

没有了思想包袱的步子是轻快的，一行人很快来到了江边。也没看清杜冠英做了什么手势，一条交通艇就从它的隐蔽处快捷地飘出来了。

金鸡山草黄叶凋，枯丛里钻出新绿蓬蓬，初春时节，一片宁静，山下山上，看不到一个人影。但每当薛福成一行走到有军事价值的山路的弯头时，总会有士兵从地下的掩体里冒出来，向他们单腿半跪敬礼。

“看看吧，我们的提督给法国人准备了什么！”薛福成衷心地感叹说，“镇海有欧阳军门，这是镇海之大幸。法国人还算聪明，否则，如果贸然登陆，哼，他们有好果子吃了。”

吴杰还是第一次上金鸡山的提督府来，见区区一座馒头状小山头，被欧阳利见经营得铜墙铁壁一般，不由得大为折服。

“真应着了一句老话，叫山外有山，天外有天。我几次犯上，顶撞提军门，今天才知是何等的无知可笑！”

薛福成一听，开怀大笑。

"这才是我最喜欢听的话了，吴吉兄。"

提督府一排简陋的平房出现在眼前。薛福成扯开喉咙，大老远的就喊将起来：

"鉴帅，我押着吴守备，来向你和郑参将道歉请罪来了！"

35. 求赏一杯羹

晚宴举行得既热烈又沉闷。

何解？所谓热烈是指到的人全，气氛看起来也不错。薛福成，杜冠英，吴杰，欧阳利见，郑鸿章，后来又来了杨岐珍，该到的，都到了。薛福成举起酒碗说：

"我来宁镇，七个多月了，除了与郑参将见面不多外，与其余各位，公务上常有来往，但聚在一起，喝杯镇海米酒，倒还是第一次。因此这第一碗，算是我的正式拜见酒，我先干为敬了。"

一仰头，咕噜几声，再也未剩一滴。

在场的都是职业军人，平时视酒如水，见文人出身的薛道台如此豪爽，哪敢落后？因此也都是咕噜出声，个个海碗见底。

薛福成倒满了第二碗酒。

"各位来到镇海有先有后，有远有近，平时也忙于公务，各尽职守，很少能有机会一聚，因此今天在金鸡山的聚会，带有吃团圆酒的味道。来，为我们高高兴兴的团圆，干杯！"

每个人都听出了"团圆"一词的确切所指，因此纷纷附和：

“干杯，为了我们的团圆!”

薛福成目注吴杰。吴杰心领神会，端着酒碗来到了欧阳利见的面前。

“军门大人，卑职吴杰无知无识，任性犯上，几次冒犯大人的虎威。大人宽宏，未予治罪，卑职羞惭难当，以此酒赎罪。”连尽三碗。

欧阳利见捋须大笑：

“吴守备说些什么啊？老夫眼中只有英勇善战的用炮大将吴杰，可不知道还有什么冒犯不冒犯的任性犯上之人。好，老夫就陪喝一碗吧。”

饮毕，拿眼看着郑鸿章，意思是让他回敬吴杰一碗。

谁知郑鸿章故作不领会，挺胸端坐，目不斜视。没奈何，欧阳利见只得直说：“老夫酒量有限，不能陪吴守备尽性，郑参将，你就代我喝几碗，与吴守备较量较量。你们年岁相当，酒量肯定也是棋逢对手吧。”

郑鸿章脸无笑容，站了起来。

“鉴帅有令，末将敢不凛遵？只是位卑猥琐，哪有资格与吴守备这样的天罡星对酒？再者，孤拔虽去，法舰未退，仍然隔三差五地在打炮。末将的阵地虽然在山岙里，远离一线，但也不敢有所松懈，实在是没有心情与吴守备竞酒。”

气氛就从此时起，开始变得沉闷了。或许本来就没有热烈过，薛福成怀疑这是否是自己的一厢情愿。

这说明矛盾还没有实际解决，和好只是表面现象。为什么？是什么阻碍了双方的拉手？难道还有其他自己所未考虑到的客观原因？

这一夜薛福成留在镇海没有回宁波。为了继续保持自己

"自由人"的公正立场，他没有在金鸡山留宿，虽然他很想那么做，因为他觉得自己与欧阳利见有好多的共同语言；他也没有在招宝山上住，虽然他也很想利用威远炮台上的高倍望远镜，来仔细看看法国人将如何度过这又一个异国之夜。他选择了杜冠英的指挥所作为自己的下榻之处。因为以名义论，杜是自己的直接下级，住在他这里顺理成章；从情感的角度来说，杜冠英是集团倾向最不明显的一个，办事又认真，脚踏实地，薛福成第一次来镇海视察，听了他关于炮台建设的介绍后，心里一直就对他存有"栉风沐雨"形象的好感。

薛道台能在宁镇营务处歇息，令杜冠英惊喜不已。他腾出自己的寝室，一看被头由于多时未洗，已是黑中带油亮，赶忙换下，他甚至还不知从哪里搞到了一双木履，一只较新的夜壶！

对他这一番殷勤，薛福成却恍若未见。他眉首紧蹙，在室内来回踱步。踱着踱着，忽然说起话来，仿佛在自言自语，又仿佛是在说给杜冠英听。

"我来宁镇后，一直以联上下、化异同为主要职责。但这工作太复杂了，我有八惧：一惧有未将吏之隐情上传也；二惧有未将上面之威之德下达也；三惧各将帅之间意计相歧也；四惧我调解时积诚未至也；五惧我谋虽忠议虽密，但不慎稍矜意气，使听者不能虚受也；六惧没能使所有同僚尽其所长也；七惧他们办了事后未能如实彰其功也；八惧当夫策力并进，未有折衷，惧不能斟酌损益，至于归当也。我有这八惧在心，兢兢业业，谨谨唯唯，未有一日可以安寝。孰料事端仍然如此棘手！"

他双目炯炯，直视杜冠英：

"徵山，你来镇海比我早，又一直在这儿驻防，各种情况肯定比我熟悉。你说说看，如何能维持两派的团结，力顾大局？"

“徵山”是杜冠英的字号，薛福成刚才一番剖白，现在这一声称呼，都让杜冠英听了倍感亲切。既然道宪将自己当朋友看待，那么自己也应该知无不言言无不尽了。

“昨天，也就是圣上欲嘉奖镇海前线将士的谕意到达后，提军门和杨、钱两位统领，曾经碰过一次面……”杜冠英小心翼翼地说。

“呵，你知道他们商谈的内容吗?”薛福成很感兴趣。

“具体不清楚，肯定是与嘉奖有关。”杜冠英说，“听说鉴帅的意思是，朝廷奖赏，除了赏给炮台、兵轮外，尚拟匀分陆上各营，以同沐圣恩。”

原来如此。这样看来，两派的争斗，集团因素是大根源，邀功享赏则是直接的实际因素了。

解铃还需系铃人。朝廷的赏令是根据刘抚帅的战况报告产生的，倘要妥善解决“讨赏”之争，还需抚帅出面。回到宁波后，他立即起草给刘秉璋的报告。报告中他详细陈述了南北岸两派之争，指出直接的导火索是争功争赏；自然，他将欧阳利见和杨、钱两统领的意见也写入了其中。

忽又觉得不妥，自己还没有表态呢，刘抚帅最讨厌没有倾向性见解，只会堆砌材料的报告了。于是他字斟句酌地写下了下面一句话：

“分之见寡，每人所得几何?”

这表明，对欧阳利见他们这种“均匀分赏的平均主义”思想，最初他是不同意的。

于是有了他的如下建议：

“似不如遵宪电核实之谕。”

意思就是，还不如依照您在“奏镇海口获胜情形”一折所列举的已蒙圣谕恩准的杜冠英、费金组、吴杰、周茂训的事迹加以核实，重点嘉奖来得更合理更有意义。

报告用电报发出去了，很快就有了回音。意外的是，传回的不是刘秉璋的答复，而是转了一份欧阳利见写给刘秉璋的请示。在该请示中，虽然欧阳利见用了“函请钧示”等语，但中心意思还是在强调他的“同沾圣恩”主张。

这就引起了薛福成的思考。他为什么要这样坚持呢？为什么不与他这个道台通个气，直接去请示刘抚帅呢？难道还有自己未曾了解到的情况吗？

于是薛福成再上镇海。“八惧”之一就是惧怕未能如实彰其功，可不能在这方面犯错误，以致造成两派更大的不和。

各方对薛福成的去而复来先是惊愕，待弄清来意后，均持欢迎的态度。这说明薛道宪是真心想把冲突协调妥当的。因而欧阳利见、杨珍岐、钱玉兴、杜冠英等纷纷主动上门拜见晤谈。薛福成越听越惊，如芒在身，一分钟也不敢多待了。

“福成昨至镇海，”薛福成改用私人信件的口气起草给刘秉璋的报告，“始知各营望赏之心甚切！”他在“望赏”下面加了圈点，以示强调，“彼之所争在颜面，而不在数目之多少。”

写到这儿，他停住了。需要不需要对这“彼”字来一番说明呢？最后决定不予以说明，因为刘抚帅照例应该知道它的所指。彼就是对方，对方当然是指湘系郑鸿章他们了。

“福成认为，他们所恃据的也有道理，的确，两旬以来，放哨，巡逻，侦查，他们是昼夜辛苦。虽然没有像招宝山一样直接参战，功劳不著，但苦劳毕竟还是应该肯定的。”

为了论证更加有力，也为了让刘秉璋接受他的新建议，薛福成将问题尽量往大局上靠。“此次浙江镇海海防挫敌，为近年来难得之创举，而海防之设，又必须合众力方成。若使众情稍有不协，亦非所宜。”

最后，薛福成为南岸的广大非淮系官兵，向刘秉璋要赏：

“给赏稍示周溥，人人有份，似无不可。福成不敢固执己见，特再详陈此中曲折，以便钧裁，参酌施行。……当然也不妨声明下不为例。”

薛福成将报告增删润色，觉得几成完美了，才准备交付电报房。恰在此时，他突然想到了一点，赶紧补上一段：

“又，3 月 1 日（农历二月十五）之战，杨统领岐珍在招宝山炮台，首先望见法船，始做准备，又复亲自督战获胜。今读钧疏，未为表明，故而杨统领意稍不乐。若宪台他日遇便，稍有些激励之，当更感奋矣。”

好了，已经没有遗漏了。杨统领是刘抚帅的人，他看了这一条补充，不会不高兴的。

果然，刘秉璋同意“均赏”，自然不是绝对平均，但没有人再去计较这一点了。南岸要的是公平和面子。

因此金鸡山、招宝山一片欢腾，暂时没有了湘淮之分，更没再出现过令亲者痛仇者快的“内讧”了，直至战争结束。

不过欧阳利见没有笑，他的心思又高度集中于在口外继续游弋的法国军舰了。

鱼龙听歌

镇海口外急流汹涌，然而甬江至浃江，则是温文尔雅水波不兴。这正如宁镇的人民，勤劳，善良，但当有强盗上门挑衅的时候，他们却又变得强悍、英气勃勃。

中法镇海之战中的我方主力，毫无疑义，当然是朝廷的正规军，陆营，水师，炮兵，都是如此。

然而战争绝对是一幕大剧，里面除了主角，还有大量的配角。又因为战争的不可测性，有时候配角的作用显得与主角一样的重要。

镇海之战中的配角呢?

这里撷取其中的几个片段，为整个战役添色，为我伟大的宁镇人民树碑。

36. 情殷敌忾

宁波是当时中国最繁荣的通商口岸之一，商肆林立。其中有一家“北号会馆”，这应该是属于公司性质的企业，不知何故，却取了个类似现代招待所味道的“会馆”的名称。它主要以经营水上运输为主，货客皆顾。

光绪十年（1884 年）8 月 7 日，会馆里来了两个特殊的顾客，自我介绍说是宁波知府宗源瀚和邓管驾。会馆主人费掌柜心里就有些数了，他让人热情地上茶，然后静静等候，并不开口发问来意。

宗知府接过茶盅，略一迟疑，便又放下了。

“费掌柜可知目前时局？”

费掌柜欠了欠身子，道：

“不敢称知，只是有所了解，我大清朝又要生灵涂炭了。这些洋鬼，搞得我们想顺顺安安的做些生意都不能。”

“就是。有道是覆巢之下岂有完卵，想要顺当做稳生意，第一就要将这些强盗赶出国门。”

费掌柜频频点头，“这就有劳一线的将士了。”

“不尽然是这样，”宗知府摇头说，“打仗不光是朝廷的事，军队的事，其实也是你我的事，每一个黎民百姓的事。”

“宗守言之有理。先贤有话，天下兴亡，匹夫有责嘛。现在法国强盗快要打上门来，阿拉宁波人当然要有人出人，有钱出钱了。”费掌柜说。

宗知府听了大为高兴。“先生有如此觉悟，太好了。”他站了起来，趋前一步说，“今日我和邓管驾前来，是因为有事相烦贵宝号。”

“请讲，只要北号会馆力有所能，无不凛遵！”

“不，不至于那么严重，当然是在贵宝号的能力许可范围之内。实说吧，问题其实很简单，我们欲借贵号‘宝顺’轮一用!"

果然是征船!

"费掌柜知道，镇海口最窄处，只有200余丈，为了不让法舰撞入内江，薛道宪、欧阳军门他们决定施行堵江战术。目今已购桩木3000余支，用机器排钉海口，自南岸至北岸，横列22丛，自内侧至外侧，直列10丛。又购大木船36艘，满装石块排沉桩缝之间。我们还另外准备了最后封口用的大木船5艘，和破坏螺旋桨用的三杠渔网3顶。"

"所虑甚密，所备也周详。"费掌柜赞赏说。

"但是现在有一大难处，就是最后的口子留存有20丈之宽，这是为了封口前便于商船出入而留。一旦开战，就要迅速封堵，这就需要有大船。但现有的大木船太小，因此要借贵号'宝顺'轮船一用了。"

原来如此。

费掌柜轻轻一拍桌沿，表情显得十分严肃。

"如果只是为了借船一事，宗守只要派一干员来通知一声就行了，何必要自启大驾，携邓管驾亲自前来？是担心北号会馆不肯吗？如此，那也太信不过我费某了！这是瞧不起我呀。"

宗知府和邓管驾见他表情突变，先是一惊，听了他的表白后，哈哈大笑起来。

下面的工作是在非常友好融洽的气氛中进行的。——点明船具什物，开清单两份，一存会馆，另一份交邓管驾。由邓管驾照单将船移交给宁波府，并报浙江巡抚刘秉璋，同时约明，将来一旦需要"宝顺"轮真的沉水，其损失由当局等价赔偿。

宗源瀚没想到事情办得如此顺利，深感费掌柜"深明大义，颇为难得"。邓管驾也许比宗源瀚还要高兴，他仔细察看了"宝顺”轮后，喜滋滋地对宗守说，不如花几千大洋将它买下得了。只要安上几门炮，就可以巡逻定海、石浦、海门等海域，成为一条相当不错的炮艇。这船的机器性能优良，船体造型俨然是条大轮船，真不错啊，改为炮艇，绝对要比现在的巡逻艇“惠济”号强。

“别做白日梦了，现在宁镇税厘收入日绌，分分毫毫都要用于一线，哪有钱来买船？‘宝顺’轮我们是以借的名义弄来的。另外，官民交涉，以信义为主，还希望你们这些看守人员，加以爱惜，不到万不得已，不要轻易沉水，以便能完璧归赵，一无伤动，那才是大吉大利。”宗知府说。

但是宗守也没有料到，更大的变故还在后面。

办毕借用的一切手续后，“宝顺”轮当即开到了镇海前线。从现存的资料来看，它的位置紧靠着排桩，排桩前面是当时比较先进的电控水雷。这样，法舰要冲口，必须先冒水雷的威胁；就算突破水雷阵，那么密密麻麻的木桩和桩下的渔网，会让它动弹不得；因此它只有撞封口一着，“宝顺”轮就是为了防这一手而准备的，如果法舰撞进来，因吃水深，必定要搁浅在沉入水下的“宝顺”轮船体上，这样它就只有眼睁睁等着挨揍了。

战争终于来临了，3 月 1 日的炮火取代了元宵节的喜庆鞭炮。各种各样的消息源源不断地传到了宁波，招宝山大炮大发神威啦，陆营灭了偷袭的贼啦，敢死队将敌酋孤拔都打伤了啦，等等，就是没有“宝顺”轮沉下水去的消息。北号会馆的费掌柜感到十分不解。待他了解到不凿洞沉水的原因后，则是十分生气了。

“今天召集全体同仁开会，是有一事相商。”费掌柜今天一反常情，站着主持会议，“本商号有一条‘宝顺’轮，应宁波知府宗大人之令，借于镇海，做堵江封口之用。如今已开打多日，法舰随时都有可能冲入内江，‘宝顺’轮却迟迟不沉。诸位知道是为什么吗？”

众皆摇头，表示不知。

“那是因为‘宝顺’轮太漂亮了，他们不忍心沉水！”

不忍心？

“不忍心是我客气的说法，真实的说法应该是他们怕赔偿不起。”

赔不起？堂堂官方会赔不起一条轮船？！

“朝廷穷啊。外有洋人掠夺，内有太平军、捻军折腾。我们浙江虽为天下富区之一，却也穷啊，英国人来糟蹋，英国人法国人联合来糟蹋，还有台州的匪乱等等，现在法国人又来了，到处要筹防，到处都要钱。自然他们觉得赔偿一条‘宝顺’轮也是一笔天大的支出了。”

一片嗟叹声。

“在这种情况下，我们是否该做些什么呢？”费掌柜牢牢地控制着话题发展的方向。

“掌柜的，你大概已有什么主意了吧？尽说无妨，只要合天理符人道，我们一定坚决支持。”

“好，真是我的好兄弟。我是有一个主意，”他有意放重放缓了语气，“我想将‘宝顺’轮捐出去，无偿地送给当局。也就是说，只要有需要，尽管将‘宝顺’轮凿没，我们不要一分钱的赔偿！”

没有一个人表示反对。

立即产生了一份有全体同仁签名的捐献文件。文件送到了宁波知府处，宗知府拉着费掌柜的手，连连摇着，没说一句套话，只是回赠了一方嘉奖匾额，上有他手书的四个大字：“情殷敌忾”。

1885年3月25日，也就是镇海之战爆发整整二十多天后，由欧阳利见和薛福成共同签署的《甬江封口告示》终于正式颁布，全文如下：

> 浙江提督军门节制水陆诸军欧阳，分巡宁绍台海防兵备道兼管营务处薛，为出示晓谕事：
>
> 照得镇海为浙东门户，前以防务紧要，于口内排钉巨桩，中留船路以备临警堵塞，用资保护，业经示谕在案。今法船临境，两军开仗，以舢板游弋窥伺，居民谣惑，戒备宜严。现由本军门、本道会商地方文武水陆各营，筹维斟酌，恐奸宄冒充商渔，乘间混入，自正月十五日开战之后，已将所留船路口门堵塞，今复添备钓船于小金鸡山浅水等处一律沉下。以后无论商轮、民船一概不能进出，倘有猝然驶近口门，炮台即开炮轰击，即水雷亦不免触发。设令不自小心，以致损船伤人，概于炮台、兵轮无涉。一俟法船退去，仍当设法开通，以便商贾往来照常行驶。本军门、本道为保护地方及中外商民生业起见，合亟出示晓谕，为此示仰官、商、军、民人等，一体知悉，其各遵照毋违！特示。

请注意，尽管该告示中提到了“沉船”，但指的不是“宝顺”轮；事实上，一直到战争结束，“宝顺”轮仍是好好地浮在水面上。因为一，既然费掌柜他们如此深明大义，那就越要慎重使用“宝顺”轮，不言轻易沉水；其二，也是更主要的是，招宝山炮台打得太好了，法国人不敢近口子一步，因此也就没必要用“宝顺”轮来沉江了。

但是无论如何，以费掌柜为首的北号会馆的同仁们那种舍家救国的思想，仍然将永载史册！

37. 众志成城

知耻而勇

1884年8月以后，可怕的消息像瘟疫一样传到了宁波一带。法国人攻台湾基隆啦，打淡水啦，马尾又开战啦。会不会打到宁波镇海来？谣传纷起，宁镇人民一日数惊。

事情终于恶化。大约8月底的一天，三四艘军舰陆续开进了甬江宁波段。“法国人打进来了！”“红头发绿眼睛的洋强盗又杀人抢东西来啦！”街面顿时极其慌乱，车拉马载，扶老携幼，居民们纷纷逃徙，各路交通拥挤异常。特别是宁波通往西南郊的二水门，由于想出城的船只蚂蚁一般拥来，通宵都无法关闭。而那些店铺则竞相减价大甩买，当铺关门；钱庄出现大面积的挤兑风波，每日从上海运来数万现洋都不够支付，致使出现了每取一百现洋须扣去四元的无奈之举。总之，市面吃紧，“倒闭之家不一而足”。

居民生活和社会治安，都面临着严峻的压力。

这时宁绍台道薛福成刚刚上任不久，见此局面忧心如焚，立即展开调查，方知是由谣言引起。这哪里是什么法国军舰？两艘为美国舰，其他都是英国兵轮，百姓不识，误以为是攻打台湾的法国远东舰队开到了宁波！

由此可见民心之不稳，若此乱不禁，基础动摇，后果不堪设想。于是，薛福成发布了到任后的第一则安民告示《劝谕居民各安生业毋得造言煽惑示》——

为晓谕严禁事：

据可靠情报，法人构衅，驶至中国的大小兵轮，区区不满十艘，分散于福州、台湾等地，与我大军相持，还未决胜负。法将孤拔疲于奔命。敌舰既连有损伤，粮饷等后勤方面又艰于接济，他们还有什么余力能再去骚扰其他海口？

昨闻宁城居民无端惊恐，甚至深夜仓皇，相率逃徙。此必有匪徒造言煽惑，欲图趁机抢劫，而无知者竟然都中了他们的奸计，实堪痛恨！

本道统辖浙东，凡在人民皆我赤子，哪里会故意隐饰，带给你们不测之祸？今日宁波，外有定海之屏障，内扼镇海之炮台，陆营劲旅重重驻扎，水雷巨桩层层密布，万一有警，也绝不会仓猝让法国人打到宁波城下！就算真的时机紧迫，地方当局也会明白示谕，预先动员组织你们暂避烽烟，只要一转入内港，即可平安无事。又何必先事惊慌，不顾本业，不惜资财，受行路之苦累，启匪徒之窥伺，真不值得啊。

现本道除了密访造谣之人严拿重办外，再出告示晓谕，希望各吏民、绅商人等一体知晓，你们务须各安生业，不得无故自惊。倘有棍徒胆敢造谣生事，蛊惑人心，一经访拿到手，定以军法从事，决不宽贷。切切！特示。

告示一贴，民心即稳，《申报》11 月 11 日的报道说，“宁郡贸易日来渐见畅旺，人心亦安，从前迁之乡村者，现俱搬回城市矣。”

如何防止此类惊慌的再次发生？薛福成动了一下脑筋。他下令绘制了英国、美国、德国三个国家的军舰旗帜，四处张挂，以便居民识别，这样就不会再认他舰为法舰了。

但是事情并没有到此结束。薛福成认为，上次的“草木皆兵”体现出来的不仅仅是误会，更主要的是暴露了居民严重的缺乏对朝廷防御力量的信任，也缺乏自己起来保护自己而不是一味溃逃的自信。这是一种应该引以为耻的心态，故而薛福成意识到，对居民的工作，最要紧的一步是要让他们知耻而后勇，也就是说，要树起他们不畏强敌的信念，激发他们报家卫境的斗志。

于是，薛福成下令，在各地组建民团。

众志成城

民团武装在中国有悠久的历史，也有相当高的地位，湘、淮二系的首领曾国藩和李鸿章，其实早期也是靠组建民团起家的。凡是多事的村镇及富豪，都有养民团的习惯，只是政府当局出于某些担忧，有时加以限制罢了。现在洋夷入侵，组团令出，薛福成又以耻辱相激，因此，宁镇各地的民团武装，顿时像雨后春笋一样冒了出来。

宁波体仁局。一个由宁郡各方著名绅士参加的会议正在召开。会上群情激昂，气氛热烈得如同烧开的水。会议的主题只有一个：议办民团。

并没用多少时间，就议定了办团方案。划定区域，城外分江东、江厦、城西、城南四段，城内分东南西北中五段，每处各建规模较大的民团一个，这样便有了十个民团；再于各段内照地之远近，分设小团，各由当地绅董兴办。

民团建立后，每夜轮流巡逻，有警则鸣锣为号，联络接应，互作声援。

不要政府一分钱，一切费用皆由民出，很像现在所说的“有钱出钱，无钱出力”。有些繁华区段的殷富商行，出钱雇募团丁，使贫而无力者能有所糊口，不生外心；相对偏僻落后的区段，则以出力为主，每家出一丁，分作十班或二十班轮流值夜。如此团防，就变得日臻完固了。1884 年10月5 日的《申报》作了这样的报道：“宁郡官宪谕令绅董举办民团，阖城不下百余段业已举行，大街小巷击柝之声彻夜不绝。”

这是一种全民动员的激昂之声，会令任何入侵者听了心惊肉跳。

而在镇海，民团组织更是搞得有声有色，有质有量。早在这年的8 月中下旬，镇海乡绅就自发地组织了一个拥有百余名勇丁的团练，日则操练兵械，夜则严密梭巡。每夜除了击柝敲更，还各发给铜锣一面，一遇有警，鸣锣为号，约定，听到锣警后，各家务须同心协力，群起追捕，使匪徒无隙可乘。

到了10 月份，镇海的团练组织更臻完善。如镇海北各乡，每十人立一尖旗，团总则以方旗领之，以宣号令。每逢一、五日讲演武事。各乡还于适当的地方设立乡公所，有事互相通气协商；由乡公所联达县公所，声气联络相通。总公所另雇枪手数十名，这些枪手就成了各团丁的领头人物。此外如灵岩、泰邱、海晏三乡地处镇海东南沿海，全民总动员，每家出一丁集合2 万多人；再于紧要地方添募勇夫，以济团丁之不足。一遇有警，听到锣声便手持龙刀渔叉集合起来。大有戈戟凝霜，旌旗蔽日之势。如此，不但可以自卫，实也可御外侮了。

有道是众志可以成城。宁镇人民以自己的努力使家乡变成了铜墙铁壁。他们在每一个隘口，每一道坎边，每一丛树林，每一条河道里，严阵以待。现代人喜欢用黄牛掉进泥淖来比喻敌人的愚蠢和陷入困境，那么，如果孤拔这些法国人一旦进行登陆作战，迎接他们的就是人民武装和正规军组成的浩浩泥淖，这些洋牛只有掉进去的份，绝没有爬出来的命了。

所以说孤拔们没有登陆，实在是他们的幸运。

工人的吼声

奉化是宁波的近郊，以种植水稻为主，稻草为造纸的主要原料，所以当时奉化唐岙一带建有许多造纸厂。这些厂规模很小，做工的都是附近的农民，因而它们很接近当代意义上的中国乡镇企业。

有三千多穿农民服装的工人在造纸厂里劳动着。从深层角度来说，这些工人还不能被理解为近代政治、哲学、经济关系意义上的工人阶级的组成部分，他们至多是带有些许该阶级的雏形罢了。

但就是因这一点点雏形，就已经使他们呈现出了与普通农民迥然不同的特异风采。由于法国人在台澎发动对华战争，影响波及重要的港口开埠城市宁波，人心惶惶，市面动荡，唐岙各造纸厂的厂主骇于时局，纷纷关门避祸。三千工人一下断了经济来源，炊烟因之而绝。

工人们没有怨恨厂主，更没有起来作乱。也就是说，他们没有盲目冲动，而这往往是普通农民难以做到的；当然他们也没有坐守困境，这也是普通农民不易采取的态度。他们一堆堆地围聚在一起，分析着，商讨着，得出了共同结论，他们现在的处境是法国人造成的，要想恢复以前的宁静，必须将法国人驱离出境，更不能让他们在镇海登陆，打到宁波来！

下面的行动将具有划时代的意义：

“……聚集三千人约期上郡，环请道宪给发口粮、器械，力图投效。”

这是《申报》1884 年 10 月 8 日的报道，传递给我们的是奉化唐岙三千造纸厂工人，在战争乌云压顶之机，约定时间共赴宁波，请求薛福成发给武器装备，上战场抗击法国侵略者这样的信息。为什么要说它具有划时代的意义呢？这是因为，一，它是中国以“工人”的身份所采取的第一次具有政治意义的行动；二，这个行动是自发的，没有所谓绅富官宦这样的人出面组织；三，它的目标直指外国入侵者，所以它具有典型的爱国主义色彩。

这是中国工人第一次发出的吼声，这吼声由明确的政治性、严密的组织性和高度的自觉主动性所组成，这与各类民团和市民组织是有很大不同的。

38. 悬赏杀敌

法国人猛轰无效，偷袭也败得狼狈，有进退两难的味道了，结果他们真的既不进，也不退了，三五艘军舰锚泊镇海口游山一带，显示他们存在和力量的，是时不时地开炮，目标为小港一带，意图不明，也许是由于小港炮台只挨打不还手（它是个诱敌用的假炮台），也许他们想在南岸登陆，也许啥也不是，只想抖抖威风，制造一种威慑的气氛而已。

就在这隆隆的炮声中，镇海街头出现了一张镇海县令签署的悬赏杀敌的布告（全文前已引述，见第六章“31. 智探敌巢”一节——著者注)。江知县开出的赏格是，凡团防练勇、沿海居民和渔户，如能斩获敌人首级一颗者，赏银50两，并禀请赏给军功顶戴。下面还有几条，但大家都没去仔细看，大伙都被这第一条吸引住了，每个人的脸上均绽开了会心的微笑。太熟悉这悬赏偷斩洋敌人头的一幕了。当年英国人侵犯镇海，官兵溃退如山倒，而徐保领导的黑水党义军却使英国人心惊肉跳，极度恐慌。他们使用的方法就是偷割人头。他们十余人一队，每人随带短剑一把，白天为民，晚上专杀敌哨，一刀一头，快意极了。

江知县的布告引发了镇海人民美好的回忆，但只是回忆回忆罢了。一是如今洋夷又至，而黑水党安在？二是现在法国人整天整夜龟缩在舰船上，不像英国人都到了陆地，要杀哨兵是没处下手了，所以居民们更感兴趣的是第二张布告。这第二张是由宁绍台道薛福成签署的。告曰——

……照得法人逼攻镇口，两次开战，挫其凶锋。然敌舰尚泊游山外之金塘洋面，或五或六，来往飘忽，扰害商民，且恐日久别生诡计，潜图侵犯，亟应设法驱剿，以靖地方。本道之意，不论华人、洋人，如有能独运奇思，创一精器，或造水雷，或用火筏，或善泅水能经久涉远，或善纵火能载物扮商，如沉法人一铁甲船者，赏银二万两；沉一木质兵轮者，赏银一万两。……或船虽未沉，而毁坏敌船，使彼不堪复用，确有证据者，赏如沉船之半。本道言出必行，断无失信之理。宁郡夙号名区，岂乏智巧通达之士？即洋人之旅居与此经商致富者，亦复不少。唯愿各尽心思，揣摩得法，……歼兹巨寇，共建殊勋。

比较一下这两份布告，我们就会明白什么叫做进步和具有新的思维。镇海县的布告沿袭的基本上是传统的赏文，对象狭窄，仅对镇海本地人士而言；条文也是平平淡淡，既缺乏刺激人的情感，也没有强烈的理性冲击力。而薛福成的赏告则不然。他将对象竟然扩大至洋人身上，这在当时，是极其罕见的，可以说是破天荒。说明具有了崭新洋务思想观念的薛福成的视野，是多么的开阔。能利用一切可以利用的力量，而不管什么国人洋人，这种开放性思维至今仍闪耀出真理性的光芒。闭塞守旧抱残守缺的人，是不可能具有这种认识的。

赏告既出，合郡振奋，各界人士纷纷响应，与法国入侵者进行斗争的情绪更加高涨。薛福成在赏告中，具体指出了杀敌毁船的 4 种办法。大伙忖度各自的擅长，一一对号入座。尤其是镇海 200 多名平时以铲售野生淡菜为主的淡菜户和渔户，在当地贤明绅士出资募集的鼓舞下，组成了一支令人生畏的水勇队。他们水性极佳，能不换气地潜入水中达数分钟十数分钟之久。因此他们采取的战法便是暗送水雷进攻法舰。这种战法近似于第二次世界大战中的日本敢死队，是一种自杀性进攻，要求参加者具有自我牺牲精神。水勇们都做好了牺牲的准备，一旦令下，随时都可以变成一条鱼，将致命的水雷潜运至法舰的身下。

依靠汉奸和间谍，法国人很快就得知了消息，顿时吓出一身冷汗，急忙动手，在每艘军舰的舰旁，布置了一道又一道的竹木铁网，以防水雷；夜里放哨的更是提心吊胆，唯恐有什么“水鬼”爬上船来，将自己的头颅给割了去。

远地来的法国人充分领略了一句的中国成语：惶惶不可终日。

这种不能安寝的苦日子一直熬到战争结束才有了尽头。因此我们将会以微笑来阅读薛福成的如下一段记载。这节文字是薛福成在战后整理他的《浙东筹防录》一书时，作为一种“自识”加在赏告后面的。他写道：

“法船经炮台、兵轮两次击挫后，仍在口外，每日对炮台放炮数次。余欲以虚声恫吓之，使不敢安然停泊也，乃遍张此示于郡城内外。谍者果言法船将弁连夕警备，分布竹木铁网于舰旁以防水雷，盖不能休息者二十余日，逮停战信到乃止。”

瞧，字里行间薛福成自己也显得非常满意呐。

39. 一条船的故事

镇海浃江南岸，青峙岭外，靠近金塘洋的海边，有一个村庄叫做林家村。镇海县令以前对它不甚注意，因为毕竟是个小村庄嘛，公务繁忙的一县之令哪能顾得上它？但 1885 年 3 月 3 日，也就是中法战争镇海之役正式打响后的第三天，江县令突然接到了浙江提督欧阳利见的一则公文，责问为什么还有船只在林家村一带的水面上来往。

江县令认为这不大可能。因为昨天他也收到过提督府的公函，要求严格禁止各商渔船只进出海口，以防汉奸向敌人暗通消息，或私运粮物济匪。他当即派人到各行埠码头，挨家挨船地进行了传达。大家都非常配合，都说非常时期，愿意凛遵。怎么还会有人如此大胆，敢于违令？

不过既然提督有钧谕，那就不得不查了。江县令立即下令，派遣公差持示前往。却见公差磨磨蹭蹭的，似乎不想动身。江县令觉得奇怪，就查问原因。公差回答说，林家村离城较远，治安不稳，仅二三个差人，恐难阻截；况且那些渔船虽属镇海县署管理，但那是以前的事了，自去年组织渔团以来，即不准再行稽查。因此如果真的存在犹有船只来往于林家村一带的情况，恐怕仅凭县差也难以约束。并非本差有心推诿，实在是有难处。还求大人飞函于提军门，请他出面，饬令渔团绅董就近严密查禁。如此较妥。

江县令一听，觉得有理，拟就一则公函给欧阳利见。转而认为这样处理有办事不力、“上交难题”之嫌，就主动与水师左营罗游击联系，求他派拨水师数名，协帮县差一同前往查禁。

三名县差、三名水师翻山越岭，来到了林家村。站在塘堤上一看，果见海面上有一条短篷帆船正扬帆顺风而至。县差们大怒，何等样刁民，竟敢视提督府禁令如无物，肆意横行海上?

待它拢岸，公差、水师一拥而上，将船工按揿于地。船主是个孔武有力的汉子，反应似乎有些迟钝，他没有挣扎，只是瞪着大眼睛，一脸的迷惑不解。“我怎么啦怎么啦?”

外地口音，属温岭一带的，难道他不知有禁海令？审问下来，果真如此。原来他本在温岭海口以放流网捕鱼为生，前几天，忽有一个讲宁波官话的中年人找到他，说有一笔好生意成全他，要他运一船蔬菜到金塘岛去。他虽然觉得奇怪，当地多的是船，为什么要租他这条外地船，但可观的赚头还是让他带着助手，驾船来到了金塘岛。因效益奇佳，他就又运了几次。

“我哪知道这是汉奸在捣鬼呢?”待弄明白缘由后，他愤怒地吼叫起来，“我知道镇海在打仗，我还以为这蔬菜是运给我大清炮兵的!”

他主动交出了赚得的所有运输费，他表示一定要捉到那个害他没了“民族气节”的汉奸。江县令准了他的请求，还拨出两名县差换穿便衣协助他。

他最后有没有将汉奸捉到呢？我们不知道，因为地方记载和民间传说就到此为止了。所以这“一条船的故事”其实是个没有结尾的故事。但就是这样的“没尾巴”的故事，却也完全可以印照出民心，它是整个战争剧中一个有着亮点的小插曲。

“名将之花”逐波去

曾几何时，高昂的头颅，显得是那么的骄傲：

显赫的地位；

辉煌的武功；

政府视为“名将之花”；

同僚誉为“海上猛虎”。

然而在1885年的3月20日之后，这一切却都成了泡影，甚至还搭上了自己的生命，法兰西远东舰队司令孤拔实在无法合上他那双垂死的眼睛。

——这都是因为有了你，魔幻之地，镇海！

40. 骄傲支撑的头颅

起初，孤拔根本不认为，自己生死攸关的命运会与什么镇海有关。如果不是李威利和韦依的战死，他甚至也许不会被派遣到遥远的中国来呢。

这就需要简单理一理中法之战的渊源了。最早的源头可以从一个名叫罗德的法国传教士身上找到。1624年，罗德率领一个小规模的耶稣传教团来到了中国的藩邦越南，将所见所闻写成了一部《旅行传教记》，第一次将中国和越南介绍给了法国人。数十年后，他的继任巴鲁向政府建议在越南设立集宗教、商务和政治事务于一体的综合性机构，为“法国增加新的民族”。此议正中政府下怀，因为当时法国正在与英国为争夺北美、中美、非洲和印度的殖民地进行激烈的战争。伤心的是，四次交手，四次败北，法海上力量损失惨重。北美和印度这几处殖民地，是保不住了，必须寻找新的殖民地，于是越南和中国，便成了他们紧盯的地方。

但是法国首先需要一段时间来恢复元气，这又费了他们二十几年。在这期间，法王路易十六接到了长期在泰国、越南南方一带活动的法国主教百多禄回国后递交的奏折。百多禄认为，变越南为法国殖民地，至少有三大好处，其一，利用越南优越的地理位置和英国竞争，平时可以吸收中国的商业，战时可以封锁印度到中国的航线，阻碍英国向远东发展，并摧毁其通商线；其二，利用越南的丰富资源，作为法国远东舰队的基地；其三，从越南开辟一条通向中国中部的商路，掠夺中国的资源。路易十六认为其见识不凡，是个人才，便命令他借机做些先行的准备工作。于是百多禄于1787年11月，利用越南内乱之机，支持阮福映复国，作为交换，越南竟未经通报清政府，擅自与法国订立了《法越凡尔赛条约》。这样，法国人就轻易地得到了其商轮、军舰可以自由来往于越南各港口的特权，殖民的第一步就这样非常顺利地迈出了。

挨过了内乱和欧洲战争后，法国开始加快实施在远东建立“法兰西东方帝国”的战略。他们知道越南的后面是中国政府，要想占领越南，必须首先要打败中国。对此，法国人充满信心。因为他们根据多方面的观察和亲身体会，得出的结论认为，大清帝国已是朽烂的空壳子一个了。作为分享东方肥肉的迟到者，他们的面前已经有了《中英南京条约》和《中美望厦条约》，然而他们抢夺的速度可不慢，一到中国，立即搞了个《中法黄埔条约》，凡是英美两国拥有的特权，如在五个通商口岸建造教堂、医院、学校、坟地和最惠国待遇等，法国人也统统到手了。但他们并没有满足，又先后在上海、天津、广州、汉口等地设立了国中之国——法租界，而且还与老对手英国结成了同盟，于1856年发动了第二次鸦片战争，第二年，他们竟然打进北京来了，立即，他们“拜访”了圆明园。

这次北京之行让他们看清了两点：一，中国人是“低能儿”，不堪一击；第二，中国遍地是宝，是世界上最富饶的地方。

因此法国人喜欢中国，他们也根本不怕中国，只是“我们来迟了”。英美的势力早他们一步，已经深深地渗入了中国的肌肤，他们不想与英美发生冲突，于是他们将目标的第一步定在了越南，先将之作为跳板和基地，进而向中国本土逐次推进。

1856年，占越南土伦港；

1858年，占安海和奠海；

1862年，占边和、嘉定等地并得赔款400万法郎；

1873年，15000名法国雇佣军进逼北圻……

但是他们碰到黑旗军了！

黑旗军原为太平天国的外围部队，长期活动于广西的太平、安德一带，天国失败后，他们被迫退入越南境内，助越南政府打垮了几支人人痛恨的土豪武装，因此在当地享有很高的威望。越南国王得知北圻告急，接受民众的建议，派员请调黑旗军。2000名黑旗军在首领刘永福的率领下，沿羊肠小路，翻越宣光大岭，于这年12月底到达河内罗池镇。法国雇佣军头子安邺不知深浅，贸然应战，结果当场毙命于河内城下，部队大溃，急退出红河三角洲之外。

但是法国并没有接受失败，因为就在这时，法国共和制度出现了，共和党右翼头目茹费理出任总理。他对殖民政策情有独钟，是侵占越南、进攻中国的狂热鼓吹者和积极组织者。他说：

"每一个资本主义列强在至今尚未考察过的地区内，在蕴藏着无限资源的亚洲，特别是在广阔的中华帝国内，都要竭力攫取他们自己的一份。自然，征服那个巨大的中华帝国是不成问题的。"

他代表法国政府宣称：

"我们必须站在那个富庶区域的通道之上！"

于是，有决定性意义的一步就出现了：1881年3月，根据茹费理的提议，法国议会通过了240万法郎的拨款，以做远东军事行动的军费。

就是在这种背景下，孤拔的前任李威利和韦依，于第二年年初来到了远东。他们的身份是海军舰队正副司令，率有战舰12艘，1000余士兵。任务：首占河内，再占鸿基、广安等富庶省份。考虑到上次黑旗军给法军带来的奇耻大辱，李威利开出了赏格：

1万元捉拿刘永福；

10万元攻取黑旗军据点！

黑旗军与法国人再决雌雄。时间为1883年5月，地点仍是河内，城西纸桥附近。2000名黑旗战士分成了三队，一队扼守桥头，正面接敌；一队据守桥侧的关帝庙以便夹击；第三队在庙后路旁埋伏。而法国人的进攻就没有这样的配合艺术了。他们先是用大炮瞎轰一阵，接着以10人为一组，连环开枪，就想夺桥了。结果遭到了黑旗军的三路夹击，惨烈的白刃战开始了，司令李威利当场丧命，片刻后，副司令韦依也紧紧相随，共赴黄泉。

当法军再次大败的消息传回法国本土时，孤拔爵士正在自己的庄园里生气。他已经生气好长一段时间了，自从李威利率领海军舰队前往远东那天起，他就开始觉得气不顺。作为有口皆碑的法兰西皇家海军的杰出将领，他将政府不派自己而是让李威利率队远征，看做是对自己能力及威信的一种怀疑和侮辱。

就在这个时候，总理府终于来人了。

李威利以自己的死亡，为孤拔换来了去远东耀武扬威的机会。

孤拔信心十足地出发了。他哪里会料到，此番前去竟然也会是去送死？他没理由这么想。庞大的舰队，4000名精锐士兵，自己杰出的能力，哪里会有什么死亡的影子？

因此他高昂着头，来到了远东。他向法国在西贡的总督报到。总督命令他拿下越南首都顺化。孤拔毫不推辞，这年8月，率8艘兵船直扑顺化海口，仅仅三四天时间，就迫使越南宣布投降。25日，《顺化条约》签订了，越南正式成了法国的殖民地。

孤拔一战名声响，顿时成了远征军中最耀眼的明星。

但是他的总理却没有到此为止的意思。茹费理让议会通过了增拨2900万法郎、增派1500名远征军的决定。他给孤拔的指令说：

“凡华兵所据的兴化、山西、北宁各地，皆当取来，不能顾惜!”

他要对中国挑衅了。

孤拔又是欣然受命，他为有了再次证明自己军事能力的机会而高兴。同年12月中旬，孤拔率兵6000，兵船12艘，民船40条，军车500多辆，分水陆两路，从河内出发，进攻山西。他的对手是大清朝边防部队，还有黑旗军。

孤拔没有将大清边防军放在眼里。而对于一口气要了安邺、李威利和韦依性命的黑旗军，孤拔可不敢掉以轻心。帮了他大忙的是中国的边防军司令唐炯。这位唐大人为了避免与法直接对抗，在孤拔到达山西之前，就下令让清兵撤离，撇下黑旗军单臂独撑。孤拔要与刘永福掰一掰手腕了。他先以强大的炮火压制住黑旗军，后以集团冲锋的形式，向黑旗军阵地一波一波地压来。刘永福孤军奋战，顽强坚持4昼夜，终因弹尽粮绝，不得不撤出山西。

这下孤拔更是名声大振，什么“远东雄狮”、“法兰西的骄傲”等等桂冠，一顶顶落在了他的头上。不过孤拔并不满足，他认为自己首先是个海军将领，主要的才能，主要的辉煌，只有通过大海，才能得到最真实的证明。但他感到遗憾的是，他现在只好暂时等待了。因为政治家们开始玩起“谈”的一套。政府的意思是，打只是一种手段，最后的目的只有通过谈判才能获得；或换句话说，要想得到最大的收获，必须靠嘴巴，靠外交讹诈。大清朝有个重臣叫李鸿章，法国人对他极有好感，只要与李大人谈，什么都能得到。

法国人的思路是对的，只是疏忽了一点：大清的光绪皇帝已到了可以亲政的年龄，慈禧太后为了证明自己继续垂帘听政的合理性，有必要做一些事情。法国人的到来为她提供了这个机会。如果能打败法国人，能一雪咸丰战事（即第二次鸦片战争）和圆明园之耻，那么朝廷上下还有谁敢开口让她这个老佛爷退休?!因此虽然议和的声浪在朝内一直很高，但朝廷主战的姿态却越来越明显。所以战争初期，法国人外交讹诈的算盘打得并不如意。

这就需要进一步施压，于是孤拔又有了用武之地。这次他回到了朝思暮想的海洋。他始终认为将来的主战场必定是在水上，在中国的重要港口。因此早在政治家们搞谈判的时候，他就和副司令利士比一起率舰遍查中国的海防情况，特别是在闽、粤、浙、苏各省沿岸窥探虚实，以确定其军事进攻的重点和方向。

孤拔锁定了马尾军港。

《辞海》“马尾之役”条：“中法战争中的海战。1884年（光绪十年）7月法远东舰队司令孤拔利用中法交涉的时机率舰队主力驶入福州马尾港，和中国舰队同泊一处。清会办福建海防大臣张佩纶和船政大臣何如璋既不阻止，又不戒备。8月23日停泊马尾的法国舰队开炮轰击，中国海军仓促应战，军舰被击沉九艘，官兵伤亡七百余人，福州造船厂也遭炮轰。”

孤拔将大清朝辛辛苦苦建立起来的水师实力的三分之一给毁了。

接着又得手基隆。

因而他的头上又多了一道大大的光环：海上猛虎。

舰队是他虎身上的翅膀。他率领他的舰队游弋在南中国海，飞扬跋扈，不可一世，认定在远东已没有了对手，不觉也有“独孤求败”般的味道了。

所以当他得到有中国南洋5舰南下援台的情报时，他是何等的兴奋啊！接敌，咬住，歼灭，一艘也不能让它们溜走！

孤拔开始北上。

41. 镇海是一处好玩的地方

直到这时，孤拔也没有将自己的命运和镇海挂上钩。他在军事海图上，标出了上海吴淞，江苏大戢山岛，浙江的舟山群岛、三门湾、温州湾等，因为这些地方是南洋5舰出发和可能经过的地方。镇海是无须标出的，因为镇海地处甬江，有内港的味道，南洋舰队又不是鱼群，不会贴着海岸走，它们没有必要绕圈子。

一切都不出所料，孤拔在三门湾口外的檀头山岛附近拦住了南洋舰队。像狼入羊群，稍稍一冲，就将南洋诸舰分割成了两部。孤拔盯住了看起来最肥大的一只，很快他便了解到，它是帆舰“驭远”号，排水量3400吨，马力却只有1800匹，航速慢得仅为12节，与一只大肥羊的确没有多大差别。它带着一只小羊羔通讯艇“澄庆”号狼狈躲进了狭隘无回旋余地的石浦港。

石浦之战成了孤拔非常美好的回忆。多么具有经典意义的付出和收获之比啊：伤亡一人，损失两捆棉火药，换来的却是两艘中国军舰的葬身海底！

近在咫尺的艺术般的画面：帆舰“驭远”一半在水下，另一半高高竖起。它看起来不像是一条应该横浮的军舰，倒像是一座陡峭的山峰。下沉。水花四溅。漏斗一样的巨大的漩涡。一个敌人就这样消失了。这幅画面强烈地久久地刺激着孤拔好斗的神经，它和孤拔根深蒂固的海军意识交融了，从而形成了他独特的海战视角：决定海战胜负的不是人员的伤亡，而是军舰的存没；

一场伟大海战的胜利标志，应该就是在水面上再也看不到一艘敌人的军舰，它们统统葬身海下了。

我想揭示出这一点是非常有必要的，因为它决定了半个月后孤拔在镇海之战时的整个心态！

水波渐平，石浦之事已了。但孤拔并没有感到满足，这好比是仅仅吃了几口美味，还远远谈不上吃饱。逃走的南洋3舰才是大菜。搜集到的情报告诉他，其中的两艘都是世界一流威力的巡洋舰（某些方面，如速度，还要超过自己所率的舰队），德国造，三四个月前才出德国船厂。与这样的对手一较高低，那才过瘾啊。

因此孤拔在稍作休整补充后，立即撒开大网进行追寻。半个月的地毯式搜索，加上来自岸上各法国商务机构、传教士所提供的情报，孤拔的军事地图上就有了许多箭头。这些箭头慢慢地，后来是明确地指向了一个地方：镇海！

“哈哈！原来是躲在这儿！”

孤拔大笑着，用鹅毛笔将镇海重重地画了一个圈。

他就这样将镇海圈住了。他没料到最后被圈住的却是他自己。不，他没有理由往这方面想。对镇海他并不陌生，甚至可以说还很熟悉。这种熟悉来自于他的阅读。在率队前来远东的漫长的航行中，他阅读了大量有关中华帝国的材料。他最感兴趣的是关于中国军港的情况和英国人肆意横扫中国人的内容。其中他就注意到了镇海。他知道镇海是中国重要的通商口岸宁波的门户，中间一水，左右两座山，构成了易守不易攻的关隘。但英国人是如何地不费力气啊，仅仅几个小时，就将镇海的关隘撕裂了。

英国人说，镇海的军队手里拿的是拨火棒；

英国人说，镇海的东西真好，镇海真好玩啊。

世界第一流水平的巡洋舰居然会到这种地方去躲命，孤拔又一次对中国人的思维和行事方式觉得迷惑不解。这种不解在他阅读到鸦片战争中的如下材料时，曾难以抑制地产生过。宾海的《英军在华作战记》说，中国人会很随便地成为汉奸，只要用钱收买，汉奸什么都愿意提供。“最机密的政府公文的抄件，关于人事及军事措施上所计划的变动，这种情报常常有人送给英方。”另外，他们还乐意充当向导。镇海之所以数小时而陷，不能不提汉奸陈在镐、刘幅桧的“功劳”。他们引导英军在小浃江的钳口和笠山登陆，渡桥从乌龙冈背后绕至金鸡山，对清兵进行突然袭击！

这是什么样的人？什么样的地方？

孤拔信心十足地下令向镇海挺进。这么有趣的地方，我们法兰西人怎么能不去看一看呢？英国人能做到的，我们更应该做到！

是的，孤拔读得很多，了解得也不少。他唯一没有读到的，是一句中国老话，叫做——

士别三日，当刮目相看。

因而他不知道，今日的镇海早已不是昨天的镇海；更不知道，今日的金鸡已经抬头！

他看不到这些，他只看到了镇海口内那三盘巡洋舰大菜，这让他馋涎欲滴。

从此他就和镇海挂在了一起。

42. 棘门不是儿戏场

傲慢，贪婪，轻敌，使得他最初对镇海的进攻变成了耍儿戏。

首先他背离了上头的战略意图，他实际上是在擅自行动。

政府的政治战略是以打施压以谈谋利，因此军事上要求刀刀见血，能让清朝政府感到心痛，如摧毁福建水师，如攻陷基隆占地为质。最新的战略则是封锁水口，禁运漕米，困死敌人，让他们从心理上彻底崩溃（1885 年 2 月 26 日，法国公布了“大米禁运政策”，命孤拔率队北上，封锁长江口，防止南粮北运和外国军火运入中国）。南洋 5 舰南下援台，孤拔率师北上接战，是完全正确的，因为这能保证质地基隆不会复失。但现在南洋二舰已亡，另三舰成了缩头乌龟，只要它们躲着不出，就不再是个危险。那么孤拔就只需派一二舰在镇海口外监视就行了，其他舰只应该立即继续北上，执行封锁吴淞口，进而占领旅顺，威逼北直隶，使北京断粮，从而达到索取战争赔款的目的的战略任务。

但现在孤拔却不走了，一心想吃掉那三盆巡洋舰大菜。

其次，他的军事进攻的兵力不像他以前攻顺化、毁马尾、陷基隆时那样集中，而变成了蚊子叮水牛一般，咬一口，再咬一口。

这能有什么效果？让我们再来回顾一下他的首次进攻。他虽然在进攻前也做过一番调查，但他的调查竟然只是先用望远镜扫描几次，再向一艘悬挂英国旗的商船打听一下，就这样算完成

了。到达镇海口的尽管有4艘军舰，然而真正投入首次进攻（以开炮轰击为标志）的，其实只有一艘他乘坐指挥的"尼埃利"号。而他面对的，却是经过数年准备，早已严阵以待的"三层楼炮台"（威远）等炮台和桩坝内包括南洋3舰在内的5艘军舰的火力！

结果"尼埃利"号连中数弹，"舰上的一根后支索和左舷大桅杆的最后一根支索被打断。"孤拔在给法国海军及殖民部里的报告也无可奈何承认。看不到"海上猛虎"的丝毫风采，除了轻敌、傲慢，还有什么可以解释？

试探性进攻失败了，孤拔转而采用偷袭。猛虎学起了狐狸的招数。他居然没有想到，潜伏在岸上的镇海军民，都是擅长打狐狸的猎手。他派出的两艘鱼雷艇，虽然有着夜幕的掩护，但还未接近清军阵地，就被炮台和兵船击退。孤拔不死心，尔后继续扮演狐狸的角色，几次指令小艇偷偷地潜至馒头山附近侦察。这馒头山在浃江南岸，从地图看，它已在出海口外，远离招宝山、金鸡山炮台，应该是没有危险的了。不料等待他们的却是清军的排枪射击，"船兵皆毙"！

孤拔是否想学英兵，进行登陆迂回作战？如果是这样，那么他这两次偷袭侦察的失败，倒也"祸兮福所倚"。因为浙江提督欧阳利见一直在做精密的反登陆准备，早已为他备好了三道防线。其实就在这馒头山的后面，就驻扎着健字营左旗副将费金组的近千人马。而孤拔所率仅有4舰，且都为水兵，想要登陆，无异是驱羊入虎窝了。

一次次的失败，让孤拔感到了难堪。英国人觉得毫不费劲而又感好玩的地方，在他面前却变成了棘门险地，这让他如何能咽得下气？

难道能眼睁睁地看着那3条军舰躺在木拦坝内晒太阳？

不行！孤拔火了！

这好比是一只狗，面对着一大块香味四溢的肥肉，叫它如何甘心放弃？

3月10日，法国驻华公使巴德诺突然接到了孤拔的一份来电。来电显示，孤拔的心态发生了重大的变化。孤拔率队追击南洋3舰到达镇海口外后，曾经向海军部长去电表示过，对有木拦坝相护的3舰实施攻击，有可能“是徒劳”的。但在经过了试探性进攻的失败后，他却向巴德诺说，他“并未放弃摧毁两江总督舰队的想法”。他还要求巴德诺给他寄一份英国最新出版的甬江地图，同时给他拨运一些肉类和食品。

“一切迹象表明，他要在甬江口驻扎一段相当长的时间。”巴德诺在给法国总理兼外交部长的茹费理的信中，不安地这样写道，“这是无能的表现。”

茹费理默许了孤拔的行动。因为他相信孤拔的军事能力，同时也暗存希冀：如果真的能够一举摧毁中国海军主力的南洋3舰，那么正如巴德诺所分析，“北京势必会发生巨大的震动，对天朝的政策措施也会有影响。”也就是说，会大大有利于法国政府对中国的谈判（外交讹诈）。

这样，从这一刻起，中法镇海之战的性质就发生了重大的变化。它不仅是一次遭遇战，一个局部意义上的小规模争斗，而是整个中法战争大局中一个意义非凡的战役。可以这么说，它实际上在很大程度上决定了中法战争的最后结局。

品味到了耻辱的孤拔发动了最猛烈的进攻。

3月10日，法舰增至7艘。孤拔终于采取了他拿手的集中攻击的办法，说明他已从轻敌变为重视对手。他将攻击点放在南岸小港这个地方。他从中英之战的资料中知道，小港是重要的前沿炮台。他准备一举将之摧毁，从而为绕道南岸攻击躲在内港的南洋3舰创造条件。他不知道他的情报早已过时了。此时的小港炮台实际上是一座空城。这是欧阳利见的杰作。欧阳提督自几年前来到镇海后，始终将防御的重点放在反登陆作战上。他不但在金鸡山至育王岭一线广阔的纵深地带上，精心布置了三个口袋；为了诱敌到来，他还下令撤除小港炮台上的精炮，将它们运到暗设的乌龙冈炮台上，而在原处，仅仅留下了二三尊旧土炮装装样子。因为在欧阳看来，小港炮台地邻海边，敞处一马平川，全无遮拦，敌船遥见，便会全力攻我。敌炮口径大射程远，而我炮力软，炮台不坚，只有挨打的份儿。没奈何就只好弃炮台撤离，敌人趁机占领，这样我们的大炮又会成为助敌之虎翼；况且前沿一溃，全局震动，后果不堪设想。可见将炮台建在小港，不唯无益，反致有害。不如断然后撤，另建暗台，放敌人进来，再聚而歼之。因为攻防之道“所贵乎者妙在摧敌，阻敌其次也，况明明不能阻敌乎”！

因此这一瞬间，孤拔就成了堂·吉诃德，驱动着他的坚船利炮，对空空的小港炮台这个假想的风车敌人，展开了激烈的炮战。敌人的炮火似乎被压制住了，看不到他们的回击。孤拔十分高兴。不过让他感到遗憾的是，炮手们的瞄准本事实在太差，这么多的炮弹倾泻下去，只打中了三炮，炮台围墙、营房数处倒塌，但望远镜内看到的那几尊炮架仍然昂昂然地挺立着。

必须改变射角和弹道！孤拔头发一捋，捋出了个主意。14日午间，“纽回利”号军舰上的法国水兵一片忙碌。他们像蚂蚁推死蝇一样，费劲至极地将大炮一门一门往桅杆上推，他们居然想将大炮安在桅杆上，以便从高击下。结果由于炮身过重，未及开炮，便轰然一声，绳断下坠，压死压伤“蚂蚁”一批。

亲眼目睹了这个变故的孤拔，一下跌坐在指挥台上。

43. 伤心地，死命处

3 月 20 日夜间这个可怕的时刻，就在这种情况下来临了。

天高云隐，寒星点点，这个夜晚与前几天没有什么差别，是孤拔的一个命令制造出了一个差别。他让“巴夏尔”号等军舰撤离战场，退到外游山岛东北方向的金塘一带，自己则率“纽回利”号孤舰留在虎蹲山和内游山之间。孤拔的用意非常明显，是想以孤舰做诱饵，来刺激引诱南洋 3 舰出港攻击。

这是猎人捕捉猛兽的办法，不能说没有道理。但用在这里，却暴露出孤拔分析问题的幼稚性。他虽然感觉到了南洋 3 舰对中国海军的意义（他因此要紧紧咬住不放），但他不知道这种意义已经到了“舍命保护”的地步，他不知道上至朝廷南洋大臣，下至浙江巡抚宁镇一线官员，心中都只有一句话，不能让 3 舰有丝毫的损失。因此在这种情况下，南洋 3 舰怎么会出港主动攻击呢？一丝一毫都不可能！

因此他根本诱不了敌，相反，他此举给自己带来了极大的危险。因为他落在他在镇海的最主要对手宁绍台兵道薛福成的眼睛里了。

这天薛福成正在镇海视察防务。“布置稳固，将士齐心”，这“甚好气象”让他眉头舒放。天快黑了，他也准备回宁波了。这时他随意地向外海一望，发现茫茫水面上只有一艘法国军舰，一动不动，礁石一般蹲着，不由得很感惊诧。他将这情况指给此刻陪在他身边的记名总兵钱玉兴看。钱玉兴报告说，它已经泊一天了，不知它想干什么。薛福成说，虽然法国人不像英国人那样狡诈，但也不能不防。他要过长筒望远镜仔细观察。忽然，慢慢的，薛福成的嘴巴微微张开了。“钱统领，你来看看，”他将望远镜递给了钱玉兴，“注意观察那个在前甲板上踱来踱去的军官，你猜猜，他会是谁?”

钱玉兴边观察便说，“这个人样子威风，别人对他毕恭毕敬，估计不会是一般级别的军官。舰长？不对，旁边那个站得笔直的，倒像是舰长。会不会是……”他放下望远镜，将头转向薛福成。

“你的意思也是……”薛福成说。

钱玉兴微微地颔首。

“太好了!”薛福成一拍身侧的松树，“如果真的是法酋孤拔，我们可不能让他跑了。来，钱统领，我们一块儿凑凑，看看能不能成个诸葛亮。”

一个妙计很快就出来了。

当天夜里，钱玉兴亲自挑选指挥的敢死队出发了。他们以惊人的毅力，马拉人推地将八门后膛车轮炮，从小港潜运到了海岸最前沿，尽量缩短与法舰的距离，仔细瞄准法舰后，偷偷埋伏起来。到了四更时分，突然发炮，其中的5发炮弹，准确无误地落在了“纽回利”号的舰身上。

第一发炮弹还在空中呼啸，孤拔就醒了。实际上他根本就没睡着。整个上半夜，他伫立在甲板上，凝望数千米外的招宝山、金鸡山和大浃江中的木拦坝，久久无语。由于实行灯火管制，镇海要塞黑黝黝一片。星空下，招宝山如巨舰横卧，拦坝中的塞木似柄柄利剑，而莽莽金鸡山群岭，峰岭缠结，又像是一个又一个漩涡，张着大口，在等待吞噬。

孤拔一个冷噤，平生第一次感到了一种莫名的害怕。镇海之战是否成为自己的一大败笔？一世英名，大法兰西的威信，是否会断送在这个以前从未进入战略目标中的弹丸之地？

孤拔感到了难以抑制的烦躁。但是他还是没有想到，死神的影子就在此时，正一步一步逼近。他用手揉着太阳穴。他累了，头痛欲裂。“纽回利”号舰长请他进舱休息。他没有拒绝。在铺着法兰绒的舰床上躺下。海浪中的舰体轻轻晃动，他的眼前也晃动着一幅幅画面：在总理府受命，横跨几大洲的航行，漫步于越南首都，欣赏中国马尾海港熊熊燃烧的烈火…….

不！不能让区区一个镇海改变法兰西远东舰队航行的方向！

不能再拖了，台澎要保全，吴淞要封锁，还要攻直隶，逼北京，远东舰队的任务繁重而巨大。要立即攻陷镇海，击毁南洋3舰！

他的大脑像机器一样轰轰开动，他筹划起对镇海的最后一击。

然而就在此时，他听到了一种呼啸而至的声音。他当然熟悉这种炮弹飞行时带来的声响，但他一时不敢相信。他没有下令开炮，是谁竟敢擅动？啊！不，呼啸声是由远而近的，难道，难道……

舰体猛地一晃，接着他听到了隆隆的爆炸声。

孤拔一跃而起，冲出了舱房。但他没有看到任何一个人，因为他一出舱门，便觉眼前一黑，无力地瘫倒在甲板上。

孤拔被弹片击中，受伤了！“纽回利”号一面还击，一面开足马力，迅速脱离清军岸炮的射程。孤拔下令对自己负伤的消息严密封锁，令人称奇的是，中方还是马上就知道了。第二天，薛福成在给浙江巡抚刘秉璋的电文中就有这样的话：“……后有传孤拔亦受伤。”

实际上这毫不奇怪，法舰，特别是孤拔的一举一动，都处在中方的严密监视之下。所以当第二天孤拔离开镇海时，不但立即被宁镇营务处杜冠英所侦知，连远在上海的《申报》也刊出了电讯：“是日十点钟，法水师提督孤拔乘坐兵轮，从镇海向西北去……”瞧瞧，语气是那么肯定，时间又是如此的准确！

孤拔的离去是一种无奈。他实在是不想离开，还没有赢呢，就这样带着伤痛灰溜溜地走了？不，“海上猛虎”的荣耀不容许他成为逃兵。但他却不得不离开。过重的伤势可以成为一种理由，更主要的是，在他逗留镇海期间，台澎的形势骤然紧张了。

台湾基隆是法国茹费理政府用来对清廷作外交讹诈的砝码（史称“质地”）用的，虽无永久占领的意图，但如果目的未达，则绝不言放弃。然而就在孤拔兵围镇海时，他却得到了一个惊人的情报，法国政府有人主张弃守基隆！

这是孤拔不愿看到的。他当即（18日）写信给驻华公使巴德诺说，对政府撤离基隆的主张表示深深的遗憾。又说他将马上离开镇海回澎湖，他要再占领一些岛屿做“质地”。

写这封信的时候是18日，有些史料说他19日便离开了，也有史料说他是20日负伤，21日才启程回台的。我们倾向于后者。因为18日前的孤拔攻镇海一无所成，不但南洋3舰的一只角都碰不着，也无法进立体防御的镇海关一步，己方损兵折将反而吃了很大的亏，他怎么会两手空空地回去？临走时他无论如何也要弄些彩头。因此他虽然嘴上说是马上回去，但他还想再等等。然而源源不绝的情报让他无法再等了：法军在越南战场上迭遭惨败！3月2日，就在孤拔打响镇海之战的第二天，为解宣光城之围，5000援军从河内溯江北进，竟然掉进了中国黑旗军设下的陷阱，地雷炸，山炮轰，短短数小时后便全军覆没；12日，13000余法军分三路围攻滇军，又落入了清军、黑旗军和民军组成的泥淖之中，折损过半；同时，在镇南关一带，七十多岁的老将冯子材率领的清兵民军，扰乱得法军无一日安宁，伤亡越来越大。

所以由此看来，就算孤拔20日夜里未受伤，他也只能恨恨离镇海而去了。他的负伤只是加重了这种懊恨而已。正因为心有未甘，故而他只带一舰走，他将其他战舰留给了副手利士比，指示他继续封锁镇海口，伺机消灭南洋3舰。

他念念不忘那三块肉！

44. 马公一抔土

3月的东海，海水已经是相当浑浊了；而此时的南海之水，则仍然清碧如玉。“巴雅”号劈波斩浪，兼程南下。在舰首甲板上躺着养伤休息的孤拔，看到的是水的颜色。水色是海洋的形象，南海的形象就是清碧。他喜欢这种清碧。而东海镇海口泥浆般的颜色，仿佛是梦魇时压在胸口的那只魔手，给他带来了莫名的恐惧！

回到清碧之中了，孤拔的精神顿时好了许多。台湾的基隆现在已成了法国远东舰队的后方基地，也就是孤拔的家。回家后的孤拔充满了主人的感觉。恐惧没有了，自信回来了，他忘了自己

的伤痛，昂然挺胸，依然是“海上猛虎”的风度。他召集军事会议，研究如何占领澎湖诸岛。现在法军仅仅拥有基隆一港，这是不够的；况且清军、游击队以偷袭和夜摸的形式不断进行骚扰，基隆阵地越缩越小，这种窘势必须改变。

3月29日，也就是回到台湾后的第六天，孤拔又披挂上阵了。他握有的实力是：战舰9艘，陆战队900人，山炮炮队一支。目标为澎湖第一岛马公岛，那里有精心构筑的港口炮台和3000守军。仅仅一天时间，孤拔就毁了炮台，踏上了该岛，4月1日，马公城就到手了。其他各岛更是唾手而得。

马公之战的胜利给了孤拔极大的鼓励，他的“海上猛虎”的霸气似乎又恢复了。但他并不满足，他的心依然向着魔鬼之地镇海。这从他甫回到基隆，立即派出一艘战舰北上镇海之举中，可以看出，他没有放弃镇海，他要重返此口，一雪折戟伤身之耻！作为法兰西军人的杰出代表，他一定要在倒下的地方，重新威风凛凛地站起！

然而他没有机会了。当他在马公等澎湖列岛中纵横肆虐时，他的同胞们却在越南谅山和镇南关丢盔弃甲，全线崩溃。

消息传到法国本土，总理茹费理以内阁总辞职的形式承担了责任。

军事手段实际上是失败了，胜利的是口舌，法国全权特使毕乐在巴黎举行的谈判中，成功地诱使中国政府特派代表英国人金登干签订了停战协议三条：承认天津简约；双方停战；法派使谈判细约。中心内容是，清廷同意法国占领越南，驻越清军撤出该地，法国则解除对台湾的封锁。

法国人打赢了没有取胜的战争！

这天是4月4日。事后法国人了解到，金登干之所以如此爽气，是由于得到了自己的主人、中国总税务司赫德的密示。来自英国的政治掮客们就这样改写了中法战争的胜利和失败！

因此法国政府授予赫德和金登干以荣誉勋位！

孤拔听到这些消息后，不屑地撇撇嘴。真正的军人和政治家们永远是有区别的。军人敢于承认失败，而政治家们追求的是失败背后的利益。所以军人被视作赳赳武夫，因为他们不会在互捅刺刀时，仍然笑嘻嘻地握着手。

不过政治家们毕竟为法兰西赢得荣誉和利益了，这让孤拔感到高兴。他更感高兴的还有，这次谈判中作为重要交换条件的基隆和马公岛两处，都是经过自己的手夺到的。

然而也由于这两处的成功，更刺激了他在镇海失败所带来的隐痛。这隐痛和日趋恶化的伤情，让他夜夜无法安寝。他北望镇海，几次下令让利士比加强进攻。但这个副司令却成了一只牧羊犬，只守蹲着镇海口外，他认为只要不让口内的那几只南洋羊出来，就是完成任务了。

孤拔鞭长莫及，徒有空叹，他控制不了战局，甚至也控制不了自己的伤情，加之又染上了痢疾。先是一次又一次的高热，后来是越来越频繁的昏迷。有一天他从又一次的昏迷中醒来，依稀看见副司令利士比站在自己的床头边，向他报告说，他回来了。

孤拔点点头。他知道他要回来，因为他已派出李怀义前去接替他。他快不行了，澎湖方面的后事需要这个副司令来处理。

“我死后，不要运回法国，就葬在这马公岛上吧。”

他给利士比留下了这个口头遗嘱。

遗嘱标明了他最后的心态：军人长卧在自己夺取的阵地上，是一种荣光。

那么，如果他攻取了镇海，如愿击毁了南洋3舰，他会不会让自己葬在镇海？

“名将之花”凋落了，成了异国他乡的游魂。

孤拔是6月11日死的。三天后消息传到了镇海，舰队新任指挥官李怀义指派兵目杜步义函致欧阳利见，告知孤拔死讯，并要求在第二天放大炮十九响志哀。

欧阳提督回信表示同意，同时说，中国人志哀往往用鞭炮，我们到时也准备放几串，我们也表示表示哀悼之情嘛。

于是，6月15日下午的镇海，有两种声音同时响起：

轰隆隆——轰隆隆——

砰砰啪啪——砰砰啪啪——

呵，鞭炮，中国的鞭炮，镇海的鞭炮，自3月1日元宵那天响过后，已整整一百来天未听到了。

重新响起的鞭炮，是那么的脆爽悦耳！

此举亦雄

在冬天，数日阴沉后，如果忽然有片刻的亮朗，那么老人们就会说，开雪眼了，马上要下雪了；

在夏天飓风频生的季节里，如果于乌云滚滚、昏天黑地的长久酝酿后，天空突然微微放晴，云也凝了，风也消了，那么海边的长辈就会说，快快回家，特大的暴风雨马上就要临头了；

如同漩涡的表面，往往水平如镜……

3月21日左右，随着孤拔的离去，镇海前线忽然沉静下来。除了零星的几下炮声，已没有了丝毫战争的气氛。如果不去注意口外游弋的法国军舰，几乎没人会相信，这里曾经或者是说正在进行着一场中法大战！

这是和平的曙光，还是恶战前的短暂的平静？

45. 启口和雨衣

好消息接踵而来：

法国人在越南被打得焦头烂额了；法国人在台湾的基地像沥干水分后的海绵，越缩越小，几乎只剩基隆一个地盘了。

法国舰队司令孤拔在镇海受了伤；孤拔带着部分兵力离开镇海了。

接着，是议和的喜讯，如同三月的风，正徐徐拂向每一个前线、后方的将士和居民的脸。

另有一些人也感受到好消息，也触到了喜讯。他们是中外的商人及个别国家的部分战舰和水兵。

自中法战争镇海之役打响后，这些人连同他们的商船和战舰，一直被封在镇海口内，无法出海，而口外的商船也无法进宁波港，损失惨重，早就怨声载道。现在和平的端倪依稀可见，以为继续封口已无必要，是以纷纷上书，吵着要求启口。

此类措辞强硬的通牒式申请已有一大沓，就放在薛福成的案桌上。其中有美国领事司提文亲自拟写的。他说，因桩门狭窄，商轮无法直接出入，只能雇小拖轮拖带或离桩门五六里处以小船转驳，耗费巨大，商家要求启宽桩门，准商轮进出，否则，将向中国地方政府索赔。以前美领事也多次提过此类要求，被薛福成以“万国公法”拒之。这次他加重了口气，并以索赔相威胁。

另一封是英国领事写来的。封口以来，有一艘英国兵轮被封在口内，英领事屡次函逼，要求启口放其驶去。这次则称奉本国提督电令，要将该舰调往日本，刻不容缓。云云。

启不启口子?

薛福成觉得千钧在肩，无法定夺。以情而论，美国领事、英国领事和其他商家的要求不能说没有道理。以前以筹防之说压之，他们尚还能接受，现在这个理由已经不是很充分了。但是，但是，万一将沉船移位，口子既启，和议却又失败，战端重开，法国兵轮蜂拥而至，那么，后果实在不堪设想。

况且浙江巡抚刘秉璋的钧意是“镇口沉船仍不可动”；朝廷的圣谕也是“旨着各军镇静言防毋懈”，如果自己擅启口子，那将是违命抗旨之罪。

何不与欧阳提督商量商量?

薛福成又一次来到了镇海。四月的江南，雨如柳丝，天地蒙蒙一片。特别是海上，因起了雾，更是茫茫苍苍，站在金鸡山顶，看不清山下的情景，更别提口外的法国军舰了。欧阳利见正披着一件雨衣在检查。他没料到薛福成会在这个时候上金鸡山来，还以为出了什么大事，待薛福成悠闲地问起这雨衣的事情，心才放下了。

“前几天，杜丞冠英向我报告说，他听说台北之战，是在雨中进行的，法国人都有雨衣，而我军则露立，因而失败。故而他建议请省、宁两局赶制油衣油帽数千套，分发各营。我认为他的建议不错，就向刘中丞禀告了。中丞复电表示同意制四千套，由省局和宁局各负责两千套。瞧，这是刚收到的样品，质量还是不错的。”

薛福成赞扬了几句。的确，杜丞和欧阳军门考虑得实在是太周到了，他为有这样的同僚而感到高兴。接着，他说了来意:

“健翁，你也知道，有消息称，款议已定，在镇海口外的法国兵轮，有望于三月朔日（即初一）后离去。美国人，英国人，还有一些在宁波的商人，都知道了这个消息。他们向我施加压力，说战争都结束了，还封什么口?纷纷要求移开沉船，开启桩门，让他们的兵船商船自由出入甬江。你看，这妥当吗?”

欧阳利见凝视薛福成良久，没有开口。他拿出了一张纸。薛福成稍加浏览，就知这是自己于光绪十一年（1885 年）4 月 6

日发给杜冠英的指示电，杜丞又按文末“并望密达提台”的嘱咐，将它转到了欧阳军门的手里：

营务处杜：顷接抚宪密电，中法款议虽成，各营仍宜一律戒备，且勿宣扬等语。鄙意两敌相持，每于将和未和之际，乘人不备，以图一逞，此兵家之常事。法人狡诈多端，去岁谅山即其前鉴，自应严防勿懈。

“这是我对形势的基本看法。”薛福成说。

“太好了。”欧阳利见说，“‘两敌相持，每于将和未和之际，乘人不备，以图一逞，此兵家之常事。’道宪你说得多好啊。”

薛福成马上明白了，反对启口的除了朝廷、巡抚外，还有镇海一线的将士，其实自己何尝也不是这样认为？时机未到，口子绝不能轻启。一文一武的两个宁镇前线最高负责人很快统一了认识。

“我这就回宁波去，继续以并未实际停战和万国公法与各商家、洋人周旋。提军门就在这里进一步保持高度的戒备，严防法人耍花样。待款议的形势有了实际性的明朗后，我们再来讨论研究启口的问题。”薛福成扶着欧阳利见的手臂说。

风雨飘零中，金鸡山上并肩而立的两人，犹如两棵枝节铮铮的松树，相扶相拥，巍然不动。

46. 无分风雨昼夜不懈

敌船久泊不去，我军日夜戒备，不敢有丝毫的松懈。尤其是雨夜、雾夜、无月光的暗夜，欧阳利见特别强调“巡哨防敌更宜留心!”

作为名义上的镇海前线最高指挥官，尽管也要遭到一些特殊的排挤，但欧阳利见始终以一种职业军人的敬业精神，勤勤勉勉，一丝不苟。当战争局面出现风平浪静的和议景象时，仍然保持着高度的警惕性。早在光绪十一年（1885 年）3 月 27 日，在禀复兵部尚书会办广东防务加太子少保彭玉麟的信中，欧阳利见就深刻地分析说，“法奴狡谲非常，其久泊此间，无非欲疲我师，以便觅瑕作报复计耳。”鉴于此，他筹划了自己的基本对策：“所有水陆各军，已督饬镇静严待，稳守稳打，不敢稍事松劲而已。”

他没有沉浸于孤拔离去、镇海口正面压力顿缓的轻松里。恰恰相反，他的戒备要求和措施比以前更高，也更加严密。3 月底，他主动与各地方官逐一商议，最后正式发文，要求地方配合，禁止渔、商各船出入口门，既虑奸细偷运粮草接济敌人，又防敌人潜派鱼雷艇、舢板来探袭。凡敢违令者，不论民船商船，皆以敌船视之，开炮即击。

禁令既出，各渔、商无不凛遵，有效地巩固了海防。但到了 4 月初，欧阳利见仍然觉出了它的漏洞。敌我如此隔水相持，似乎遥遥无期。时间久了，守军疲倦，滋生烦躁，一见口外来船，北岸炮台、南岸炮台、门后的兵轮，就会不分青红皂白，一齐开炮乱轰。这样势必会有炮弹跌落岸上，一旦伤及自家之人，误事不小，这是不可不事先考虑好的。

然而有个困难在里面。北岸实际指挥权在杨统领岐珍手里，他是淮系将领，只向巡抚刘秉璋负责，对自己这个湘系的提督上司，素来不大听从；兵轮的权力又归南洋援闽 5 舰统领吴安康所

有，他虽与自己同属湘系，是一家人，但非直属的上下级关系，指挥起来有点疙疙瘩瘩的滋味。

欧阳利见没有被这种困难束缚住。他解决的办法是忘记自己提督的上级身份，屈尊与杨、吴两位统领商量。他于4月5日写信给他们说：

“今天与两位协商，我们来个分工负责的约定如何？凡见有外船从北而至者，归北岸开炮；从南而至者，归南岸开炮；其由中路而至者，归各兵轮开炮。注意，只可向来船轰击，彼此均不得向岸上乱打。照这样办理，庶几可以避免歧误。

“但此系专指晚间巡哨而已，若白日昭昭，敌船来犯，那当然或应分剿，或应合攻，是又在你我临事之随机应变也。

“刻下大敌当前，防务万紧，同袍同泽，是在今朝。凡有益于战守者，务期熟商妥筹，方为尽善尽美。

“以上拙见，如果可行，即乞宣谕各雄部，一律祇遵。如有不周之处，尚望两位方略频颁，以匡救之，为祷！”

我们几乎全文引述了这封信，我们的心情是复杂的。“刻下大敌当前，防务万紧，同袍同泽，是在今朝”、“拙见”、“即乞”、“为祷”等语，让我们怦然震撼。这哪像是一个上司给下属的信函？真委屈他这二品大将了。然而就在这种“委屈”中，我们看到了一个军人真正的胸襟和大局第一、胜利第一的职业光环。我们在这里为这种胸襟和职业品德一歌！

欧阳利见以各种办法调度一切，使镇海口进一步成了铜墙铁壁的雄关，兵轮、炮台、陆师，无分风雨，昼夜不懈。

欧阳利见的努力并没有成为无用的功。首先它使法人无隙可乘，整个相持阶段，法国人不敢前进一步上来挑衅；其次，它使镇海心律的跳动与朝廷、省抚的要求完全合拍。4月7日、12

日，刘秉璋连下两道命令，提醒镇海方面“停战无期宜照常戒备”；4月8日，南洋大臣曾国荃转来了朝廷的圣谕：“（和议）条款未定之前……督饬防军随时加意探察，严密整备，毋稍疏懈，是为至要。钦此。”

当然，值此战和未定的关键时刻，相持阶段的打法与前一阶段相比，自然要求有所不同。对此，李鸿章和刘秉璋都有具体的指示。李鸿章是北洋大臣，本来是管不了镇海方面的事的，但他全权负责对法谈判，因此欧阳利见也将镇海前线的军情战况向他禀报。李鸿章在回电中赞扬他“临机应变，调度有方”，并且表示同意他的“报复”论，说“夷情坚悍，报复自在意中”，接着具体指点说：

“以后敌船来犯，一定要让它们进入我炮的火力射程范围之内，再行开炮，方可命中摧坚。最好能击沉其一艘大兵轮，使其不敢正眼相觑。”

而刘秉璋的指示则更为具体明确。他的方略就是“人不犯我，我不犯人”。7日的来电说：

“……彼不来攻，我亦不动。切切。”

12日进一步规定说：

“以法船狡诈，诚恐偷偷逼近，攻我不备。到时是否应抢先开炮，饬即电商省抚。”

这些，欧阳利见都觉得有理，随时准备执行。

由于越南战场和台湾战场的节节败退，法国人在武力上再也无法有所作为。因此镇海前线的局势并没有继续恶化，而是一步一步的缓和了。虽然如此，欧阳利见防患于未然的努力，还是应该得到完全的肯定。尽管不能以“假如”来论证结果，但至少这种“假如”也昭示着一种比较明朗的结局。这里的“假如”

就是：假如法国人胆敢向镇海关发动早期那样的或者是更加猛烈的进攻，那么等待他们的，必将是更加彻底的失败，被毁和被击伤击死的，绝对不会仅仅是一两根桅杆和一两个孤拔了。

47. 凛凛之风

孤拔离开镇海返回基隆后，将镇海方面的指挥权交给了他的助手、法国远东舰队副司令利士比。对这位新的对手，欧阳利见像中方其他指挥官一样，了解得非常有限。没料到的是，他与这位对手不是在战场上枪对枪、炮对炮的真干，而是要在外交线上用“气”和“度”来较量。

4月13日，驻守于桩门内的原福建水师所属的小炮艇“超武”号，忽然收到了法舰上发来的联络信号。为什么要通过“超武”号来联系呢？大概法国人以为该艇既属福建水师，与镇海方面关系就不会十分密切，可以充当中间人吧。“超武”轮邓管带一看旗语，大吃一惊，深感事关重大，立即越级向欧阳利见作了禀报：

“顷据法船左利管驾官李察发来信号，法提督准时于明早八点钟，乘坐舢板，高悬白旗，名曰‘停止干戈旗’，来镇海拜会中国水师提督，有极要紧公事面商，务请派员于中途接引进口。特此谨禀。”

名义上欧阳利见统率镇海一线所有的水师、陆营和炮台，这“水师提督”的头衔自然非他莫属，而不是吴安康他们了。接此报告，欧阳提督权衡再三，一时不敢定夺。金戈铁马出生入死几十年，较量的对手各色各样，但打着“停止干戈旗”，主动要求前来“面商”的敌手，倒还是第一次碰到。而且这敌手还是从欧洲来的洋人！洋人在中国耀武扬威十数年了，何曾如此低声下气过？

反常！本来就对法国人保持着高度警惕的欧阳利见，思考问题自然取最坏的角度。法国人行为的反常是否包含着意图的不测？他们真正的目的究竟是什么?!

不错，停战协定已签的消息，近日已经传到镇海了。4月7日，南洋大臣曾国荃，给自己忠实的湘系干将欧阳利见发来了电报，通报“本日奉旨和议已定”，并提醒他“将来海防正宜加意讲求耳”；12日，曾国荃又转来了中法谈判中方全权大使李鸿章的一则通电：“法国政府已电饬水师提督孤拔于西历本月15日停战，并令伊即刻在台湾开弛所封口岸。又电饬在越南法国统领官如期停战……我军应照约停战，不可失信。”但镇海方面如何处置呢？是上面安排解决，还是对峙双方自行处理呢？并没有规定。事关两个国家间的关系，理当慎之又慎。

况且法国军舰仍然封锁着镇海口，没有丝毫的让开位置、解除封口的迹象，那么法人这种要求双方水师提督“面商”的做法，又有多大的诚意和实际意义？

欧阳利见倾向于“拒见”。但经验老到、处事仔细的他并没有擅自做主，他在接到“超武”号报告的当天，分别向北洋大臣李鸿章、南洋大臣曾国荃、钦差大臣督办福建军务左宗棠、兵部尚书会办广东防务彭玉麟、闽浙总督杨昌浚、浙江巡抚刘秉璋等各个方面的上司发出了请示电。为完整体现此时此刻欧阳利见的想法，兹将“请示电”全文引述如下：

法船今日悬旗相招，当经新关（海关）洋人同超武号大副赴该船接洽。法人约以明早八点钟在游山岛附近以船相会。经某拟复，届时不必私会，盖以未奉谕旨条约也。适接薛道（福成）来电，沪道电称“俄领事来文，法李提督（即利士比）拟于阴历二十九日早晨八点钟派员赴我炮台，知照停战”等语，当由薛道电复“无须知照”。正与鄙意相同。

况中法停战，谁人不知，何须彼来知照。彼如强来，必怀不测，不能不作武备也。

再，悬旗相招，敌船渐渐逼近，该如何处置？祈速谕复为盼。

我们现代人看了这则请示，可能会讥笑欧阳利见胆小如鼠草木皆兵，将法国人主动伸出的橄榄枝，视作居心叵测的阴谋。但只要想想当时洋人给中国人留下的深深的伤痛和心理阴影，我们就能明白，为什么欧阳利见要如此警惕。

请示电发出后，各方都没有来得及回电，欧阳利见参照薛福成对政治掮客俄国领事的答复，当机立断，明确表示拒见利士比。

欧阳利见此举主要出于军事和海防的安全因素，并没有想到其他。而利士比则感觉到了。作为大法兰西远东舰队的第二把手，利士比当然绝非泛泛之辈。想当初横行越南领海，肆意台澎马江，还有石浦湾毁沉我两艘南洋战舰，利士比都得意洋洋地显露过身手。不意到了镇海，立即灰头灰脑起来，没有机会好好打一仗。这次主动请谈，在利士比看来，已是大大的自降身份了，特别是打出“停止干戈”的白旗，更是品到了一种耻辱味。而欧阳利见却不但不领情，反而一口拒绝，因而这种耻辱感就更强了。法兰西帝国的代表（况且还是一名军人），居然被中国人拒见！

利士比真想立即下令，向镇海口全面进攻，给这些中国人一点颜色瞧瞧，就算死，也要死得让中国人胆战心惊。但他很快就镇静下来，意识到此刻自己不仅是个舰队司令，而且还是个负有和谈任务的外交官。自己的使命就是尽快结束镇海这场打起来有些莫名其妙、且打得别别扭扭的战争，让法国舰船立即南下，重新将远东舰队捏成一个拳头，现在台澎那边非常需要这样一只完整的、具有强大战斗力和威慑力的拳头。

必须委曲求全！利士比告诫着自己。第二天，即4月14日，在泊于镇海桃子岙海面的旗舰“力加利桑尔亚”号铁甲巡洋舰上，利士比亲笔起草了给欧阳利见的照会。照会经船上通译翻译成汉文后，是这样的：

照得本督业已奉法京巴黎明文，嘱于西历4月15日水陆各军一律停战。又云，贵国也有明文与贵提督，未知是否？千乞示复。为此照会贵提督，请烦查照施行。须至照会者。右照会钦命总统宁波水陆提督军门欧阳。

西历一千八百八十五年四月十四日发于镇海桃子岙力加利桑尔亚舟次。

稿子拟好了，也翻译好了，利士比左看右看，总觉得不满意，认为语气软了些，什么“千乞示复”；文采也不足。他知道中国人欣赏的是佶屈聱牙的文章，这种白话体有损于具有优秀灿烂文化的法兰西人形象了。因此他让雇用来在船上干杂务而通文墨的中国人重新做了修饰，结果这份类外交照会就成了如下这个样子：

敬启者：

本督接奉法都电函，曾云中法两国业经议定小引和睦，已在法京城画押，自法历四月十五日即清历三月初一日，罢兵修好。本提督所有水陆全军，均已通知各遵军令，因此特行照会贵军门可也。未知得悉，仍请即示复为荷。并颂日祉！驻镇海口法兵船泐。

两篇文稿，内容上没有实质性的差异，但后者更有中国特色了，尤其是“敬启者”、“小引和睦”、“示复为荷，并颂日祉”，还有这个表示“手书”意思的书信用语“泐”字，都是一道道典型的中国文字菜。利士比十分满意，当即派人送往镇海提督府。

欧阳利见仔细阅读这封亲笔书写的照会，方有些相信，这次法国人是真的想和解了。当然他们不想和解也不行。且不说他们在镇南关惨败于中国老将军冯子材之手，就是在这区区弹丸之地的镇海，威风不可一世的孤拔们，居然无法推进一步，更不要说达到什么击毁击沉南洋 3 舰的作战目标了！他们被挂在了镇海，进退两难，浑身尴尬。现在有了脱身的机会，怎会不急于利用？

就在此时，欧阳利见忽然真正地感到，自己，中方，是这场镇海之战的胜利者！法国人名为面商和平，实际上是在请求和平！

于是，欧阳利见的腰板砰地弹了起来，挺得比以前更直，更具有凛凛之风。

“你的照会，我已经收到了。你所说的议和之事和停战之期，我已得到了我上级的通报。”欧阳提督用一种平常的语言起草回信，这种语言风格与利士比的来函语言，形成了鲜明的对比，似乎是在告诉对方，什么叫做汉族语言的真正风貌。“我已奉电旨钦遵，通饬水陆各军，如约停战了。”他就用这种轻描淡写的随便态度，答复了利士比所一再询问的“未知是否”。

“只是，”欧阳利见笔锋一转，“对所定和议条款，我尚未奉到明确的谕旨，所以对于你的面商之约，我是不便应喏了。”欧阳利见一记太极云手，就毫不费力地打消了利士比想平等地坐下来协商的痴心妄想。必须着重一提的是，欧阳提督的高明还在于，他这记云手并没有将门封死，而是留下一些希望的隙缝，同时又将对手痛痛快快地教训了一顿。欧阳这样写道：

“等待合适的机会吧。一俟贵国解除对我们的封锁，从镇海撤兵，再当彼此相会。从兹中法两国和好，化干戈为玉帛，通商如旧，实天下万世之福，中外幸甚！”

这封回函，态度不卑不亢，内容有理有节，平淡中暗蓄咄咄锋芒，尤其是结尾处，暗示对方是将被击败的侵略者，没有资格和我方平起平坐，只有朋友才能享受这种平等，等等，显示了极高的措辞水平，使我们由衷地感到，武将不一定皆是赳赳之辈，欧阳利见真正称得上文武双全。

48. 张弛之道

中法提督间的特殊较量，仍在进行。

欧阳利见的那件复函，平摊在“力加利桑尔亚”号铁甲巡洋舰指挥台前的桌面上，利士比看了又看，除了一声长叹，没有第二句话。如此人才把守着镇海关，难怪孤拔提督说是碰到了棘门。但为什么以前他们一败于英国人，再败于英法联军，并且失败得如此的惨不忍睹？

这个国家肯定在某些方面有着致命的缺陷，不过管不了那么多了，现在首要的事情，是将镇海战役的句号体面地画好。利士比字斟句酌，于第二天（15 日，即应该是停战协定生效的那一天）又撰拟了一封致欧阳利见的公函。

“接诵 14 日的来函，敬聆一切，欣悉尊处奉文与鄙处相同，故前日我所倡议的奉商之言，对彼此均有紧要双关之意。”利士比似乎已经是中国化了，公函的开头非常符合程序性写法，他居然会做有利于自己的总结，“虽然两国和好尚未奉到明文，但我以为，绝不会有所更改；一俟接有确信明文，再行告知。”他这是还想继续捞取和谈的主动权，话当然是含蓄的。但他并没有忘记自己的强者身份，一提到解除封锁的问题，语气就变得咄咄逼人了。“至于中外生意船只，今日起就可以照常装载杂货出入；唯军粮、军事装备等件，查出不能放行。我方兵船将继续驻泊镇海口外不动。贵部兵船最好停泊口子内勿动，倘若开出，势必要遭到我方的攻打。”

尚可玩味的还有其结尾：

“至于来往接见，亦须和议定后，方可相会。”

这完全是欧阳利见去函语言的翻版，利士比之所以要重复一下，变成他的意思，说明欧阳的拒见是如何深深地刺痛了这个法国侵略军头子的自尊心。他要挽回面子，结果将话重复得十分酸气和小家子味。

这说明一股怨气始终在他心底里上蹿下跳，就像他麾下的3条军舰，船身一忽儿伪装成红色，忽而又白色，又黑色，又青色，变化不定，无法以常情论。终于，他找到发泄的渠道了。这天，有南帮木船多艘，运载大批商业物资，要进镇海口，因担心碰触坝口巨桩，便雇请“兆昌”号拖轮拖带。这本是很平常的事情，以前法国人也是默许的。但这次利士比忽然发作，下令开炮遥轰。无奈，“兆昌”号只得弃木船而避入口内。好在各木船待潮水涨平后，缓缓驶行，最终都安然无恙地通过了口子。

利士比奉行的继续封锁政策和武力威胁，彻底打消了镇海前线部分军民对和平很快就会到来的理想化企盼，也验证了欧阳利见对时势的基本判断。于是欧阳提督立即（16日）向李鸿章报告了利士比的所作所为，特别强调了“军械仍禁；我兵轮如欲出口，彼仍开炮”的严峻情况。想不到李鸿章却回电说，他与利士比相当熟悉，这个人在他看来，“人甚和平，绝无他虑。”似乎是在说欧阳利见想得太多了。第二天（17日），他又发来一则电报，为利士比辩解说，“详约未定之时，海面仍禁军械运行，此停战通例。”所以如果有船（如“平安”号）违禁偷运，被法国人连船带人的掳走，也在情理之中。

这是什么话！风传李傅相惯于以取悦洋人来换取谈判的结束，现在欧阳利见有点相信了。他因之对淮系把持外交谈判权越发不满起来。

因而他对自己于16日给利士比答函中针锋相对的态度感到十分满意。“来函中贵方表示，贵方兵船将继续抛泊镇海口外。我意还是请贵方驻泊原处的为好。倘需传话，我已令虎蹲岛、“宝顺”轮两处瞭望哨弁，照旗回答，传递商量的信号就行了。战事虽停，战争并未结束，务请贵兵船不要以各种借口，时不时的靠近游山岛。否则，恐怕我军因之生疑，开炮轰击，反致有碍和局。我想，这种局面也是贵方所不愿意看到的吧?”

欧阳利见态度一硬，利士比就得另动脑筋了。4 月 18 日傍晚，“超武”兵轮邓管带忽然发现法国兵轮上有人在大力地摇动信号旗。因天色已暗，看不清旗语，第二天一早，邓管带便发出询问旗语：

“昨日太晚，未曾回答，望祈原谅。不知贵处有何公事商量?”

法船那边回答说：

“敝处有文书与贵军门，望派一员乘坐舢板来取，是托。”

邓管带不敢耽搁，立马将此信息送到了金鸡山提督府。欧阳利见想起前几天利士比忽然悬旗求见，随即又乘坐一只小船真的亲来修谒。遭拒后，迭寄书函，反复陈述和议之意；这次又说有文书呈递，虽还未看到，但其内容大概也不会离开一个“和”字。难道该逆真的是“甘心求和，再不敢另生枝节”?

欧阳利见几乎要相信利士比了，然而就在这同一天，利士比在递送和平文书的同时，却又增调了 5 艘军舰来进一步封锁镇海口，并且这 5 舰竟然都悬挂着具有动武含义的红旗。

这就让欧阳利见再次怀疑法国人议和的诚意，他判断对手“显蓄诈谋”，因此立即通谕镇海水陆各营防，一律加紧戒备，不得有片刻松弛之意!

时序不知不觉中已经进入 5 月中下旬了，经过两个多月的较量对峙，战争进入了一种表面风平浪静、实则暗流汹汹的诡异状态。张张弛弛，欧阳利见与利士比的斗法本也可以到达一个新的阶段，但这只能是一种假设了。

5 月 28 日，利士比坐着他的“力加利桑尔亚”号巡洋舰，离开镇海，不知去向。战争结束后才知，他是代表法国政府去天津找李鸿章了，据说李傅相对他接待得非常热情，非常客气，简直像是老朋友聚会。

49. 让和平进来

利士比的职务，即对甬江和扬子江口一带的军务负责之工作，由李怀义来接替。李怀义，这个名字完全是中国式的，他做起事来也很有中国味道。甫一到任，就专向欧阳利见发来“咨照”，还说“前提督曾与贵部地方官来往，颇称至好。嗣后遇有紧要文件往来，务望仍如前任，以敦和好，是为至幸”。

语气比起利士比来，要客气恭敬许多了，而欧阳利见的复函则一如既往，不卑不亢，必要处又义正词严。“今得执事星轺莅止，使节荣膺，定增坛坫之辉，永笃敦盘之好；想言必由衷，定昭大信于列邦矣。中外人民，馨香祝之。以后如有紧要公事，诚如尊函所示，彼此文报相通。但必须悬旗相约，方可遣使致词。”

典雅玄奥的字里行间，透露着一种隐隐的居高临下的姿态，说明欧阳利见并没有将这个新来的提督，视作平等意义上的对手。这不是个人因素，而是大好的战争形势在欧阳提督的心理上产生的不自觉的自豪。李怀义来得实在不是时候，他基本上是作为败军之将的面目出现在镇海的。

中法战争终于彻底停止了。6 月 10 日，南洋大臣曾国荃给欧阳利见转来了李鸿章的通电：“法约已画押竣事。”

第二天，和约的全部内容抄本，已经放在了欧阳利见的面前——

法约：

一、华、越界，华、法兵各不逾；

二、法、越立约不碍华；

三、华、法于六个月定界；

四、华、法人过界给护照；

五、保胜、谅山通商收税，法设领；

六、北地与云、粤陆路通商；

七、……

欧阳利见感到了深深的哀痛。这是什么条约啊，欧阳提督看到了最要害的两条。其一，越南完全成了法国的殖民地，再也不是中国的保护国了；其二，南部边界开放，为法国人攫取大量的商业利润铺平了道路。这和以前与英国人签订的条约有什么区别？而这次我们是战胜方呵，为什么李傅相仍然会弄出个如此不平等的条约来，他是否将胜败的双方给搞错了？

难道镇南关大捷白打了？难道我们在镇海的一切努力都白费了？

欧阳利见深切地体会到了军人的尴尬和无奈。在“政治家”面前，军人永远是一种“边缘人”身份，你永远也无法成为主角！

11 日，法国提督李怀义发来公函说：

“俟后无论贵国与各国兵商船只，可照常各口出入，与敝兵船毫无干涉。……以便中外人民同声共庆太平也。”

瞧瞧他这种得了便宜还卖乖的样子！

12 日李鸿章发来指示电说：

“法兵船弛查海之禁，如有法船进各口，应照常勿禁阻。”

好！互不干涉，天下一家，你我都是兄弟了。哼！

但我镇海这里还得等一等，瞧瞧看。法船不离开镇海一天，镇海关的堵口就一天不开通。欧阳利见坚持这一点，薛福成、刘秉璋也都表示赞同。但此时正与法国人搞得非常热乎的李鸿章却不赞成。14 日，他通过曾国荃催促镇海口“应立即开通堵口，毋阻法兵商各船出入。”

不过这次李鸿章命令的效果并不大，或者简直可以说无人理睬，因为整个镇海正沉浸于一种巨大的喜悦中。因为昨天李怀义以中级军官杜步义的名义向欧阳利见他们通报说，孤拔“积劳成疾，已于四月三十日寿终于澎湖‘巴雅’号座舰”。

孤拔已死一个多月了？哈！镇海军民笑颜逐开。什么“积劳成疾”，应该是“伤势恶化”吧，他是在我们镇海受的伤嘛，他实际上是死于我们镇海人之手！

孤拔已死，区区一个什么李怀义就更不在话下了。欧阳利见等人不理李鸿章启口的命令，坚持要等法国兵舰全部离开镇海，方可开通招宝山的堵口。

因未接到撤离镇海、解除对甬江和扬子江口封锁的命令，李怀义不敢擅自行动，而那些商船又催着要进港，没奈何，他就只好积极主动地做出和好的姿态。最重要的一着，就是无条件地释放以前被法国兵船掳走的“威利”号轮船上的 23 名华人。欧阳利见编著的《金鸡谈荟》录有其中 20 人的名字。这倒是很有特殊历史意义的材料，我们认为或许有必要一引，说不定他们的后人还能认出老祖宗呢。

计开法船放回人数

王宝生，前徐东南乡人；　　陈阿福，陈塘岸东南乡人；

陆有宝，张村东南乡人；　　　郁阿士，亭桥东南乡人；
张定宝，张村东南乡人；　　　唐瑞庆，镇海小港人；
孙文山，镇海城南人；　　　傅阿多，张村陶港人；
史小毛，东乡史家马人；　　　徐阿毛，东乡前徐人；
陆阿品，张村陆家东乡人；　　　郭茂福，东乡上世人；
余阿生，定海城内人；　　　蔡省三，潘火桥东乡人；
陈开元、蒋容琪，定海城白泉人；　　　倪阿三、傅村栋，定海小沙人；
谢周旺，定海城内人；　　　徐月来，东乡徐家桥和人。

这一批人员的释放，大大改善了双方的关系。李怀义趁热打铁，学其前任利士比的样，又提出了“面谈”的要求，或他上岸，或欧阳提督上船来，皆可。他说：

“久慕勋名，时深翘切，屡拟前来聆教，一睹芝颜为快！鄙见欲于日内趋辕一叙，以慰渴衷。并愿阁下光降敝舟，不识尊意以为何如？倘不却情，乞速示期并会晤之处，以便弟届时遵命。”

语气如此恭谨，而且开始称兄道弟了。

这就使欧阳利见作答时字斟句酌，表示他对这个新对手一定程度上的好感和敬意，很不同于答复利士比那种口吻了。“顷接惠书，如亲仁宇。你说得太客气了，令我不好意思。关于约期会晤一节，我实在也是久有此愿啊，很想到你的座舰去，和你交流一些看法。无奈近来贱躯时有不适，举步维艰；而我这里，营房逼窄，若用来接待你，恐怕有亵你这样的高贤，真是抱歉，尚求你厚谅为荷。让我们待以异日吧，只要我们两国永远和好，肯定后会有期，前缘可续。你说是不是?”

欧阳利见坚持着法船未退尽，说明和平未至；和平未至，就没必要见面的原则，因为这个时候的双方成敌对关系。敌我见面无外乎两条：谈判；请降或受降。谈判是政府间的事情，又未到请降或受降的程度，见什么面呢？

李怀义最后的希望就这样破灭了。但他终于也争取到了一踏宁波土地的机会。他是以去宁波拜见法国女教主的理由提出申请的。欧阳利见觉得无法拒绝，薛福成也觉得无法拒绝，就同意了，只限制他不得坐兵船进港。6月22日早晨，李怀义乘坐一只小火轮，来到了宁波江北岸。两旁的兵民静静地而又是冷冷地注视着他，使他立即意识到了自己入侵者的身份。他开始明白，为什么欧阳利见要一而再再而三的拒绝与他及他的前任相见。他心情沮丧，当天便回到了舰上。

6月26日，游山岛外的法国兵轮开始启锚升火。李怀义的座舰是最后离开的。恭送他们的是震天动地的鞭炮声和镇海军民的欢呼声。

在以后的几天里，这鞭炮和欢呼声一直不断。拆除封口了，“宝顺”轮移开了，石船和排桩也很快地被清理。放商船进来，放民船进来，放繁荣和富强进来。

放和平进来！

又是砰砰啪啪鞭炮声，南洋3舰在无数条手臂的摇动，无数声欢送的呐喊中拉响了长长的汽笛。

这是无比欢快的汽笛。

回吴淞去、回江阴去。

它们回家了。

战后逸烟

大幕徐徐拉下。持续了一百多天的镇海之战，已经完全结束了。

但形式上的幕落并不等于实际上的剧终。

战后逸烟色彩斑斓……

50. 一声雄唱在金鸡

“自从海上静征鼙，裘带频年镇浙西；听话从前鏖战事，一声雄唱在金鸡。马江一役叹无功，惊见烽烟到浙东；能向蛟川摧大敌，将军此举是英雄。”（《蛟川奏凯图》，近人俞樾题诗）

中国人打胜仗了！

镇海关雄峙一百多天的日日夜夜，法国人的炮轰、偷袭、封锁等等伎俩，都撼不了它的一根毫毛！这真是破天荒的事情。消息传开，闻者无不欢欣鼓舞。而作为当事者，更是感慨良多。

早在4月中旬，也就是镇海之战进入相持阶段之时，薛福成就已经清晰地看到了胜利的曙光。他在给刘秉璋的报告中，用了这样的语言来表达他的自豪之情：

“窃思中法开衅以来，马江一战受害最巨，其余若台、若粤，互有胜负，唯浙省……防守完固，毫无损伤，实数十年洋人入华以来所仅见。”

而欧阳利见虽未有总结性意见公诸于世，但在其《金鸡谈荟》的结尾，却意味深长地收录了一封驻英法公使、兵部右侍郎曾纪泽给其的复信的副本。在这封长达千言的信中，曾纪泽高度评价了这次中法战争，对其中的镇海之战，更是赞颂有加。他说：

“吾华自有夷患以来，从未与西人旗鼓相当地鏖战过。此番越南用兵，相持两载，互有胜负；马江一役虽偶失兵机，然彼亦未能遂获大利。迄今春，谅山克复，大败法兵；同时复有我兄镇海之大捷，法廷闻此消息，举国嚷嚷，茹费理政府因之倒台。”“南洋三舰为法舰逼迫退入镇海，法酋百计环功，均为我军挫败，胆落气寒，虽有利器不能施展，镇海城廓既赖保全，南洋三舰也托庇无恙。西方各国新报，也详载镇海血战情形，足使法夷震慑。”

至于歌功颂德的诗文，更是铺天盖地。但是我们从中看不到总结，看不到对“所以然”的探究。一线将佐没有，朝廷、总署也没有。只一味的沉浸中自豪中，沉浸于因打胜而来的封赏中。是大赏，这次朝廷出手特别大方，因为慈禧太后也特别高兴啊。老佛爷当然高兴。道光帝主战，遭到了惨败；咸丰帝主战，也败得退出北京、圆明园成了废墟；这次她也主战，却能让法国人焦头烂额，虽然谈判桌上让他们得利多了些，但那是让给他们的，是一种政治需要，并不是我们打败了被迫的。中法战争胜利了，至少是不败吧，够了，这就大大提高了慈禧的政治威望，为她继续架空光绪、以垂帘听政的形式牢牢执掌朝柄，提供了极其有利的条件。朝廷上下无人再敢提起什么皇帝亲政不亲政的问题；光绪自已，在他这个能干得可怕的“皇阿爸”面前，除了继续缩进脖子弓起背，还能有什么其他办法？

太后龙颜一舒，封赏就滚滚而下了。刘秉璋遵旨六次奉奏《镇海口获胜出力各员酌拟奖叙疏》，上至欧阳利见、薛福成，下至知县徐春荣，共计36人，拟求官加一级至数级。总署不但全准，某些人还反而另受奖赏。皇上一挥朱笔，“钦此!”真是皇恩浩荡，万众欢欣。

赏雨落东南，人人都想沾。南洋大臣曾国荃，自然也不敢落后，他为“开济”号等南洋3舰出力有功人员请功。在其《请奖叙由》中，他详细回顾了3舰的遭遇和参战经过。因为这是舰队最高主管，对3舰在这次镇海之战中地位的第一次权威性的书面评价，故而有必要予以引述介绍。曾国荃说：

“伏念该三船奉旨赴闽，先因限于时势，未克鼓轮直前。及至中途，猝遇敌船，折回镇海口。其时该三船喘息甫定，尚能一鼓作气，力守要隘。旋经敌船以全力来犯，尤能不避艰险，开炮轰击。虽无奇功足述，然自创制兵轮以来，各船将士从未窥见战事实际，此役实为海上与外洋交锋之始。仰托圣朝威福，幸克临危制胜，冒险冲锋，卒使炮中敌船，挫其锐气。诚如浙江巡抚刘秉璋所云，‘厥功似不可泯。自应择优酌保，鼓舞有功。’”

这种分析评价，应该说是比较中肯和实事求是的。所以朝廷对其开出的长长的请功名单（名单中不但有三舰管带以下各级军官，还有岸上提供后勤服务和警戒任务的各类人员）未予以驳回，事实上是一一照准。

但是必须指出的是，曾国荃和朝廷的这种评价、奖励，并不表示他们对南洋援台舰队南下挫折和损失不再追究了。不，有一件事表明，这种追究仍在继续：那么多的获奖人员中，恰恰没有舰队司令吴安康的份。虽然曾国荃的奏片中有“经该统带吴安康及管驾官督率”等语，尚有庇护之意。而朝廷的答复却是“南洋援闽之南琛等三船，在镇海口内联络固守，尚有微劳。除吴安康毋庸列保外，其余实在出力员弁，着刘秉璋咨行曾国荃核实奏奖……”这里吴安康是被点名排斥的。想当初援台五舰中的另外二舰“澄庆”、“驭远”在石浦遭围攻后自沉。朝廷震怒：“‘澄庆’、‘驭远’两船退入石浦被沉，管驾、弁员并未并力抵御，又不小心保护，以致失事，殊甚痛恨！著曾国荃确切查明，严参究办，不准稍涉回护。”结果将弃船而逃的“驭远”号副队总李时珍拿获正法，而吴安康则被革去了他的记名总兵头衔。现在，当几乎所有参战人员人人都有赏的时候，他却被钦命“毋庸列保”！

吴安康有理由感到委屈，如果联系到不但一线的参战人员受奖，连从未接战的陆营所有营官，甚至还有“办海防捐输出力之绅董”都被“保奖”的情况，这种委屈也许会更强烈。但他也可以感到自慰，他毕竟将另外3艘主力舰平安地带回了吴淞口。否则，革去的就不会是区区一个头衔那么简单了，被革的极有可能是他的脑袋！

51. 雄关更雄

庆功杯中酒，拔剑捍吾土！当然，醉中有醒者，并不是人人都一味地沉浸于受赏的欢庆中，他们从欢天喜地中抬起头来，睿智的目光，再次落在了镇海这块英雄而饱经磨难的土地上，要立即行动，要未雨绸缪，要使镇海的筹防更臻于完美。

其中头脑最清醒者，仍然首先当数薛福成。在他看来，镇海之战证明了一条海防真理："防海之要，首在建筑炮台，购置大炮，可以扼据形势，四面轰击，使敌人不敢近岸。然后辅以兵轮，阻之以巨桩，护之以水陆劲旅，则虽大敌当前，而不为所撼。"

这几个条件中，最重要的是大炮的质量，而这方面，薛福成认为镇海做得还远远不够。现南北两岸，十余处大小炮台中，拥有的进口洋炮和自铸土炮共 70 余尊，表面上布置已极周密，然而射程皆短，只能用来轰击近口之敌船，没有一尊大炮能打到 10 里之外。威力最大的当属威远炮台内从德国购进的那尊后膛螺丝钢炮了，弹重 240 磅，能洞穿铁甲，射程也只及 8 里。其次为一尊英产的瓦瓦斯前膛钢炮，弹重只有 80 磅，要想击穿铁甲已无能为力。其余的更不足挂齿。这次法国人犯口，幸亏北岸得力之炮一发即中，敌舰受伤，胆寒退去；又得"开济"、"南瑞"、"南琛" 3 舰巨炮合力抵御，遂成却敌之功。如果南岸也有坚固炮台、强炮数尊，那么摧敌之功或当不止如此吧？

眼下和局已成，法船退去，薛福成自己知道也将离开宁波，奔赴新的岗位。但他认为不能因此忘战，各将士理应乘此机会，考较利弊，互证心得，相机建筹，务使宁镇门户永臻稳固。比较而言，筹防募勇等，不过备一时之需，事毕即散；唯筑台购炮最为切实经久，有一分工力，必有一分明效，可以垂诸久远，使后来人受无穷之益。

薛福成在职一日，操劳一天。他详察地形，知道镇海口外，即古之蛟门，历来有天险之称。招宝、金鸡两山雄踞南北，口外则有虎蹲、游山二岛兀峙于前，复有潮汐消涨之异势，险礁暗沙之潜布，故洋人每论南北洋各口，也称镇海为天然形胜。然而天势还尚待人谋，北岸仅有一尊强炮是不够的。南岸自金鸡山至小港一带，一望平沙数十里，海面深阔，为理想的登陆之处，从前英国人犯镇，还有郑成功挥师，皆从此处上岸。如此防守要地，居然没有一座强固的炮台和巨炮！

因而薛福成特向刘秉璋建议：一、北岸威远炮台添置大炮二三尊；南岸筑大炮台一座，购置专破铁甲用的大炮数尊，不惜费用，务求精良。如此南北两岸可以互为应援，让敌人无隙可乘。二、炮台建设归杜冠英负责，炮台管理诸务，仍委吴杰。杜冠英朴练耐苦，事必躬亲；吴杰血诚奋勇，勤于操演。两个人均不会有负职守。

薛福成的意见，正中刘秉璋下怀。刘秉璋是想在浙江地面上做出一番成绩的，此次战争的胜利成全了他的威名，但他并不满足，他还“欲为浙防图久长之策”。因此他不但立即表示薛福成要在镇海添修坚固炮台并购置巨炮的建议“所见甚是”，而且批准欲购大炮的数量大大多于薛福成所求，共有十尊三百磅以上的长弹钢炮。

接下来的几个月时间里，薛福成将所有的精力都放在了筹建炮台、安置大炮上。其中最重要的工程是在南岸的笠山顶。薛福成的防御思想核心是“御敌于门外”，这与欧阳利见“诱敌深入，让敌人登陆，再聚而歼之”的方略有很大的差异，因之他一直觉得南岸的防御是个弱点。尤其是小港口一带，海面开阔，最易登陆，却居然没有强大的炮台扼守。小港炮台因撤光了精炮，已是名存实亡。本次战争中，法舰长时间停泊游山岛，距该处不及四里，小港若有大炮，必定能给以重创。对此，薛福成一直耿耿于怀。笠山在小港东北向半里外，地势较高，存有明朝御倭小炮台旧址。薛福成和杜冠英督众将台基大大拓宽，安置了克虏卜新式后膛钢炮二尊。此种大炮口径达10寸，自重20吨，威力无穷。还另有口径8寸的克虏卜大炮一尊。这使笠山宏远炮台的火力超过招宝山威远炮台，成了镇海诸炮台之最。

宏远炮台不仅火力强大，它的外围建设也精乎其精。炮台正面覆有铁板2尺厚，硬木4尺厚。营房用三合土建成了堡垒式。再起土墙一道，使炮台隐于土墙之内。台之四周空隙处多堆土阜，伪作疑台，以乱敌之耳目。

这样，薛福成使镇海口的防御隐成铜墙铁壁之势：以南岸笠山宏远炮台为第一重门户，北岸招宝山炮台为第二重门户，小金鸡、安远尤在后面。这数处炮台，分之则各自为战，合之乃连环呼应，共同来扼守口门。再辅以桩船，助以水雷，那么任何敌人也无罅漏可入了！

台成之日，已是四年之后了，镇海上下再次人人喜笑颜开，薛福成更是高兴，为了表示纪念，他亲拟《宏远炮台铭》一文。这是一篇美文。宏远炮台如今已是野草萋萋，但这篇美文仍有诵读的价值，至少让我们可以了解，我们的前辈在镇海这块土地上，曾经怎样地战斗过、努力过、奋发图强过……

全文摘要如下：

序曰浙东防海，关键在宁波，其门户在镇海。大小浃港汇宁波。上游诸山溪之水，分流趋镇海南境，大浃港环县城西南东三面入海，所谓甬江口也。招宝山扼其北，金鸡山峙其南，最据形胜。小浃港绕金鸡山之南，而东北入海在甬江口东北十里，所谓小港口也。由港口东望，则定海、金塘、大榭诸山，绵亘海中数十百里，若屏障然。其间有两口可行巨舟。峡开浪涌，谓之蛟门，盖亦外海入内洋捷路也。

余观甬江口外虽为浙洋往来之冲，然有游山、虎蹲山为蔽，其旁险礁走沙，隐见不测，战舰难以直驶。是以凡窥镇海者，常自蛟门入，而小港之险要遂与甬江口相埒。往岁法兰西寇镇海也，其酋以铁甲大船先入蛟门。余方虑小港无备，猝为所乘，彼乃越港口而北折向西南，突趋虎蹲山下。我招宝山炮台开炮，再击败之，敌始气慑。左此事既定，余上书请严备。……余与杜君（冠英）揆地小港之左，曰笠山者，明代御倭旧址也，创建坚台，气势闳整，颜曰宏远。稍进则于金鸡山前建一台，曰平远。于招宝山威远台下加营炮洞，以辅上层旧炮所不逮。二台对峙，正扼江口。又稍进，则金鸡山山下与招宝山后，各耸一矶夹江相望，于此分建二台，曰绥远，曰安远。全功以光绪十四年冬告竣。共用白金十五万五千余两，而宏远一台几去其半。距余建议之初，已四年矣。因以克鹿卜炮尤大者二尊，次大者一尊，置宏远台上。其余四尊，分置四台，一有寇警则节节严防，环伺迭击，彼应无飞越之理。然唯笠山地形突出海滨，三面受敌，且据甬江口前路，势可兼顾诸台，今得此新炮，东御蛟门之口，西扼虎蹲游山之险，俾敌舰不敢肆泊内洋。苟练之勤，而用之精，虽铁甲可破也。……余愿与杜君及后之任事者共勉斯意，勿谓制胜之方已尽，于此而自足也。

今之伟人曾揭示过一条真理：从战争中学习战争。薛福成和他的战友们用实践验证了它。他们从英国人的入侵中学习了如何进行立体防御；从这次战胜法国人的战争中，又学会了如何运用岸上力量来打击海上武装；现在他们再次将这种经验发扬光大。一切都严阵以待，镇海雄关豪气弥漫。这种精心的准备和强烈的自信，是一笔难以估量的伟大的财富。

灾难深重的中国人民，正在磨难中慢慢地成熟起来！

52. 挥手自兹去

幕已落，曲已终，战争的大舞台行将淡出，转化为轻歌曼舞，田野牧唱，风帆轻扬，作为主角的人们也将留下最后的回眸后，一一离去。

最先离去的是刘秉璋。他无愧于这最先。

中法战争有几个战场，台湾，越南，云南，福建，两广，浙江。除浙江外，每个战场上都有朝廷特派的重臣宿将坐镇指挥，只有浙江，一切都交给了刘秉璋，说明朝廷对其十分信任。刘秉璋没有辜负圣意，浙江（镇海）战场取得了全胜，而其他处都是互有胜负。所以他的前程一片灿烂。战争刚刚结束的第二年，他就被慈禧太后和光绪皇帝派往了四川。四川历来号称国中之国，地广人众，民风强悍，农民起义此起彼伏，局势相当混乱。朝廷让他出任四川总督一职，说明是多么欣赏他的忠诚和才能。他的确也干得不错，不仅数月之内“剿灭”了崔英河等四支农民造反队伍，还很好地处理了大小凉山的少数民族问题，后来查办西藏事务，经他多方努力，断了藏僧结俄联英之途，保证了边疆的稳定和安全。因此我们就无须奇怪，为什么慈禧太后六十大寿时，要给刘秉璋加太子少保衔，赏御书长寿字、宫袍等物了。

薛福成也走了。

战后的薛福成成了一个响当当的外交家。在前面的有关章节中，我们曾经粗线条地勾勒过他的外交家风貌。他在李鸿章幕下时，分工负责的就是协助李鸿章办外交；到了宁波后，联英抗法，智斗法国主教，耐心细致地与各国驻宁波领事周旋，无一不是这种风貌的闪烁。镇海之战甫定，他的头上便加了一顶“布政使”的头衔；光绪十四年（1888 年），被任为湖南按察使。十五年（1889 年），改三品京堂，出使英、法、意、比四国，从此，他在外交舞台上叱咤风云。他与英交涉，处理克什米尔问题；与俄交手，解决英、俄帕米尔之争；再与英争，使云南与缅甸的国界得以划定。他同时还是一个著作家，有《庸庵文编》、《笔记》、《海外文编》、《出使英法意比日记》和《浙东筹防录》等存世。其中《浙东筹防录》记载的就是这次中法战争镇海之役的全过程。

杜冠英没有走，他解甲归田了。

战时战后的杜冠英的身上，体现着军人的典型品质和命运。战时的杜冠英正直，无派系色彩。他出身安徽，地理位置决定他应属淮系，而他的顶头上司之一欧阳利见则是浙江的湘系首领。然而两人却配合得很好，我们从现有的材料上看不出他有亲淮系远湘派的迹象。只有单纯意义上（即无政治野心）的军人，才能做到这一点。其次他还非常忠于职守，非常的敬业。特别是在建设炮台上，可以说是呕心沥血。因这两点，使他受到了镇海上下各方面的高度赞扬。欧阳利见、薛福成、吴杰等，都不带任何私心地说过他许多好话。可以这么说，战时的杜冠英是镇海战场上一个非常重要的角儿。但是随着战争的结束，他的这种重要性就慢慢减退了。和平时节，战斗英雄没有了用武之地。战后的他，除了协助薛福成建造宏远等炮台，基本无所作为。他也升了官，但是个候补知府，一直得不到补缺的机会。大概实在是闷得慌吧，他搞起什么倡办育婴堂，赈济水灾，修订宗谱之类的事情来。他还以私人的名义建造了一个渡口，由他永久性地来支付渡工的工钱。战后的杜冠英就这样成了一个小镇的善人。

欧阳利见却成了一个“问题人”，他陷入了“冤案”中。

一冤其得奖最小。战后镇海一地获得升官封爵奖励者凡50来人，其中刘秉璋从巡抚升任四川总督，薛福成从宁绍台道升任湖南布政使，吴杰更是连升三级，从守备一跃而为候补参将。而作为镇海前线最高指挥官的欧阳提督，却只得了个“头品顶戴”的荣誉奖，官连半级都没升。

二冤其“筹办浙防，已及两年，驻守前敌，又近一年”的功劳和苦劳，得不到应有的评价。3月1日初战告捷，刘秉璋立即依例向朝廷奏报战绩。不知有意还是无意，在这份奏报中，他竟只字不提欧阳的指挥之功。朝廷接报后十分不解，3月5日降旨质问：“欧阳利见现驻何处？所营各部是否赴镇海？”欧阳利见得悉后又惊又怒，连发三通长电，即3月7日的《致各督抚书》，让全国各地的将领了解镇海的筹防及战斗实情；9日的《咨报镇海口与法人接仗情由》，向全国各界通报；12日的《禀复曾九帅》，请曾国荃将镇海之役的情况向朝廷禀报。下面的文字将证明其怨愤、伤痛之情达到了什么样的程度：

“到任已及三年，筹防未间片刻，自顾铨材，谬膺巨任。每谓有一分力，即做一分事，区区苦衷，不欲求诉于众人，也不敢显示于君父之前。”

因之，当战后的镇海上下一片欢腾时，唯独欧阳利见却萌生了“去志”。7月25日，法国兵船败退镇海口的第三天，他于复曾国荃的信函中，再次以“痛定思痛之后，甫一休歇，百病俱发，苦难强撑”为由“乞退”。在此以前，他已经向闽、浙两院提辞过。当然各方面是同声挽留，最后李鸿章也出面做工作。李的一句话迫使欧阳利见收回了辞呈：“今款局大定，若以精力劬劳，气体偶尔违和，请假调摄，未尝不可；若遽请开缺，恐局外不察，或疑执事劳苦功高，未蒙上赏，因有退志。”李鸿章直指欧阳利见的心病，若再坚持，的确会授人以话柄，欧阳利见只好继续留在镇海了。

于是就产生了三冤：“妒贤嫉能”，陷害吴杰。这就跟战后吴杰的命运有了关系。

吴杰是镇海人民心目中的大英雄，战后一度风光无限，连升三级，从守备一跃而为候补参将。不料三四年后新上任的闽浙总督卞宝第，却向朝廷上了一道奏章，以“一、居心险诈，任性妄为；二、侵用炮台工料营造私宅；三、不遵提督调度，肆口谩骂，有妨戎政”的三大罪状，革了吴杰的职。这第一和第三条，涉及战时的纠葛；而第二条，说的又是极细碎的问题。卞宝第兼顾浙江军政事务不久，哪会了解这些或旧事或芝麻大的小事？分明是有知情者提供材料罢了。这是湘系在向淮系人物反攻倒算！敏感的淮系主将刘秉璋等人立即得出了这个结论，并断定提供材料者非欧阳利见莫属。

淮系立即开始了“保吴行动”。意味深长的是，打头阵的竟然是以前一直以中立面目出现的薛福成。此时薛福成的身份为“出使英、法、意、比四国大臣”。虽然外交事务十分繁忙，但他始终没有忘记他勇敢战斗过、辛勤操劳过并从此起家的宁镇大地。当他得知当年的战斗英雄吴杰居然被革了职，而欧阳利见在其中起了恶劣的影响时，勃然而怒。现在的薛福成不需要事事处处以维持湘淮两派的团结为最高工作目标了，他将唯公正、在理为准。他认为欧阳利见做得不光彩。于是，他于光绪十五年(1889 年) 6 月 13 日连奏了《妥筹保护浙江新筑炮台疏》和《密陈标营积习难改将才宜保护片》二文。同样意味深长的是，这二奏并没有编入《浙东筹防录》，而是编进了与镇海事务毫不相干的《庸庵海外文编》。一《疏》一《片》，各有重点。前者以当事人的身份，历数吴杰的种种功绩，赞扬他战后受命建设新炮台不但勤勉，而且廉洁，“非特毫无虚额，抑且力顾大局，每以数百人当数营人之用。”指责欧阳利见是“负气忿争”，诬陷吴杰；后者大力褒扬吴杰为精通炮务的特殊人才，“多事之秋，人才难得。方今创办海军，苟稍有可用之才，必当延揽而激励之，培养而护持之。如吴杰，临财廉，任事勇，操练勤，威望素著，实不多得!”

薛福成一再标明自己“与提臣向称和衷，与吴杰并无私交”，他这种“是非宜有公论”的立场深得朝廷的赞赏，不由得对卞宝第的揭发怀疑起来。想起刘秉璋当年也是个当事人，对吴杰其人应该有所了解，于是下旨给刘秉璋，要他据实奏报“究竟吴杰才具如何，平日办事是否可靠，从前防守镇海口门，有无功绩”。接到圣谕后，已是四川总督的刘秉璋雪片似的奉呈了一奏、二奏、三奏《参将吴杰前办海防有功才具可用疏》。

比较于薛福成的“二奏”，刘秉璋的“三疏”带有更强烈的个人感情色彩，对欧阳利见做了赤裸裸的攻击和贬损。“畏怯无谋，仓皇失措”、“（因吴杰功卓）欧阳利见因羞成怒，实阴仇之”。提督是“贪庸提督”，其部下如郑鸿章等更是“贪庸畏怯”、“自图私利”，欧阳利见却与他们“沆瀣一气”！相比之下，吴杰实为“敢于赴汤蹈火，不惯营私献媚”的义烈之士，“足备干城之选”的罕见俊才。故而刘秉璋说自己凭着“天良”，“披沥直陈”，敢为吴杰一保。

镇海一战后，刘秉璋、薛福成威望和权势飙升，况且战前朝廷对他们就很是倚重呢，所以他们这联合挽保极有效果，朝廷不但没有追究吴杰之过，反而调往江苏候补任用，后被刘秉璋带往四川。中日甲午战争爆发后，重回浙江复领镇海炮台。从此以一身统浙水师全军、嘉湖水陆各营、镇防各军，官至三署总兵、一护提督，持浙江兵权数十年。

而欧阳利见呢？当吴杰官复原职后的这年年底，他便带着一身病痛和满腔的心病，离开他多风多雨的浙江提督岗位，回湖南祁阳老家养病去了。一养就是六个年头，直到 71 岁高龄时，再次奉调东北。力疾北行，卒于道。

其实欧阳公也无须如此怨忿不平，如果他能想想镇海人民的话。镇海人民对他，像对吴杰等其他保土守境者一样，充满了崇敬和感激。吴杰在镇海建有住房，他的后人也成了镇海人；欧阳公虽然挥手黯然而去，但宁镇“合郡士民”在他走后的当年（光绪十五年）公立了一大块《欧阳公防夷碑》；越二年，又于金鸡山巅竖起了《保护军门遗迹碑》。现引《防夷碑》中一节文字，以证民心所向：

六月，款议成，沿海解严。公凯歌回辕都。士人焚香跪迓，欢声雷动。皆曰：‘公活我，公活我！’说者谓：南北岸诸（炮）台，胡梅林（宗宪）戚南塘（继光）旧迹也，公革所当革，困所当困，孰如公智？千金之子不下堂，何况大帅！公亲冒矢石，孰如公勇？虏酋利士比，一再请见，公拒以私交非制也，则谨诺若如公信？……公和衷共济，口不言公，孰如公让？……颂曰：海有时而枯，石有时而烂，公之丰功亘古焕，公之荩忱中外孚。吾言不绐，有如此海；吾言不易，有如此石。

自古公论在民心。安息吧，欧阳公！

53. 最后的结语

岁月骎骎，弹指一挥间，115年就不知不觉地过去了。潮涨复潮落，草枯又草荣，不变的是“威远城”的铁灰色砖墙，各处炮台赤褐色的“三合土”护墙和锈迹斑斑的古炮。萋萋草木中，它们在等待着当事人来不及做出的最后的结论。

那么该如何来一显当年那场镇海之战的凸出点？

面对着纵跨两个世纪的时间段，我们今天的回顾已经有着明显的俯瞰的色彩。

镇海之战论规模，无法与越南战场相比；论惨烈的程度，也远远够不上台澎之战。如果单纯从“打仗”的角度来看，甚至还称不上“战”，只能理解为小规模的冲突而已。因为它除了3

月初有较激烈的炮火对轰之外，中旬便是稀稀拉拉的几下冷炮，下旬至战争结束，干脆就是无仗可打了。因此我们前面的叙述，也是重点放在筹防思想和策略等问题上，而非战争进程本身。但是战争规模小并不等于其价值寥寥，恰恰相反。1995 年 4 月，镇海关下俊才云集，国防大学训练部、军事科学院科研指导部、人民日报社理论部、中共镇海区委、镇海区人民政府联合举办了“中法战争镇海之役 110 周年暨海防问题学术研讨会”。会上各路专家对本次战役的价值和意义也专门作了研讨，拢而总之，认为至少可以体现在以下三个方面。

一、分散了法国远东舰队有限的兵力。

1885 年 2 月，法国在对台湾海峡进行所谓“和平封锁”的基础上，法国又公布了漕米禁运政策。26 日，孤拔亲率从封锁台湾的舰队中抽出来的 4 艘军舰北上，一方面是为了继续寻找中国援台南洋 5 舰中漏网的另外 3 舰，更主要的另一方面则是为了前去封锁长江口，以阻止中国南粮北运和外国军火进入中国，这便是攻打镇海舰队中的 4 艘主力舰。当时法国以远东舰队的兵力，要严密封锁台湾尚且不敷，再去封锁长江口更觉力不从心，现在又被镇海长期拖住了四五艘主力舰，使得有限的兵力分散得零零落落，对台湾海峡和长江口的封锁漏洞百出，完全成了装装样子。巴德诺唉声叹气地写道：“如果认为只要在长江口实行巡航——而且据我所知仅有两艘战舰去巡航，就足以拦截所有的走私船只，就能代替对北直隶的封锁，那就错了。……尽管我预先通知我们的巡洋舰严密监视可疑船舶的出发，但从长江口运往北方港口的战争违禁品上星期还在继续。”这就清晰地反映了法舰因陷入镇海不能自拔，无法对长江口形成完全封锁的无奈。由此可见，镇海抗法在分散敌人兵力、粉碎敌人封锁战略上功不可没。

二、保全了“南洋精华”。

中法战争镇海之役打响时，避入口内的有属于南洋水师的“南琛”、“南瑞”、“开济”3 艘巡洋舰和属于福建水师的“元凯”、“超武”两艘通讯舰。其中“南琛”、“南瑞”二舰甫从德国购进，“开济”号也刚从福建船厂出来不久，它们所拥有的动力和排水量，均为当时中国军舰之最。所以南洋大臣曾国荃说它们是“南洋精华”，其实也是中国水师的精华。福建两舰虽有所不及，但对刚刚遭受马尾没顶之灾的福建水师来说，这二舰简直就是硕果仅存的宝贝了。在三次外战（英、英法、法）和一次长达十数年的内战（太平天国）的双重打击下，清政府的财政情况早就是捉襟见肘，根本无力拿出很多的钱来买船或造船。而不管是买还是造，都是一大笔天文数字，如光绪九年（1883 年）由国内自造的“开济”号铁胁双重木壳巡洋舰，造价就高达白银38．6万两。所以朝廷上下都倍加珍惜这些为数寥寥的战舰。有一份材料可以证明这一点。“澄庆”号和“驭远”号在石浦自沉后，曾国荃以沉船“意在救船救炮”为它们说情，薛福成也将“用费数十万金”的军舰沉入海底而未遭法舰掳劫视为不幸中的幸事。因此保全南洋 3 舰和福建水师的 2 舰，是镇海战役最主要的战斗目的之一。结果，由于将士用命、军民团结，这个目的是非常圆满地达到了。马尾、石浦惨剧没有在镇海重演！

三、为海口防御作战提供了一个很好的范例。

镇海关口曾有过仅仅数小时就被英国人突破的惨痛教训，知耻而奋起，这次与法国人较量，金鸡终于昂起了胜利者自豪的头颅，石破天惊的一声长鸣，给笼罩在屈辱黑雾中的多灾多难的民族心灵上带来了一道自信的曙光。

这岂是一个运气和偶然？不，其中的经验闪耀着规律意义上的必然性光芒。

首先，作战方针准确鲜明，那就是“坚守严待，作持久战”的八字诀。朝廷对法态度强硬，战争爆发前夕，慈禧在接见甘肃按察使史念祖时明确表示：“中国总要能战才能有真和。”一连串的谕旨中也都是“唯有一意主战”、“法人如有蠢动，即行攻击”等豪气干云的命令。这就让一线指挥人员心里有了谱儿，他们的任务就是研究如何作战了。鉴于法人长于水战而短于离国万里不能持久的情况，朝廷谕示“先守后战”，“以守为主”；闽浙总督指示欧阳利见要“以静待动，择险设伏，引彼深入，方与力战”；欧阳利见将之具体化为“避水战，防炮利，诱其来陆，聚而歼之”；薛福成则提出了“以炮台与堵口及陆营三者相辅并行”的防御策略。这样，清廷最高当局、闽浙总督、前线将领在海防作战指导思想上，尽管提法有差异，但中心点是完全一致的，这就为以后的胜利奠定了统一的思想基础。

纲举而目张，作战方针确定后，充分的备战工作如堵口、筑卡、修炮台、铺电缆、筹粮款、迁教徒、拆灯塔、撤航标等等，也有条不紊和轰轰烈烈地开展起来了。当法国人兵临口外时，这里早已固若金汤。

正确的组织指挥和将士们的奋不顾身，也是镇海战役取得胜利的重要原因。镇海一线汇聚淮、湘两系的部队和地方团练，涉及水师、炮兵和陆营等多类兵种，迫切需要有统一的指挥。巡抚刘秉璋作为浙江地面上的最高领导，集调兵遣将、人事财政大权于一身，统筹全局；宁防营务处薛福成，是刘秉璋派往宁镇地区的代表，在承上启下、出谋划策、协调诸军、对外交涉、安定民心等方面，做出了很大的贡献；宁镇营务处杜冠英是刘以前派往镇海前线的代表，薛福成到任后，他接受薛的指挥，协调南北两岸、炮台和水师之间的行动，还负责上下左右情况的通报，尤其在炮台建设方面，功绩不凡；欧阳利见负责海防第一线直接指挥，他及时向刘秉璋反映情况，领导所属部队的备战和训练。刘秉璋谋划的这一套指挥系统，是鉴于淮、湘两军长期隔阂不和的情况而做出的随机之举，虽然剥夺了欧阳利见的许多指挥权力，但实践证明，还是行之有效的。

战斗打响后，前线将士表现出了一种罕见的高昂的士气和奋不顾身的精神，欧阳利见亲驻金鸡山前沿，杨岐珍一直在招宝山炮台督战，杜冠英事必躬亲，不离威远炮台半步，吴杰亲自开炮；淮、湘的对立暂时消弭了；水师和陆营联成一气，并肩战斗。舰队统带吴安康背着被革去记名总兵头衔的处分，督率各船扼守要隘，昼夜严防。榜样的力量是无穷的，将官们的以身作则，加上分明的赏罚和地方商绅民众踊跃支前的激励，使得前线弁勇们“舍性命于呼吸之间”，奋克强敌。

凡这些，都是镇海之战取得最后胜利的宝贵经验。

而经验是属于真理行列的，115年时间的磨损并不能使它暗淡失色。今天我们站在招宝山下，领略的不仅是古战场的风，更有先辈们留下的经验的财富。祖国强大了，异邦的强盗再也不敢斗胆用枪炮军舰来叩关。但前事不忘，后事之师，巍巍雄关诉说的仍然是光荣或屈辱的历史……

“招宝”吧，招宝山！

长鸣吧，金鸡山！

雄关镇护着万顷波澜！

出版者的话

记得是在1998年，我社邀请了十几位海军的军官、作家、学者座谈，商讨创作一套反映中国近代海战史的丛书。与会者深沉的思索，至今记忆犹新——

当一座座大厦拔地而起，对于昨天，人们以为已经讲述得太多，书写得太多。于是人们开始遗忘昨天，遗忘中华民族苦难的昨天。遗忘，产生冷漠，产生麻木，产生目光短浅和急功近利……

其实，昨天距离我们并不遥远。昨天，起于19世纪40年代，长达一百余年的腥风血雨，把积贫积弱的旧中国拖入深重的民族灾难之中……

深入昨天，一个不常为人注意的史实凸现在我们面前：一百多年前，帝国主义对中国的入侵，绝大部分来自海上，虚弱的海防无法襟护国土，从此中国沿海地区烽烟四起，国门洞开，山河破碎。中国近代海战场的焦土血海所书写的，几乎就是一整部近代中华民族遭受帝国主义侵略的痛史。然而，中华民族从来不甘于耻辱，我们的先人在帝国主义的疯狂入侵面前，进行了殊死的抗争。中国近代海战场的残垣断剑所书写的，又是一整部近代中华民族抗敌御辱的悲壮史诗。我们还看到：中国近代史上，灾难来自于海洋，抗争起自于海洋，觉醒同样兴起于海防斗争的艰苦实践中。西方列强来自海上的侵略，震醒了沉睡的中国，唤起了觉醒、奋起的中华民族……

时间到了20世纪末，海洋已经成为振兴中华民族新的生存空间，成为中国经济发展的生命线。即将到来的21世纪，很早就被称为“海洋世纪”。谁在21世纪赢得海洋，谁就拥有了希望。回首漫长的华夏文明史，中华民族曾经在海洋上书写过辉煌的海洋文明；而在近代，我们却不得不面对海洋上涌来的无穷灾难。历史告诉我们，所有关于海洋的梦想，都必须以海权为依托。我们曾经饱受丧失海权、遭受海上入侵的苦难。历史，绝不能重演。拥有海洋、经略海洋、守护海洋，就是守护我们民族的未来……

我们的思索，产生了创作出版《中国近代海战场纪实》丛书的信念——在新世纪即将到来的时刻，采用纪实文学的方式，记述史实，揭示历史教训，唤起大家万众一心建设强大中国的责任感、使命感。

《中国近代海战场纪实》的讲述内容，时间贯穿1840年鸦片战争到1911年辛亥革命的整部近代史，地域覆盖整个中国沿海，刻画了众多鲜明的人物形象，进行了惊警世人的深层思考，是记述这段历史的最全面、系统、翔实的大型纪实文学作品。

在长达6年的创作和出版过程中，当作者半夜打来电话，声音哽咽地朗诵他刚写就的感人段落时；当跟随作者在斜阳衰草中寻觅古炮台遗址，默默凭吊先烈时；当采访军舰官兵，看到一位舰长在保卫西沙的海战中被弹片击伤的手臂时；当慰问海岛官兵，体验蚊虫叮咬、烈日暴晒、孤独寂寞的滋味时，一定要出好这套丛书的信念与日俱增。

《中国近代海战场纪实》丛书出版后，几十家报刊摘登、报道，中央电视台军事部以此为蓝本制作播放了大型系列专题片。

我们欣喜地看到，近几年来，海洋、海权日益受到全国人民的关注，人民海军日益壮大。今年，恰逢中国人民解放军建军80周年，因此，我们决定重新出版这套丛书，旨在让更多的读者了解历史，重视海洋，关心人民海军的建设，把我们的国家建设成为海上强国，完成中华民族复兴大业。

学苑出版社

孟　白

2007年7月